Stefan Nesemann

# Besucher aus dem Nirgendwo

AF286789

Stefan Nesemann

# BESUCHER

## AUS DEM NIRGENDWO

Reisende aus einer Parallelwelt?

Besucher aus Laxaria und Lizbia

- Eine Spurensuche

Bibliografische Information der Deutschen Nationalbibliothek: Die Deutsche Nationalbibliothek verzeichnet diese Publikation in der Deutschen Nationalbibliografie; detaillierte bibliografische Daten sind im Internet über http://dnb.dnb.de abrufbar.

Verlag:
BoD · Books on Demand GmbH, In de Tarpen 42, 22848 Norderstedt, bod@bod.de

Druck: Libri Plureos GmbH, Friedensallee 273, 22763 Hamburg

ISBN: 978-3-7693-2512-6

# Inhalt

# Vorwort

Es ist ein Merkmal der heutigen Zeit, daß wir uns zunehmend von der bodenständigen Lebensart unserer Vorfahren entfernen. Dies mag einerseits den Blick für neue Erkenntnisse jenseits des Althergebrachten schärfen, es kann aber auch dazu führen, daß die begeisterte Jagd nach der nächsten aufregenden Geschichte zu Lasten der notwendigen Bereitschaft geht, Bekanntes auch einmal auf seinen Wahrheitsgehalt hin zu überprüfen. Da mag jemand auf eine interessante Geschichte stoßen, investiert dann vielleicht noch 20 Minuten, um ein oder zwei Internet-Artikel zum Thema zu finden, und schon wird daraus ein You-Tube-Video erstellt. Es bleibt dabei keine Zeit für eine gründliche Untersuchung, denn das nächste spannende Thema wartet ja schon. Massenhaft Video-Klicks zu produzieren scheint oft wichtiger zu sein als eine intensive Beschäftigung mit einer Thematik. Das Ergebnis ist eine überwältigende Schwemme an vermeintlich rätselhaften Phänomenen, die zu einer unnötigen und schädlichen Übermystifizierung unseres täglichen Lebens führen. Es geht nicht mehr um die Wahrheit, es geht nur noch um den Konsum der nächsten unglaublichen Meldung, eine ewige Jagd ohne Ziel, es lebe der Hype... Im Endergebnis tummeln sich dann im Internet und auch in manch einem Sachbuch zahlreiche Falschmeldungen, die von einer Generation von Abschreibern an die nächste weitergereicht werden, eventuell mit der Zeit noch erweitert um „sensationelle neue Aspekte", die ebensowenig sauber untersucht worden sind.

Eine Rückbesinnung auf das altehrwürdige Handwerk einer umfangreichen Untersuchung ist somit dringend notwendig, um bereits entstandene Wucherungen auf ihren wahren Kern zurechtzustutzen. Diesem Ziel möchte ich mit dem vorliegenden Buch einen Schritt näher kommen. Selbst wenn eine im Ursprung „mysteriöse" Geschichte dabei vielleicht auch einmal einer relativ „normalen" Wahrheit weichen sollte (nicht aber notwendigerweise muß!), kann sich die tatsächliche Begebenheit auf ihre eigene Art vielleicht als ebenso interessant herausstellen wie die daraus entstandene Verklärung. Ein Prozeß der Wahrheitsfindung muß also nicht zwingend ein Verlust sein.

Diese Erfahrung habe ich selbst bei dem Thema dieser Abhandlung machen können. Es geht dabei im ersten Teil um einen Mann namens Jophar Vorin, der in der Mitte des 19. Jahrhunderts urplötzlich mit einer wirklich abstrusen Geschichte in das Bewußtsein der Öffentlichkeit dieser historisch so unsteten Jahre getreten ist. Denn der Ort, von dem dieser Mann zu kommen behauptet, ist in unserer Welt gänzlich unbekannt - und dennoch bleibt der seltsame Besucher mit beeindruckender Standhaftigkeit auch über Monate hinweg in immer neuen Verhören bei seinen Aussagen und widerspricht sich kein einziges Mal. Wurde hier also tatsächlich eine unvorbereitete Gesellschaft erstmals mit der Realität von Parallelwelten konfrontiert? Haben wir es wirklich mit einem unfreiwilligen Botschafter des Unglaublichen zu tun?

Durch umfangreiche und zeitintensive Untersuchungen ist es mir gelungen, zu dieser alten Geschichte einiges an bisher unentdecktem Material offenzulegen, das ich Ihnen in den folgenden Kapiteln präsentieren möchte. Der ursprüngliche, bekannte Bericht über den Mann aus Laxaria wird dabei umfassend und belegbar erweitert und auf seine ihm gebührende historische Position zurechtgerückt, ohne dabei jedoch an Faszination einzubüßen.

Da es mir wichtig ist, aufzuzeigen, daß man mit Beharrlichkeit und Gründlichkeit auch manch einem älteren Rätsel durch Nachforschungen noch neue Aspekte entlocken kann, habe ich mich bei diesem Fall nicht allein auf die reine Vorstellung der Erkenntnisse beschränkt, sondern schildere auch den Verlauf meiner Untersuchungen. Ich würde mich freuen, wenn Sie, liebe Leser, dies im Idealfall vielleicht sogar zu eigenen Nachforschungen in anderen Fällen ermutigen würde. An interessanten Themen mangelt es da gewiß nicht.

Im zweiten Teil untersuche ich einen ähnlichen Fall aus Paris, den Mann aus Lizbia. Dieser wird sehr häufig zusammen mit den Besuchern aus Laxaria und Taured in Kombination genannt, obwohl die drei Fälle eigentlich nichts miteinander zu tun haben. Da zum Fall Lizbia aber wesentlich mehr Einzelheiten als im Fall Laxaria vorliegen, lege ich den Schwerpunkt im zweiten Teil, anders als im ersten Teil, mehr auf die Darstellung des Falles als auf den Ablauf meiner Untersuchungen. Der Fall Lizbia belegt eindrucksvoll, daß der Bericht über den Mann aus

Laxaria keineswegs ein Einzelfall ist. Dieser Unbekannte hat die Behörden sogar noch mehr auf Trab gehalten als sein laxarischer „Bruder im Geiste". Gerade deshalb ist es mehr als verwunderlich, daß ihm im Allgemeinen bisher kaum Aufmerksamkeit zuteil geworden ist. Auch hier will dieses Buch mit vielen heutzutage unbekannten Einzelheiten Abhilfe schaffen. Auf den Mann aus Taured werde ich in diesem Buch allerdings nicht weiter eingehen. Dieser Fall hat sich den bekannten Berichten zufolge auf einem japanischen Flughafen abgespielt. Für eine saubere Recherche sind hierzu also naturgemäß eventuelle japanische Originalquellen unabdingbar. Da ich aber weder über japanische Sprachkenntnisse noch japanische Kontakte verfüge und keine halben Sachen machen will, habe ich mich auf heimatliche Gefilde, sprich den europäischen Kontinent, konzentriert.

Wir sehen heutzutage in allen Bereichen des täglichen Lebens, daß sich unser Wissen fortwährend erweitert. Einen solchen Einfluß gibt es natürlich auch bei den in diesem Buch untersuchten Fällen. Tag für Tag werden sowohl im deutschen Sprachraum als auch weltweit Zeitungen früherer Jahrzehnte und Jahrhunderte neu gescannt und online zur Verfügung gestellt. Berichte, die uns heute noch verschlossen sind, werden uns daher nach dem Einscannen vielleicht morgen schon viele interessante neue Erkenntnisse bescheren können. Diese Arbeit kann somit nur ein vorläufiges Ergebnis vorstellen. Ich lade daher künftige Autoren bereits an dieser Stelle zu weitergehenden Nachforschungen ein.

Abschließend möchte ich mich noch bei meinen Erstlesern bedanken, deren positive Reaktion mich zur Herausgabe dieses Sammelbandes ermutigt hat. Zur Erklärung für meine neuen Leser: Die beiden Teile dieses Buches sind Anfang 2024 (Laxaria) und Mitte 2024 (Lizbia) bereits in Form von zwei Broschüren in einer Kleinstauflage getrennt erstveröffentlicht worden (jeweils inhaltlich identisch mit der Fassung in diesem Buch, von kleineren „Schönheitskorrekturen" bei einigen Formulierungen einmal abgesehen). Ich hatte zwar schon recht früh einen gemeinsamen Band in Planung, aber die Übersetzungsarbeiten zum Lizbia-Teil haben sich als zeitintensiver als erwartet herausgestellt, so daß ich die Veröffentlichung des bereits fertigen Laxaria-Teils dann doch spontan vorgezogen habe.

Bitte haben Sie Verständnis, daß ich in diesem Buch zu meinem eigenen Bedauern auf Illustrationen verzichten muß, aber als privater Autor kann ich mir weder das Risiko unbeabsichtigter Copyright-Verletzungen noch eine anwaltliche Vorabprüfung von Bildrechten finanziell leisten. Über die Quellenangaben können Sie jedoch entsprechendes finden.

Begleiten Sie mich also nun bei der Erkundung von zwei der wohl schillerndsten Fälle, denen die Obrigkeiten des 19. und angehenden 20. Jahrhunderts begegnet sind. Ich wünsche Ihnen dabei sowohl kurzweilige Unterhaltung als auch den ein oder anderen Erkenntnisgewinn.

*Stefan Nesemann*

---

### Mit der Bitte um Beachtung

Trotz gründlicher Durchsicht der Quellen und einer gewissenhaften Überprüfung der vorliegenden Textfassung lassen sich Fehler leider nicht vollständig ausschließen. Sollte es wider Erwarten also eventuell fehlerhafte Angaben geben, bittet der Autor seine Leser um Nachsicht. Der Autor bittet seine Leser außerdem um Verständnis, daß er trotz aller Sorgfalt keine Haftung übernehmen kann.

Sollte der Autor unwissentlich in diesem Buch bestehende Urheberrechte verletzt haben, bittet er um wohlwollende Nachsicht und eine freundliche Mitteilung an den Verlag oder ihn persönlich, so daß in eventuellen künftigen Auflagen eine entsprechende Korrektur vorgenommen werden kann.

Vielen Dank.

---

### Hinweise

Sämtliche Zitate erfolgen unter Berufung auf das Zitatrecht. Die Quellen sind selbstverständlich stets angegeben.

Anmerkungen des Autors erfolgen innerhalb von Quellenzitaten in eckigen Klammern. Seitenangaben in eckigen Klammern in der Zeitungs- und der Quellenübersicht sind nach eigener Zählung erfolgt, da in den originären Quellen an diesen Stellen keine Zählung vorhanden ist.

Heute im allgemeinen Sprachgebrauch nicht mehr übliche Bezeichnungen oder Redewendungen sind ausnahmslos als originalgetreue Wiedergabe zeitgenössischer Aussagen und in keiner Weise als weltanschauliche Äußerungen des Autors zu verstehen.

Teil 1

**Der Mann aus Laxaria**

**-**

**Ein Besucher**

**aus einer Paralleldimension?**

# Ein Besucher aus dem Nichts

Immer wieder begegnen uns Berichte, die unser herkömmliches Bild der Realität über den Haufen zu werfen scheinen. Eine besondere Faszination üben dabei jene Themen auf uns aus, die den Nimbus des Unerklärlichen haben. Die Existenz von Paralleldimensionen ist ein gutes Beispiel dafür. Da verschwinden Menschen auf rätselhafte Weise und werden nie wieder gesehen, andere hingegen tauchen scheinbar aus dem Nichts auf und erzählen mit unerschütterlicher Ernsthaftigkeit von Orten, von denen noch nie ein Mensch zuvor gehört hat. Diese Geschichten verdienen durchaus eine ernsthafte Untersuchung, doch kommt es leider nur selten dazu. Meist werden sie lediglich durch reines Abschreiben weitergetragen, wobei nicht selten Details verändert oder sogar ganz weggelassen werden. Nach dem Prinzip der Stillen Post kommen dabei am Ende mitunter Schilderungen heraus, die mit den ursprünglichen Geschehnissen nicht mehr viel gemeinsam haben.

Einen recht prominenten Vertreter dieser ungewöhnlichen Besucher wollen wir uns nachfolgend einmal etwas genauer ansehen. Es handelt sich dabei um einen Fall, der sich im 19. Jahrhundert in Deutschland ereignet haben soll. Die Rede ist von Jophar Vorin, besser bekannt als „Mann aus Laxaria". Anders als andere Veröffentlichungen, die bisher über Vorins plötzliches Erscheinen berichtet haben, will ich an dieser Stelle jedoch keine reine Wiederholung von Umständen bieten, die den Interessierten ohnehin schon hinlänglich bekannt sind, sondern möchte mich vielmehr auf eine ausführliche Suche nach den tatsächlichen Hintergründen dieser ungewöhnlichen Geschichte begeben. Diese Suche hat sich zwar erwartungsgemäß als recht zeitintensiv erwiesen, führte aber gerade dadurch auch zu lohnenden Ergebnissen, die ich im Folgenden gerne mit Ihnen teilen möchte. Ich denke, ich kann dabei durchaus einiges an neuen Erkenntnissen zu diesem historischen Fall versprechen, das über das bisher Bekannte hinausgeht.

Ich werde dabei unter anderem folgende ungeklärte Fragen belegbar beantworten:

a) Hat Jophar Vorin den Behörden nähere Einzelheiten über seine rätselhafte Heimat und seine beschwerliche Reise zu uns berichtet?

b) Wenn ja, was hat es dann mit dem seltsamen Land Laxaria auf sich? Könnte es sich bei Vorin tatsächlich um einen Besucher von einer Parallelwelt handeln? Einer Welt mit Ländern, die wir in unserer Dimension nicht kennen?

c) Was ist nach der bekannten Berichterstattung des Jahres 1851 mit ihm passiert? Ist seine geplante Überführung nach Berlin auch in die Tat umgesetzt worden und wenn ja, wie ist es ihm dort weiter ergangen?

d) Wo genau befand sich der Mann aus Laxaria am 25. August 1852, also rund 17 Monate nach den ersten und scheinbar auch einzigen Berichten über sein plötzliches Auftauchen? Hat seine Reise in Deutschland wirklich ein dauerhaftes Ende gefunden?

Sofern Sie zu diesem Fall schon eine gewisse Vorkenntnis haben sollten, werden Sie sicher zustimmen, daß bisherige Berichte zu diesen Fragen keine zufriedenstellenden Antworten bieten.

Bevor ich jedoch in die eigentliche Untersuchung des Falles einsteige, möchte ich für diejenigen, die von dem Mann aus Laxaria bisher noch nicht so viel gehört haben, erst einmal das Wenige, das wir von ihm wissen, zusammenfassen. Mithilfe einer Suchmaschine läßt sich dem Internet zunächst allgemein folgendes entnehmen:

Gegen Ende des Jahres 1850 (gelegentlich heißt es in den Internetberichten fälschlicherweise auch 1851) wird in einem kleinen Dorf bei Lebus (in der ausländischen Presse nahezu durchgehend falsch als „Lebas" angegeben) in der Nähe von Frankfurt an der Oder ein unbekannter Mann, scheinbar „kaukasischer Herkunft", aufgegriffen, der sich Jophar Vorin nennt. Man bringt den Fremden nach Frankfurt, wo er sodann näher befragt wird. Vorin spricht aber nur gebrochen Deutsch und versteht keine andere europäische Sprache. Er gibt als Sprachen seiner Heimat Laxarisch und Abramisch an. Abramisch sei die Schriftsprache des klerikalen Ordens in Laxaria, Laxarisch hingegen die allgemeine Sprache seines Volkes. Er sei aus dem besagten Laxaria gekommen, einem viele hundert Meilen entfernten Land, das in einem Gebiet namens Sakria liege und das von Europa durch große Ozeane getrennt sei. Er berichtet weiterhin, daß seine Religion von der Art der Lehre her christlich sei und „ispatisch" genannt wird. Vorin gibt an, nach Europa gekommen zu sein, um hier seinen verschollenen Bruder zu suchen und daß er dabei auf seiner Reise Schiffbruch erlitten habe (wo genau weiß er allerdings nicht). Die fünf größten Kontinente seiner Welt tragen die Namen Sakria, Aflar, Aslar, Auslar und Euplar. Doch weder kann er selbst seine Heimat auf Karten wiederfinden, die man ihm zeigt, noch können die Behörden auch nur eines der von ihm genannten Gebiete auf hiesigen Karten ausfindig machen. Auch zu seinem Weg quer durch Europa bis hin zum Ort seiner Ergreifung kann er sich nicht näher äußern. Nachdem man nun Vorins Angaben allen Unglaublichkeiten zum Trotz nach eingehender Untersuchung sowohl des Mannes als auch seiner Äußerungen als wahr eingestuft hat, beschließt man, ihn nach Berlin zu überführen, in der Hoffnung, daß die dort ansässigen Experten mit der Zeit gewiß mehr über ihn und seine seltsame Herkunft in Erfahrung bringen können.

Und mit dieser mageren Ausbeute stößt die bisherige Berichterstattung über den geheimnisvollen Besucher bereits weitestgehend an ihre Grenzen - viel mehr erfährt man nicht. Verwundern darf einen dieser Mangel an Informationen allerdings kaum, denn wie sich noch zeigen wird, sind tatsächlich alle internationalen Berichte aus gerade einmal einer einzigen Quelle übernommen worden.

Ein Blick auf den Google Books Ngram Viewer macht deutlich, daß der Mann aus Laxaria seit seinem ersten Auftauchen in der Mitte des 19. Jahrhunderts in regelmäßigen Abständen mal mehr und mal weniger häufig in irgendeiner Form in der Literatur aufgetaucht ist. Der Google Books Ngram Viewer zeigt auf, wie häufig ein Begriff in einem bestimmten Zeitraum in gescannten gedruckten Quellen erwähnt worden ist. Der Viewer durchsucht hierzu die Inhalte der Scans, wodurch Themen und Ereignisse nachvollzogen und dann in einem übersichtlichen Graphen dargestellt werden können. Dies kann aber natürlich nur einen Trend vermitteln, da nicht gescannte Literatur hier nicht mit einbezogen wird. Nichtsdestotrotz zeigt sich auf diese Weise aber, daß der Suchbegriff „Laxaria" auch nach seinem Höchstpunkt in den 1850er Jahren bis heute in den gedruckten Medien fortwährend gegenwärtig gewesen ist, wenngleich natürlich später nicht mehr in seinem anfänglichen Umfang. Lediglich im Zeitraum 1860 bis etwa 1925 ist es, abgesehen von einem kleinen Aufflackern kurz vor bis kurz nach dem Jahr 1900, zunächst eher still um den Mann aus einer anderen Welt gewesen.[1] Abgesehen von dieser Unterbrechung ist Jophar Vorin jedoch bis heute literarisch präsent geblieben.

Bei einem ersten Blick auf die im Internet verfügbaren Artikel zum Thema fällt allerdings ein bemerkenswerter Umstand besonders ins Auge: Obwohl es doch um ein Ereignis auf deutschem Boden geht, scheint es gar keine deutschen Berichte aus jener Zeit über diesen Fall zu geben - denn zitiert werden im Internet ausnahmslos englischsprachige Quellen!

## Die Suche beginnt

Auch bei der Quellenforschung ist der Anfang immer der schwierigste Teil des Ganzen. Wo beginnt man am Besten mit seiner Spurensuche? Und besteht überhaupt eine realistische Möglichkeit, zu einem derart lange zurückliegenden Vorfall noch unbekannte Informationen zu finden? Denn in der Regel ist man ja nicht der Erste, der sich mit einem Thema befaßt. Kann ein Nachzügler noch Neues zu Tage fördern?

Dementsprechend habe ich meine Suche mit einer gewissen Skepsis begonnen, doch die Hoffnung auf eventuelle Entdeckungen, wie unbedeutend diese vielleicht auch ausfallen mögen, hat schlußendlich gesiegt. Im Nachhinein bin ich heute mehr denn je der Überzeugung, daß sich auch bei weit zurückliegenden Fällen eine gründliche Untersuchung immer noch lohnt. Meine anfängliche Sorge war jedenfalls unbegründet: Wenn man einfach an irgendeinem Punkt mit seiner Suche beginnt, ergibt sich oft ganz von selbst ein Weg, dem man weiter folgen kann.

Am Anfang stand naheliegenderweise eine detaillierte Auswertung der bereits eingesehenen Internetberichte zum Thema. Welchen Kenntnisstand haben andere Autoren und woher haben sie ihre Informationen bezogen? Könnten sie dabei vielleicht etwas übersehen haben?

Bereits die erste Sichtung der in vorhandenen Berichten verwendeten Quellen erbrachte ein ernüchterndes Ergebnis. Ich kam zu der erstaunlichen Erkenntnis, daß es zu einem Ereignis aus Deutschland offenbar nur englischsprachige Berichte zu geben schien. Es wurde nirgendwo auch nur ein einziger zeitgenössischer Zeitungsartikel in deutscher Sprache erwähnt, der sich wenigstens ansatzweise mit dem Laxarier befaßt. Aber müßte es nicht zumindest einen einzigen deutschen Bericht gegeben haben? Woher haben denn ansonsten die ausländischen Berichterstatter ihre Informationen bezogen? Oder handelte es sich bei der ganzen Geschichte vielleicht nur um eine angloamerikanische Zeitungsente? Weltweite Vor-Ort-Recherchen ausländischer Korrespondenten waren damals jedenfalls nicht üblich; auf diesem Wege kann die englischsprachige Presse also nicht an ihre Angaben gekommen sein. Kann es vielleicht sein, daß frühere Autoren, warum auch immer, sich bisher einfach noch nicht die Mühe gemacht haben, heimischen Archiven ihre Geheimnisse zu entreißen? War das vielleicht die übersehene Spur, nach der ich Ausschau gehalten hatte? Nun, auf jeden Fall war es ein guter Ausgangspunkt für meine Nachforschungen. An einen komplett ausgedachten Bericht einer ausländischen Zeitung wollte ich jedenfalls nicht ohne weiteres glauben. Dennoch blieb natürlich auch dies eine realistische Option, wenngleich auch eine unschöne.

In der Regel ist auf den Internetseiten, deren Autoren sich überhaupt die Mühe gemacht haben, eine zeitgenössische Quelle zu präsentieren, ein stets identischer, englischsprachiger Artikel abgebildet, der mit den Worten „*Correspondenz* of Berlin" beginnt (und der damit, wie sich noch herausstellen sollte, mitten im Satz anfängt, also noch nicht einmal sauber präsentiert wird). Die Herkunft dieses Artikels wird dabei leider nicht mit angegeben. Aus welcher Zeitung stammt er, an welchem Datum ist er veröffentlicht worden?

Immerhin jedoch belegt selbst dieser einzelne Artikel bereits das Vorhandensein einer deutschen Quelle aus Berlin namens „Correspondenz". Da dieses Wort im Deutschen aber an sich zunächst nur eine andere Bezeichnung für einen Briefwechsel ist, stellte sich für mich an dieser Stelle ohne weitere Informationen die Frage, ob es eventuell ursprünglich gar keine ursächliche deutsche Zeitungsmeldung gab, sondern hier lediglich aus einem Brief von wem auch immer an einen unbekannten Empfänger zitiert wurde. Das würde natürlich erklären, warum niemand bisher eine deutsche Originalquelle aus dem 19. Jahrhundert zu diesem Fall hat vorweisen können. Irgendein Brief aus dem 19. Jahrhundert, noch dazu ohne nähere Angaben zu Sender und Empfänger, wäre heute nahezu unauffindbar, sofern er nicht zufälligerweise ausgerechnet von einer prominenten historischen Persönlichkeit verfaßt worden wäre. Ich hatte mich an diesem Punkt innerlich schon auf eine schwierige und vielleicht sogar erfolglose Recherche eingestellt, doch glücklicherweise sollte sich diese Befürchtung schon bald als unbegründet herausstellen, denn deutschsprachige Originalquellen gibt es zum Mann aus Laxaria unerwarteterweise sogar reichlich, einige davon gespickt mit unbekannten Details! Doch an diesem Punkt meiner Untersuchung kannte ich zunächst noch nicht einmal die Herkunft des erwähnten englischsprachigen Artikels.

In zeitlicher Hinsicht war ich den Ereignissen um Jophar Vorin allerdings schon recht nahe gekommen, denn die eingesehenen Internetseiten nennen einen John Timbs, der in seinem 1852er Buch „Year-Book of Facts in Science and Art" über den Fall berichtet.[2] Dieses Werk war seinerzeit eine regelmäßige Publikation, die für ihre Genauigkeit bekannt war. Nur handelt es sich dabei leider um ein Buch und nicht um eine Zeitung, und damit nur um eine nachgelagerte Quelle. Es mußte also zuvor noch etwas anderes gegeben haben.

Unter den von mir anfänglich zur Orientierung eingesehenen Internetseiten befand sich jedoch eine, die sich offenbar alternativ auf einen anderen, ebenfalls englischsprachigen Zeitungsartikel bezog, der aber inhaltlich mit dem ersten weitgehend identisch zu sein schien. Hier wurde allerdings der Artikel selbst, anders als beim ersten Bericht, nicht mit abgebildet, sondern nur zitiert. Lediglich die Artikelüberschrift „A NEW MAN FOUND." wurde auch optisch präsentiert - und dies erfreulicherweise endlich einmal mit einer Angabe zur Herkunft: „‚Lloyd's Weekly Newspaper,' via Newspapers.com".[3]

Eine Inaugenscheinnahme dieser Quelle auf Newspaper.com[4] ergab den 13. April 1851 als Erscheinungsdatum der entsprechenden Ausgabe der „Lloyd's Weekly Newspaper" und die präsentierte Überschrift und der zitierte Artikel waren hier auch tatsächlich zu finden. Hier gab es dann auch einen Querverweis auf eine andere englischsprachige Quelle namens „Athenaeum".

Und tatsächlich: Im „Athenaeum" vom 5. April 1851[5] stieß ich dann auf den ersten Artikel, dessen Herkunft nicht mit angegeben worden war. Wie sich jetzt herausstellte waren im erwähnten abgebildeten Ausschnitt die ersten zwölf Zeilen des Artikels einfach weggelassen worden. Diese beinhalten zwar nichts von Bedeutung, nichtsdestotrotz ist es eine unsaubere und unnötige Auslassung. Eine vollständige Abschrift des Artikels aus dem „Athenaeum" finden Sie in deutscher Übersetzung im Anhang zu Teil 1 dieses Buches. Als eigentliche Quelle der weiteren Verbreitung des Laxaria-Berichtes im Internet enthält er alle Angaben meiner Zusammenfassung aus dem vorherigen Kapitel, unbekannte neue Details zum Fall sind ihm aber leider nicht zu entnehmen.

Bei meiner Suche nach dem „Athenaeum" bin ich außerdem auch auf den „Guardian" gestoßen, ebenfalls vom 5. April 1851.[6] Der „Guardian" taucht in den ausgewerteten Internetseiten allerdings nicht mit auf und scheint damit bei der weiteren Verbreitung der Geschichte im englischsprachigen Raum keine größere Rolle gespielt zu haben. Der „Guardian" gibt im Wesentlichen in etwas verkürzter Form die schon aus dem „Athenaeum" bekannten Angaben wieder, weiß jedoch mit einer neuen Information aufzuwarten: Wo das „Athenaeum" lediglich schwammig das Jahresende 1850 als Zeitpunkt des Ergreifens von Vorin nennt, gibt der „Guardian" zeitlich exakt den 30. September 1850 an.

„The Athenaeum" und „The Guardian" stellten mit ihren Ausgaben vom 5. April 1851 zu diesem Zeitpunkt meiner Untersuchung die frühesten Quellen überhaupt zum Thema Laxaria dar. In der weiteren Folge sollte es zumindest im Bereich der englisch- und fremdsprachigen Quellen generell dabei auch bleiben. Da das „Athenaeum" als eine der beiden ältesten Quellen aber der Ursprung der bekannten Internetberichte über den Mann aus Laxaria war, hatte ich zu diesem unerwartet frühen Zeitpunkt bereits den Kenntnisstand meiner Vorgänger eingeholt. Wenn ich also keine anderen Quellen ausfindig machen konnte, war damit auch mein eigenes Projekt bereits vorzeitig am Ende. Dann allerdings wäre dieses Buch nie erschienen. Aber wie heißt es doch am Ende des „Athenaeum"-Artikels so treffend: „What mystifycation hides under the story time will probably show", zu Deutsch: „Welche Mystifizierung sich hinter der Geschichte verbirgt, wird die Zeit wohl zeigen". Wie recht das „Athenaeum" damit doch behalten sollte, denn tatsächlich war ich noch lange nicht am Ende; es sollte noch einige Zeit vergehen bis der Laxarier seine Geheimnisse preiszugeben bereit war...

Nachdem ich nun die ältesten Quellen meiner Vorgänger hatte ausfindig machen können, konnte ich mit der Suche in heimatlichen Gefilden beginnen. Mein Glück dabei: Der „Guardian" nennt endlich auch den vollständigen Namen der allen ausländischen Berichten zugrundeliegenden deutschen Quelle - eine Berliner Zeitung namens „Constitutionelle Correspondenz" (wenngleich im „Guardian" fälschlicherweise mit der Endung „-ce" statt richtig mit „-z" angegeben). Gelegentlich wird die Zeitung in der ausländischen Presse auch verfälscht als „Berliner Correspondenz" bezeichnet. Dies ist allerdings lediglich eine der Unkenntnis geschuldete Vermischung einer korrekten Namenshälfte mit der Angabe des Herkunftsortes. Das Blatt wird jedoch, wie sich noch herausstellen sollte, bei Quellenangaben in den ersten deutschsprachigen Berichten vom April 1851 mit seiner korrekten Bezeichnung „Constitutionelle Correspondenz" genannt, wenngleich auch in Form von Abkürzungen.

Diese Zeitung ist somit nicht nur der Ursprung der ausländischen Berichte zum Thema, sondern blieb auch der Ausgangspunkt aller deutschsprachigen Berichte, auf die ich im weiteren Verlauf meiner Nachforschungen noch stoßen sollte. Aus der „Constitutionellen Correspondenz" erfuhr die Öffentlichkeit also zum ersten Mal überhaupt von Jophar Vorin und seiner unbekannten Heimat Laxaria.

# Sackgasse

Eine umfassende Suche im Internet nach digitalisierten Ausgaben der Berliner „Constitutionellen Correspondenz" führte leider zu keinem Ergebnis. Obwohl es sich hierbei nicht gerade um eine Zeitung aus irgendeiner Kleinstadt handelt, war absolut keine Spur davon zu finden.

Mehr noch: Selbst in Form von gedruckten Ausgaben in den Bibliotheken ist diese Zeitung heute praktisch nicht mehr existent. Und das, obwohl sie immerhin zumindest für den Zeitraum 1848 bis 1850 historisch belegt ist. Aus Gründen, auf die ich gleich noch zu sprechen komme, bin ich mir sogar sicher, daß es dieses Blatt mit hoher Wahrscheinlichkeit auch im Jahre 1851 noch gegeben haben muß. Und mehr als ein „Blatt" scheint es wohl tatsächlich auch nicht gewesen zu sein, wie die einzig verbliebene Spur dieser Publikation nahelegt. Die Zeitschriftendatenbank (ZDB) weist sie als „Einblattdruck" aus, was eher auf eine Art Flugblatt als auf eine Zeitung im herkömmlichen Sinne schließen läßt.[7]

Gerade einmal vier Exemplare dieser Zeitung haben laut der ZDB bis in die Gegenwart überlebt. Es handelt sich dabei um die Ausgaben 23 vom 19. November 1848, 99 vom 6. Februar 1849, 146 vom 11. April 1849 und 583 vom 2. Oktober 1850. Rund 600 Ausgaben - und fast nichts davon ist geblieben... Die ZDB nennt auch den Standort dieser letzten Exemplare. Sie befinden sich in der „UB" in Frankfurt am Main, womit die Universitätsbibliothek der Goethe-Universität gemeint ist, und sind dort als Teil der Spezialsammlungen nur vor Ort im Lesesaal einsehbar; eine Fernleihe ist nicht möglich und Digitalisate sind bisher leider noch nicht vorhanden.[8] Diese Verfahrensweise ist zwar aufgrund der Seltenheit dieser Publikation durchaus verständlich, aber nichtsdestotrotz bedauerlich. Das ist allerdings in unserem Fall letzten Endes nicht von Bedeutung, da der gesuchte Artikel in den wenigen vorhandenen Ausgaben mit hoher Wahrscheinlichkeit nicht zu finden sein dürfte. Wie bereits aufgezeigt wurde ist Jophar Vorin exakt am 30. September 1850 aufgegriffen worden, so daß schon allein vom Erscheinungstermin her von den verbliebenen Ausgaben ohnehin nur die Nummer 583 für den Originalbericht in Frage käme. Die anderen

Ausgaben sind alle bereits vor dem Ereignis erschienen. Allerdings dürfte auch die Ausgabe 583 den von uns gesuchten Originalartikel nicht beinhalten. Dies ergibt sich aus der zeitlichen Streuung der heimischen wie auch internationalen Abschreiber, die sich, wie wir noch sehen werden, vornehmlich im  Frühjahr 1851 tummeln. Es ist daher recht unwahrscheinlich, daß die Konkurrenten der „Constitutionellen Correspondenz" im Frühjahr 1851 urplötzlich in erstaunlicher Übereinstimmung unabhängig voneinander auf die Idee gekommen sind, ihren Lesern mit einem Mal eine Abschrift einer Meldung aus einer anderen Zeitung zu präsentieren, deren Originalveröffentlichung zu diesem Zeitpunkt bereits ein halbes Jahr zurück lag. Anders würde es schon aussehen, wenn es auch Abschriften aus der Zeit davor geben würde, was ich jedoch aufgrund meiner umfangreichen Nachforschungen in zeitgenössischen Publikationen ausschließen kann. Und wenn erst mit einer halbjährigen Verzögerung eine regelrechte Flut an Berichten über ein Ereignis auftaucht, die sich dann inhaltlich auch noch dermaßen gleichen, daß sie nur einer gemeinsamen Urquelle entstammen können, während die Zeit zwischen dem Ereignis und der „Flut" überhaupt keine Veröffentlichungen zu bieten hat, ist es recht sicher anzunehmen, daß auch diese Urquelle, also die „Constitutionelle Correspondenz", vermutlich erst in einer Ausgabe vom März 1851 ihren Originalbericht gebracht hat. Daraus resultiert dann auch meine Annahme, daß es dieses Blatt im Jahre 1851 noch gegeben haben dürfte. Untermauert wird diese Vermutung zudem auch durch den „Bothen für Tirol" vom 4. April 1851[9], der als einzige Zeitung ein Bezugsdatum für seinen Bericht angibt: den 27. März 1851. Die „Constitutionelle Correspondenz" wird hier zwar nicht namentlich erwähnt, ist aber dennoch als originäre Quelle erkennbar, da keine andere Zeitung bekannt ist, die zu einem so frühen Termin über den seltsamen Abenteurer berichtet hat. Die ursprüngliche Erstmeldung über den Laxarier dürfte somit wahrscheinlich in der „Constitutionellen Correspondenz" vom 27. März 1851 erschienen sein. Alle weiteren Berichte können dann folglich nur nach diesem Datum veröffentlicht worden sein.

Ob der Grund für das nahezu komplette Verschwinden der „Constitutionellen Correspondenz" nun in der weit zurückliegenden Veröffentlichung in der Mitte des 19. Jahrhunderts zu suchen ist oder ob dieser Kahlschlag der bewegten Geschichte der Stadt Berlin im 20. Jahrhundert geschuldet ist, wird sich wohl nicht mehr klären lassen. Im Ergebnis ist es aber leider eine Tatsache, daß die Originalquelle für den vermutlich ältesten Fall eines vermeintlichen Besuchers aus einer Parallelwelt im deutschen Sprachraum wohl für immer verloren ist.

Erhalten geblieben ist uns dieser faszinierende Fall jedoch glücklicherweise durch den interessanten Umstand, daß schon damals in den Zeitungsredaktionen bisweilen gerne nahezu inhaltsgleich von der Konkurrenz abgeschrieben wurde. Eine Auswertung sowohl der internationalen als auch der deutschsprachigen Quellen aus dem Frühjahr 1851 hat ergeben, daß in allen der weitestgehend identische Inhalt zu finden ist, wenngleich auch nicht immer satzgenau (häufig genug aber sogar das). Keiner dieser Artikel enthält irgendwelche zusätzlichen bzw. neuen Informationen, die in den anderen nicht auch zu finden sind, und nur sehr wenige liegen im Informationsgehalt unter den Angaben der Mehrheit. Wir dürfen daher getrost davon ausgehen, daß auch die Originalquelle komplett kopiert wurde und somit vermutlich die „Constitutionelle Correspondenz" zu diesem Fall ebenfalls nicht viel mehr zu sagen hatte. Eine einzige Ausnahme scheint lediglich die Erwähnung der Involvierung des Bürgermeisters von Frankfurt an der Oder in das Geschehen zu sein, darauf komme ich aber noch zurück.

Da die „Constitutionelle Correspondenz" also leider nicht mehr zur Verfügung steht, war es nun an der Zeit, gezielt nach anderen deutschsprachigen Zeitungsberichten zu suchen. Obwohl es diese ja sicher auch über den verschollenen Originalartikel hinaus gegeben haben dürfte, finden sich hierzu in der gegenwärtig verfügbaren digitalen oder gedruckten Literatur über den Mann aus Laxaria keinerlei Hinweise. Das konnte nun entweder heißen, daß frühere Autoren bei ihren Nachforschungen tatsächlich nichts haben finden können, oder daß sie vielleicht nur nicht gründlich genug gesucht haben, aus welchen Gründen auch immer. Ich habe daher, optimistisch von der letzteren Annahme ausgehend, mit der nächsten Phase meiner Untersuchung begonnen.

Und bin dabei gewissermaßen auf eine „Anomalie" gestoßen...

Genauer gesagt bin ich auf die Internetseite „Anomalies" von Garth Haslam gestoßen.[10] Dies ist eine Internetseite, die sich allgemein mit mysteriösen Anomalien und Ereignissen jedweder Art befaßt, darunter auch mit dem Mann aus Laxaria. Das Problem ist allerdings, daß der Zugang in diesem Fall leider für die Allgemeinheit gesperrt ist („Patrons Only"). Ich habe überlegt, ob ich tatsächlich nur für diesen einen Artikel zum Geldbeutel greifen sollte, habe mich dann jedoch dagegen entschieden. Zuerst einmal wollte ich versuchen, durch eigene Nachforschungen etwas herauszufinden. Ich habe daher zunächst versucht, Rückschlüsse aus dem einzigen Hinweis zu ziehen, den „Anomalies" auch den nicht zahlenden Besuchern der Seite bietet. Dabei handelt es sich um gerade einmal ein einziges Bild, das mir jedoch unmißverständlich gezeigt hat, daß es zu diesem Fall tatsächlich noch unbekannte deutschsprachige Originalquellen gibt und sich somit eine Fortsetzung meiner Suche lohnen konnte. Meine anfängliche Befürchtung, daß es entweder nie deutsche Quellen gegeben hat oder diese im Laufe der Zeit alle unwiederbringlich verlorengegangen sind, sollte sich glücklicherweise zunehmend als unbegründet herausstellen, denn ich habe weitaus mehr gefunden als ich erwartet hatte.

Auf diesem Bild, das sich auf der Einstiegsseite zu dem gesperrten Bereich befindet (quasi als „Appetitanreger"), kann man einen Artikel aus einer deutschen Zeitung in Form eines kleinen Ausschnittes (also leider nicht vollständig) sehen, der eindeutig über Jophar Vorin berichtet. Der Ausschnitt präsentiert die obere Hälfte des Artikels und dies in leichter Schräglage. Am linken oberen und eingeschränkt auch am rechten oberen Rand dieses Ausschnittes sind noch Teile des umliegenden Textes anderer Artikel erkennbar, die mir später eine eindeutige Identifizierung der originären Quelle dieses Artikels ermöglicht haben.

Zunächst bin ich nach diesem Fund davon ausgegangen, daß offenbar doch noch jemand den von mir bereits als verloren betrachteten Originalartikel aus der „Constitutionellen Correspondenz" aufgestöbert hat. Da ich diesen nun ebenfalls finden wollte, habe ich, mit neuer Zuversicht gestärkt, meine Suche intensiviert. Dazu war es zu Beginn aber erst einmal erforderlich, in Erfahrung zu bringen, ob und wenn ja wo eventuell Originalzeitungen aus dem 19. Jahrhundert online in digitalisierter Form verfügbar sind. Ich mußte meine Hauptsuche also erst einmal für eine recht umfangreiche, aber dennoch nachhaltig notwendige Nebensuche unterbrechen. Dieser Zwischenschritt war zwar etwas frustrierend, da er mich zunächst für eine gewisse Zeit von meinem eigentlichen Thema weggeführt hat, er sollte sich im Nachhinein aber noch als lohnend erweisen. Die zahlreichen digitalen Archive historischer Zeitungen aus allen möglichen Ländern, auf die ich im Internet bei meiner Suche gestoßen bin, sollten sich als äußerst ergiebig herausstellen.

# Treffer und Irrwege

Mit ein wenig Ausdauer ist es mir dann tatsächlich gelungen, in einem der digitalen Zeitungsarchive eben jene deutsche Quelle aufzutun, die „Anomalies" als Köder benutzt - und umgehend wurde mir dabei auch klar, in welche Denkrichtung die gesperrten Ausführungen von „Anomalies" mit hoher Wahrscheinlichkeit gehen. Durch den im Ansatz noch erkennbaren Text der umliegenden Artikel läßt sich nämlich definitiv feststellen, daß der besagte Ausschnitt aus der „Magdeburgischen Zeitung" vom 1. April (!) des Jahres 1851 stammt, wo er unter der Rubrik „Vermischte Nachrichten" zu finden ist![11] Und wenn „Anomalies" ausgerechnet einen Zeitungsausschnitt mit dem Datum 1. April als Köder für seinen „Patrons Only"-Bereich verwendet, können wir wohl getrost davon ausgehen, daß man dort keine ältere Quelle gefunden hat und dementsprechend von einem Aprilscherz ausgeht. Solchermaßen in Hinsicht auf eine akzeptable Erklärung für die Laxaria-Geschichte zufriedengestellt hat man bei „Anomalies" dann wohl vermutlich auch nicht mehr weitergesucht und somit auch nichts anderes gefunden. Ich möchte an dieser Stelle jedoch betonen, daß dies aufgrund der Sperre natürlich nur eine Vermutung meinerseits ist, finde jedoch, daß diese schlüssig ist. Und „Anomalies" bestätigt meine Vermutung letzten Endes indirekt sogar selbst, auch ohne eine direkte Einsichtmöglichkeit auf den Artikel. Denn unter der Rubrik „Yellow Journalism" (dt.: „Boulevardjournalismus") wird dort unter der Überschrift „News Stories Shown to be Falsified" (dt.: „Nachrichtengeschichten, die sich als gefälscht herausgestellt haben") gleich als Erstes der „Man from Laxaria" aufgeführt.[12] „Anomalies" zeigt damit mehr als deutlich auch unabhängig von der Bezahlschranke, welchen Wahrheitsgehalt man der Geschichte um den Besucher aus Laxaria dort beimißt.

Da es, wie sich noch zeigen wird, zum Fall Laxaria aber tatsächlich erheblich mehr zu finden gibt, hat sich meine Entscheidung gegen eine Zahlung an „Anomalies" als äußerst glücklicher Umstand erwiesen, denn sonst wären meine Nachforschungen an dieser Stelle wohl beendet gewesen. Ein Aprilscherz als Ergebnis einer Suche bringt halt naturgemäß bei Themen dieser Art immer etwas Endgültiges mit sich. Ich kann aber an dieser Stelle bereits vorausschicken, daß es sich bei dem Bericht um den Mann aus Laxaria definitiv nicht um einen Aprilscherz gehandelt hat. Der Mann und seine Geschichte sind echt! Ob allerdings darüber hinaus eine ernstzunehmende Möglichkeit besteht, daß er auch tatsächlich aus einer Paralleldimension kommt, muß an diesem Punkt unserer Untersuchung noch offen bleiben. Doch auch dazu werde ich später eine schlüssige Antwort geben. Denn der gute Jophar Vorin hat die Zeitungsredaktionen des 19. Jahrhunderts noch eine ganze Weile beschäftigt. Seine historische Spur mag zwar in Bezug auf seine Herkunft vor seiner Ergreifung verblaßt sein, doch über das, was ihm danach noch so alles widerfahren ist, gibt es - in bisherigen Untersuchungen des Falles völlig unbeachtet gelassen - tatsächlich eine Fülle an interessanten Informationen!

Doch ich greife vor. An diesem frühen Punkt meiner Suche sah es frustrierenderweise erst einmal so aus, als sei der Bericht in der „Constitutionellen Correspondenz" wohl doch nur eine Seifenblase, allen entsprechenden Querverweisen anderer Zeitungen zum Trotz. Hat die „Magdeburgische Zeitung" also eventuell den wohl langlebigsten Aprilscherz der Welt ins Leben gerufen?

Dem war nur auf eine Art glaubhaft entgegenzutreten - ich mußte unbedingt eine Quelle finden, die älter ist, und sei es auch nur um einen einzigen Tag!

Denn da in den bekannten Berichten des Jahres 1851 der 30. September des Vorjahres als Tag des vermeintlichen Ereignisses angegeben worden ist, kam als Zeitpunkt eines Aprilscherzes nur der 1. April 1851 in Frage. Der 1. April 1850 lag vor dem Ereignis und zum 1. April 1852 war die ganze Geschichte schon in vollem Gange. Ein Zeitungsartikel vor dem 1. April 1851 mußte also her! Und dies würde keinesfalls leicht werden, denn in meiner umfangreichen Suche in den digitalen Zeitungsarchiven sowohl des deutschsprachigen Raumes als auch weltweit hatte ich zu diesem Zeitpunkt bereits feststellen können, daß vor dem April 1851 zum Fall Laxaria leider absolut nichts zu finden war...

Eine einzige ältere Quelle würde schon ausreichen - und wieder hatte ich Glück!

# Doch kein Aprilscherz!

Während meiner Suche nach unbekannten zeitgenössischen Quellen zum Fall Jophar Vorin habe ich mehrere Dinge feststellen können.

Zunächst war da die Erkenntnis, daß sich vor allem das englischsprachige Ausland von Anfang an rege für den Laxarier interessiert hat. Beginnend mit der international ältesten bekannten Erwähnung im „Athenaeum" vom 5. April 1851 gab es eine durchaus beachtliche Berichterstattung über Vorin in diesem Sprachraum, die sich in größerem Umfang für mehrere Monate in den Zeitungen gehalten hat und bis 1852 sporadisch auch darüber hinaus in anderen Druckerzeugnissen (wie z.B. im „Year-Book of Facts in Science and Art" von John Timbs) noch präsent war.

Mit dieser Beobachtung einher ging die Erkenntnis, daß ausnahmslos alle Berichte des Auslands inhaltlich Bezug genommen haben auf den originären Bericht in der „Constitutionellen Correspondenz". Angesichts der Tatsache, daß es sich bei diesem Blatt nicht gerade um eine sehr bekannte Zeitung gehandelt hat, ist dies schon überraschend. Es dürfte aber wohl eher aus Abschriften des Urberichtes als aus diesem direkt kopiert worden sein. Vor allem das „Athenaeum" war hier sicherlich der Multiplikator Nummer 1. Letzten Endes heißt dies aber auch, daß sämtliche Berichterstatter außerhalb Deutschlands von dem weiteren Schicksal Jophar Vorins keine Kenntnis mehr erhalten haben. Mehr Informationen als jene aus der ersten deutschen Veröffentlichung scheint es außerhalb des deutschen Sprachraums also nie gegeben zu haben (mit einer einzigen Ausnahme in Frankreich, dazu aber später mehr). Es wurde nur das Ausgangsmaterial immer wiedergekäut. In der Konsequenz hat es dann somit kurioserweise auch im Deutschland der Gegenwart keine darüber hinausgehenden, neuen Einblicke in den Fall des Laxariers gegeben, da die hiesige Berichterstattung der Gegenwart aus der englischsprachigen des 19. Jahrhunderts reimportiert wurde (erkennbar daran, daß - wenn überhaupt - nur das „Athenaeum" als Quelle benannt wird).

Dementsprechend hatte ja auch ich meine Nachforschungen im Ausland begonnen und bin davon ausgehend später bei der Entdeckung der ersten deutschsprachigen Zeitungsberichte zunächst auch nur auf inhaltliche Kopien des Artikels aus der „Constitutionellen Correspondenz" gestoßen. In der Konsequenz führte dies zunächst zu der kurzzeitigen Erkenntnis, daß es sich bei der Geschichte sehr wohl um einen Aprilscherz der „Magdeburgischen Zeitung" hätte handeln können.

Bis ich nach langer Suche auf einen Artikel aus dem „Abendblatt der Wiener Zeitung" gestoßen bin - erschienen am 31. März 1851![13]

Wie hatte ich doch gesagt? Ich mußte eine Quelle finden, die älter als der 1. April 1851 ist, und sei es auch nur um einen einzigen Tag - und mehr als ein einziger Tag ist es dann auch tatsächlich nicht geworden! Der Artikel im „Abendblatt der Wiener Zeitung" ist weltweit der einzige erhalten gebliebene Bericht über den Mann aus Laxaria aus der Zeit vor dem April 1851, dem Monat, in dem im deutschsprachigen Raum und auch weltweit in massivem Umfang die Berichterstattung begonnen hat! Andere ältere Artikel oder sonstige Erwähnungen habe ich nicht finden können, so sehr ich auch danach gesucht habe.

Dieser eine Bericht reicht jedoch völlig aus, um jeden Gedanken an einen Aprilscherz belegbar verwerfen zu können.

Wie ich bereits im Zusammenhang mit der „Constitutionellen Correspondenz" erwähnt hatte, vermute ich, daß wahrscheinlich auch dort erst in einer Ausgabe vom März 1851 über den Laxarier berichtet wurde. Wenn man sich bewußt macht, daß dieser älteste erhalten gebliebene Zeitungsartikel vom 31. März 1851 nicht in der regulären Tagesausgabe der „Wiener Zeitung", sondern speziell in einem „Abendblatt" veröffentlicht wurde, dann kann man durchaus davon ausgehen, daß die Meldung (die auch hier inhaltsgleich zu den Folgeberichten und damit wohl auch zur „Constitutionellen Correspondenz" war) zu diesem Zeitpunkt noch derart „frisch" war, daß sie zu der Zeit der früher am Tag erschienenen Ausgabe möglicherweise noch nicht verfügbar war. Und das wiederum ist ebenfalls ein Indiz dafür, daß auch die „Constitutionelle Correspondenz" ihren Originalbericht wie dargelegt erst zu diesem Zeitpunkt, also Ende März 1851, veröffentlicht hat. Wie bereits ausgeführt war die Berichterstattung zwischen dem 30. September 1850, als der Mann aus Laxaria aufgegriffen wurde, und der ersten Aprilwoche des Jahres 1851, als die Welle der Artikel weltweit losgetreten wurde, ansonsten gleich Null. Ab der ersten Aprilwoche hingegen gab es eine Flut an Berichten, die am Anfang hoch war und von da an zunehmend abgeebbt ist. Die Annahme ist also keineswegs abwegig.

Die anfänglichen Berichte über den Mann aus Laxaria verteilen sich (soweit bisher wiederentdeckt) in den deutschsprachigen Zeitungen auf den Zeitraum vom 31. März 1851 („Abendblatt der Wiener Zeitung") bis zum 17. April 1851 („Dresdner Journal und Anzeiger"), also 18 Tage. In 9 Zeitungen erfahren wir in dieser Zeit von diesem ungewöhnlichen Fall, 5 davon aus Deutschland, 4 weitere aus dem deutschsprachigen Ausland. Sehen wir uns diese nun etwas näher an.

Das „Abendblatt der Wiener Zeitung" schildert lediglich das bereits aus dem „Athenaeum" bekannte (bzw. genauer gesagt natürlich umgekehrt). Es wird jedoch der Ort von Vorins Ergreifung genauer und auch korrekter angegeben: Wüste-Kunersdorf im Lebuser Kreis (nicht Lebas).

Das Dorf Wüste Kunersdorf, 1974 in die Stadt Lebus im Landkreis Märkisch-Oderland in Brandenburg eingemeindet und offiziell seit 1977 Ortsteil von Lebus, hat in seiner Geschichte häufiger eine Umbenennung erfahren: Als Conrasdorp ist es in seiner ersten urkundlichen Erwähnung im Jahre 1337 vermerkt und seit 1805 schließlich ist es als Wüsten Kunersdorf bekannt. Die Landwirtschaft als Broterwerb spielt im ehemaligen Bauern-Dorf heute keine Rolle mehr. Der Ortsteil hat sich inzwischen zu einem „Wohndorf" mit 61 Einwohnern (im Jahre 2003, aktuellere Zahlen habe ich leider nicht finden können) entwickelt. Aus dem Jahr 1772 ist die größte Einwohnerzahl, die das Dorf je hatte, bekannt: 213.[14] Eine genaue Einwohnerzahl aus dem Jahre 1850 liegt mir leider nicht vor. Bekannt ist nur, daß es im Jahr 1840 noch 122 und im Jahr 1864 dann 156 Einwohner waren.[15] Zumindest rein rechnerisch ergibt sich im Dreisatz für das Jahr 1850 eine Einwohnerzahl von 136, also etwas mehr als doppelt soviel wie heute. Bei einer derart geringen Einwohnerzahl kann man wohl leider ausschließen, daß sich hier in irgendeiner Form noch Spuren von Vorin bis heute erhalten haben.

Und noch etwas erfährt man aus dem „Abendblatt der Wiener Zeitung": Der Glaubensaspekt wurde im „Athenaeum" zwar angesprochen, doch erst jetzt erfahren wir, daß der Laxarier nicht nur gläubig, sondern darüber hinaus in seiner Heimat sogar selbst ein Geistlicher war. Diese Randinformation schien dem „Athenaeum" wohl nicht wichtig genug gewesen zu sein und auch der „Guardian" hatte seinen Lesern darüber nichts mitgeteilt. Zudem erfährt man in den englischsprachigen Blättern auch nichts über den konkreten aber leider erfolglosen Versuch, Vorins Schrift wissenschaftlich prüfen zu lassen.

In keiner der anderen Zeitungen ist auch nur ein Funken mehr an zusätzlichen Informationen enthalten. Sie alle gleichen sich in der Länge und weitestgehend sogar in der Formulierung wie ein Ei dem anderen. Kennt man eine, kennt man alle. Einzig allein die „Illustrirte Zeitung"[16] hat ihrer Leserschaft in ihrer Ausgabe vom 12. April 1851 noch nicht einmal das geboten, sondern lediglich eine recht dürftige, sechs Zeilen lange Mininotiz gebracht. Diese beinhaltet dafür jedoch eine winzige Abweichung von den Verlautbarungen ihrer Konkurrenz, auf die ich im nächsten Kapitel noch einmal zurückkomme.

Die Berichterstattung im nicht deutschsprachigen Ausland erfolgte im Zeitraum vom 5. April 1851 bis zum 31. Oktober 1851 (soweit eingesehen) in insgesamt 33 verschiedenen Zeitungen, darunter 25 in Englisch (Großbritannien, USA, Kanada und Australien) und 6 in Französisch (Frankreich und Belgien) und 2 in tschechisch. Ich habe mir alle angesehen und kann sagen, daß man dem europäischen Vorbild gefolgt ist und auch hier, sogar länderübergreifend, ein Bericht dem anderen absolut gleicht. Das Wenige, das im „Athenaeum" im Vergleich mit der deutschsprachigen Presselandschaft fehlt, fehlt tatsächlich auch in allen nachfolgenden Artikeln, sogar länder- und sprachübergreifend! Und auch die „Republik der Arbeiter", eine deutschsprachige Zeitung aus den USA, wußte in Ihrer Ausgabe vom 3. Mai 1851 nichts Neues über das „Wundermännchen", wie sie Vorin nannten, zu berichten.[17]

Damit ist mir deutlich bewußt geworden, daß ich in der ausländischen Berichterstattung mit neuen Erkenntnissen nicht rechnen konnte. Nur der deutschsprachige Raum könnte hier also, wenn überhaupt, noch etwas Neues zu Tage fördern.

Mir ist an diesem Punkt meiner Suche zudem ebenfalls klar geworden, daß ich damit alle verfügbaren Wege in die Vergangenheit des
Laxariers abgegrast hatte. Mehr war dort offenbar nicht zu finden und
somit hätte ich jetzt einfach aufgeben können. Dies wäre kein Mißerfolg
gewesen, denn in den weit über anderthalb Jahrhunderten zuvor waren
andere Berichte ja auch nicht über den ersten Erkenntnisstand vom April
1851 hinausgekommen. Zunächst sah es also danach aus, als ob über
das Auftauchen des Laxariers und seine Angaben über seine unbekannte
Heimat nicht mehr zu Tage zu fördern war. Nicht nur, daß wir nichts
darüber wissen, woher er tatsächlich gekommen ist, nein, auch über die
Zeit direkt nach seinem Auftauchen und über die Kultur seines Volkes
schien es nicht mehr an Informationen zu geben als den bereits bekannten mageren Einheitsbrei der Zeitungen vom Frühjahr 1851. Nun, ganz
so frustrierend sollte es dann allerdings doch nicht werden, denn es
wartete noch eine Überraschung auf mich...

Es blieben aber in diesem Moment erst einmal nur Fragen übrig, die
in die Zukunft des Mannes aus Laxaria wiesen:

Hatte der beabsichtigte Transport von Jophar Vorin nach Berlin
tatsächlich stattgefunden? Oder ist es bei einer reinen Absichtsbekundung geblieben? Denn eine Absicht an sich zieht nicht automatisch auch
eine Umsetzung nach sich. Und wenn er nach Berlin gebracht worden
ist, wohin dann genau? Hat man dort vielleicht etwas über seine
Herkunft herausfinden können?

Ich wollte mich jedenfalls noch nicht geschlagen geben und habe
daher nun begonnen, nach Berichten aus der Zeit nach dem April 1851
zu suchen, Artikel, die über das weitere Schicksal Jophar Vorins endlich
einmal Neues zu berichten wußten.

Und tatsächlich sollte der Blick nach vorn wesentlich erfolgreicher
verlaufen als der Blick zurück. Das weitere Schicksal des Mannes aus
Laxaria wird auf diesem Weg belegbar und angereichert mit neuen
Einzelheiten aufgeklärt.

# Spuren ins Nichts

Nachdem ich die Entscheidung getroffen hatte, mich auf die Spur des Mannes aus Laxaria nach seiner Ankunft in Berlin zu begeben, stellte sich zunächst die Frage, wie dies am besten zu bewerkstelligen war. Das Fehlen entsprechender Angaben in früheren Recherchen anderer Autoren zeigte deutlich, daß dies kein leichtes Unterfangen werden würde. Tatsächlich gab es in diesem Zusammenhang überhaupt noch keine Erkenntnisse, denn das Mysterium Vorins beginnt bereits mit seiner Überführung nach Berlin.

Es war nämlich noch nicht einmal erwiesen, daß Jophar Vorin auch wirklich nach Berlin überführt worden ist! Sämtliche Zeitungen der ersten Artikelwelle (ja, es gab mehrere Wellen) haben von Anfang an einvernehmlich angegeben, daß der ungewöhnliche Gast der Behörden sich „in diesem Augenblicke" in Frankfurt an der Oder befinden würde. (Es gibt eine einzige, eher fragwürdige Ausnahme, siehe weiter unten.)

Tatsächlich weichen in diesem Punkt die Auslandsberichte von den deutschen Originalquellen aus dem April 1851 kaum merklich aber dennoch entscheidend ab. Der älteste englischsprachige Artikel zum Fall Laxaria im „Athenaeum", von dem mit großer Wahrscheinlichkeit nahezu alle anderen abgeschrieben haben, gibt an, Vorin sei bereits „carefully despatched to Berlin", also „sorgsam nach Berlin geschickt worden". Das klingt nun so, als sei Vorin bereits definitiv nach Berlin abgereist, doch das entspricht keineswegs dem Kenntnisstand der deutschen Originalberichte zu diesem Zeitpunkt! Im „Abendblatt der Wiener Zeitung" steht dazu beispielsweise nur, daß „seine Transportirung nach Berlin *beantragt* worden [ist]" (Hervorhebung durch den Autor) und in den anderen frühen Quellen sieht das auch nicht anders aus.

Beantragen kann man viel, das heißt aber nicht automatisch, daß dies dann auch wie geplant umgesetzt werden kann. Das „Athenaeum" hat im Zuge der Übersetzung aus dem Deutschen also mal eben aus einer reinen Absichtserklärung eine vollendete Tatsache gemacht. Dieser Unterschied ist deshalb nicht unbedeutend, weil davon abhängt, ob weitere Nachforschungen nach dem Verbleib Jophar Vorins noch in Frankfurt an der Oder erfolgen müßten oder doch eher in Berlin.

Interessanterweise hat der „Guardian" am 5. April 1851 da bereits sehr viel genauer berichtet. Hier heißt es korrekt: „The authorities in Frankfurt on the Oder [...] have requested that he may be moved to Berlin [...].", zu deutsch: „Die Behörden in Frankfurt an der Oder [...] haben darum ersucht, daß er vielleicht nach Berlin verlagert wird [...].". Leider hat man sich aber im weiteren Verlauf der englischsprachigen Berichterstattung nicht nach dem „Guardian" gerichtet, sondern überwiegend auf das in diesem Zusammenhang viel ungenauere „Athenaeum" bezogen.

Während im deutschsprachigen Raum also auch weiterhin nur von der Beantragung eines Transportes nach Berlin die Rede ist (siehe beispielsweise die „Magdeburgische Zeitung" und die „Bohemia"[18], beide vom 1. April 1851), haben die angloamerikanischen Redakteure den Laxarier bereits endgültig auf die Reise geschickt. Noch am 7. April 1851 berichtet die „Eidgenössische Zeitung"[19] von der reinen Planung eines Abtransportes und erst die bereits erwähnte, gerade mal sechs Zeilen kurze Meldung aus der „Illustrirten Zeitung" vom 12. April 1851 bestätigt - in völliger Abweichung von allen anderen Blättern - mit einer plötzlichen Endgültigkeit, daß Vorin „zuletzt nach Berlin geschafft worden [ist]". Da diese Meldung aber ansonsten absolut nichts Neues berichtet und noch nicht einmal die ansonsten in anderen Zeitungen dieser Tage stets komplett präsentierten Mindestinformationen aus der „Constitutionellen Correspondenz" beinhaltet, kann man sich berechtigterweise die Frage stellen, ob es sich bei dieser Meldung überhaupt um eine neu in Erfahrung gebrachte Information oder letztendlich nur um eine persönliche Fehlinterpretation des Schreibers handelt, ähnlich der des „Athenaeum". Ins Ausland geschafft hat es diese nur wenige Zeilen kurze Ausnahmemeldung mit Sicherheit nicht, dafür war sie aufgrund ihres mageren Inhaltes für ausländische Zeitungsredakteure wohl einfach zu uninteressant.

Im „Dresdner Journal und Anzeiger" erscheint am 17. April 1851[20] schließlich die letzte bekannte Meldung zu Jophar Vorin aus der Berichterstattung der „ersten Welle" im deutschsprachigen Raum. Hier ist wieder nur von einer Beantragung der Überführung nach Berlin die Rede, nicht den Vollzug dieser Absicht, was das Mißtrauen in Bezug auf den vermeintlichen „Wissensvorsprung" der „Illustrirten Zeitung" bestätigt.

Der Bericht im „Dresdner Journal und Anzeiger" stellt übrigens auch die letzte deutschsprachige Meldung dar, in der Vorins Name in der seit der Erstmeldung - und auch heute noch international - bekannten Art und Weise geschrieben wurde. Eine nicht ganz unerhebliche Feststellung, wie sich noch zeigen wird.

Eine notwendige Klarstellung am Rande: Man könnte theoretisch die „Republik der Arbeiter" vom 3. Mai 1851 auch noch zur „ersten Welle" zählen - in der Vorins Name auch noch einmal in der bekannten Form geschrieben wurde - aber diese Zeitung ist, obwohl deutschsprachig, in New York und damit in den USA erschienen. Damit gehört sie also auch nur zu den ausländischen Zweitverwertern der Meldung, wohingegen die anderen aufgeführten deutschsprachigen Zeitungen schon allein aufgrund ihrer geographischen Nähe zum Ort des Geschehens viel eher Zugang zu neuen Informationen finden konnten. Somit gehört die „Republik der Arbeiter" meines Erachtens nicht zum eigentlichen deutschen Teil der „ersten Welle", wodurch diese mit dem „Dresdner Journal und Anzeiger" endet.

Im Ausland jedenfalls war zu diesem Zeitpunkt der Abtransport nach Berlin bereits eine sichere Sache, siehe beispielsweise „Lloyd's Weekly Newspaper" vom 13. April 1851[21], „The New York Herald" vom 24. April 1851[22] oder „The Primitive Republican" vom 29. Mai 1851[23]. Erst „The Planters' Banner" vom 7. Juni 1851[24] berichtet wieder von einem *geplanten* Transport. Da hat man sich dann wohl auf den „Guardian" und nicht auf das „Athenaeum" bezogen. Ansonsten gibt es aber auch hier nichts Neues zum Fall.

Bis in den Juni des Jahres 1851 hinein hat die Öffentlichkeit daraufhin keine neuen Erkenntnisse mehr über den geheimnisvollen Mann aus Laxaria und seinen tatsächlichen Verbleib erhalten. Während dieser Zustand im Ausland darüber hinaus auch bis in die Gegenwart andauern sollte, sah es da ab der Jahresmitte 1851 im deutschen Sprachraum schon ganz anders aus. International jedenfalls wurden in der Folge nur die bereits altbekannten Umstände von Vorins Ergreifung immer wieder neu aufgewärmt, bis hinein in die heutigen YouTube-Videos. Durch die Bezugnahme heutiger deutschsprachiger Berichte auf Quellen aus dem englischsprachigen Raum ist diese Unkenntnis dann in der Folge leider auch nach Deutschland importiert worden.

Es gibt wie angedeutet interessanterweise eine Ausnahme - meines Wissens die einzige - bei der Leser außerhalb des deutschen Sprachraums tatsächlich doch noch einmal etwas Neues aus der Zeit nach der ersten Artikelwelle erfahren haben: In Frankreich berichtete „Le Constitutionnel"[25] (siehe Übersetzung im Anhang) am 6. Oktober 1851 tatsächlich noch einmal über die aktuelle Entwicklung zum Fall. Es wurde dort das „Frankfurter Journal" zitiert, das sich wiederum auf „Speners Gazette" aus Berlin bezieht. Der Bericht aus „Speners Gazette" scheint aber leider auch nicht bis in unsere Zeit überlebt zu haben, so daß ein Vergleich der Abschrift mit dem Original nicht mehr möglich ist. Die sporadischen Hinweise auf heute nicht mehr existente Zeitungen lassen nur erahnen, was für ein Detailwissen nicht nur zu diesem Fall im Laufe der Zeit eventuell unwiederbringlich verloren gegangen ist.

Ob Jophar Vorin jemals in Berlin angekommen ist, blieb also ein Rätsel. Bis jetzt.

Wie bereits angemerkt ist diese Fragestellung entscheidend, da dies schlichtweg der einzig verwertbare Anhaltspunkt für eine weitere Suche nach Informationen ist. Falls der Laxarier nie nach Berlin gekommen sein sollte, wird man ihn dort vergeblich suchen und sein weiterer Weg müßte folglich ein Rätsel bleiben. Tatsächlich könnte er dann letzten Endes überall gelandet sein, in Frankfurt an der Oder, Lebus, Wüste-Kunersdorf oder auch sonstwo. Ist er nicht nach Berlin verbracht worden, dann könnten wir an dieser Stelle die weiteren Nachforschungen ebensogut beenden, denn dann käme dies der sprichwörtlichen Suche nach der Nadel im Heuhaufen gleich. Vorin wäre in diesem Fall nahezu unauffindbar.

Die Frage läßt sich aber glücklicherweise eindeutig und im Detail beantworten: Ja, der Mann aus Laxaria wurde tatsächlich nach Berlin überführt, und er hat die dortigen Behörden sage und schreibe 15 Monate lang ordentlich auf Trab gehalten!

Es gab, bisher unentdeckt, tatsächlich eine zweite und sogar eine dritte Welle an Meldungen, die uns heute, nach weit mehr als anderthalb Jahrhunderten, doch noch etwas Neues zu berichten wissen.

Die Entdeckung zunächst der zweiten Welle führte dabei auch zu einer ebenso überraschenden wie hilfreichen Erkenntnis. Ich stieß unerwartet auf einen bemerkenswerten Umstand und plausiblen Grund für das Fehlen von Angaben zu Vorins weiterem Verbleib, einer erstaunlich langanhaltenden Berichterstattung zum Trotz. Die Suche wurde nämlich auf einmal erschwert durch leicht veränderte Parameter, denn - der Mann aus Laxaria hieß auf einmal gar nicht mehr Jophar Vorin!

Zumindest wurde er nun nicht mehr so geschrieben...

## Die Sache mit dem Namen

An dieser Stelle sollten wir zunächst den ersten von zwei kleinen Einschüben machen, bevor wir uns mit Vorins weiterem Lebensweg befassen. Denn das diesen bislang noch niemand nachzeichnen konnte mag in nicht geringem Umfang auch mit dem sonderbaren Umstand zu tun haben, daß sich die deutschsprachige Presse des 19. Jahrhunderts partout nicht auf eine einheitliche Schreibweise seines Namens einigen konnte. In schöner Regelmäßigkeit wurde nämlich der Name des Laxariers verändert, sowohl der Vor- als auch der Familienname.

Die von mir in diesem Buch durchgehend verwendete Schreibweise ist diejenige, die für den Laxarier sowohl bei seinem ersten Auftauchen in der deutschen Presselandschaft als auch bei seinen internationalen Auftritten einheitlich verwendet wurde und wird. Dies ist nicht nur seine bekannteste Schreibweise, sondern bislang tatsächlich auch seine einzig bekannte überhaupt: Jophar Vorin. (Auf den Sonderfall „*Joseph* Vorin" komme ich noch zu sprechen.)

Ob in Deutschland, Österreich oder der Schweiz, ob in französischen, britischen oder amerikanischen Zeitungen, stets war es diese Schreibweise des Namens, die verwendet wurde. Was einen aber auch nicht sonderlich verwundern darf, wenn man bedenkt, daß damals im Grunde in der ersten (und bisher einzig öffentlich bekannten) Artikelwelle nachweislich immer nur (z.T. über Umwege) vom allerersten Bericht abgeschrieben worden ist...

Nichtsdestotrotz treffen wir aber bereits ganz am Anfang der ersten Artikelwelle bereits auf die erste kleine Abweichung, die einzige in diesem Zeitraum: Die „Ruhr- und Duisburger Zeitung" vom 1. April 1851[26] hat aus Jophar Vorin kaum merklich „Jophat Vorin" gemacht. Dies hat allerdings anders als bei den nachfolgenden Veränderungen keine phonetischen Gründe, sondern ist einem simplen Schreibfehler geschuldet, da der Name im selben Artikel an anderer Stelle korrekt wiedergegeben wird.

Das gehäufte Auftreten von Veränderungen in der Schreibweise beginnt erst mit dem ersten Bericht nach der ursprünglichen Berichterstattung: Im „Wächter" vom 20. Juni 1851[27] wird unser Freund mit einem Mal nur noch als „der Forrin" betitelt. Eine mehr oder weniger gleiche Aussprache, aber doch im Schriftbild schon merklich verändert. Und wohl um den gestreßten Leser mit Informationen nicht vollends zu „überfordern" (die es im „Wächter" ansonsten reichlich gibt!) hat man konsequenterweise auf die Nennung seines Vornamens gleich ganz verzichtet.

Als nächstes tritt die „Königlich privilegirte Berlinische Zeitung von Staats- und gelehrten Sachen", auch kurz als „Vossische Zeitung" bekannt, dem Wettbewerb um die „schönste" Namenskombi (der nun voll entfacht ist) bei und beschert uns am 30. September 1851 als neue Variante „Jophar Forrien".[28]

Die „Allgemeine Gerichts-Zeitung" vom 1. Oktober 1851[29] präsentiert uns sodann den vollständigen Namen zur Variante des „Wächters", aber leider ebenso falsch: „Iwar Forrin". („Falsch" gemessen an der ersten öffentlichen Schreibweise, die im Ursprung urkundlich korrekte wird sich wohl heute nicht mehr feststellen lassen.) Der Familienname wurde vom „Wächter" übernommen, den Vornamen hingegen hat man neu hinzu-kreiert. Hierbei ist festzuhalten, daß man damals den Buchstaben „I" auch für unser heutiges „J" verwendet hat, so daß „Iwar" auch „Jwar" gelesen werden kann. In dieser Hinsicht ähnelt diese Variante wenigstens phonetisch dem „echten" Vornamen ein kleines bißchen.

Dem „Plauderstübchen" vom 4. Oktober 1851[30] war offenbar sehr an einer „individuellen Note" gelegen und so heißt der gute Mann (in Anleh-nung an die „Vossische Zeitung") auf einmal sparsamerweise - man verzichtet auf ein „r" - nur noch „Jophar Forien". Der „Westfälische Merkur" folgt am 5. Oktober 1851 mit „Iwan Forrin".[31]

Die „Eidgenössische Zeitung" vom 15. Oktober 1851[32] bietet dann abschließend noch einmal etwas Neues: „Ivar Forien". Anscheinend wollen die Schweizer es allen recht machen und präsentieren nun eine Mischung aus der „Allgemeinen Gerichts-Zeitung" und dem „Plauderstüb-chen", allerdings nicht ohne zumindest einen kleinen eigenen Farbtupfer in das Gesamtkonstrukt mit einzuweben („Ivar" statt „Iwar"). Diese letzte Variante wiederum hat dann immerhin noch einmal derart Anklang gefunden, daß zwei weitere Redaktionen sie prompt übernommen haben: das „Dresdner Journal"[33] am 18. Oktober 1851 und als Nachzügler das „Wochenblatt"[34] vom 14. November 1851.

Es erscheinen in dieser Zeit aber ab und an auch Berichte ganz ohne Namensnennung wie beispielsweise in der „Wiener Zeitung"[35] oder der „Illustrirten Zeitung"[36] sowie auch in drei der zweiten Artikelwelle nachgeschobenen Berichten vom Januar 1852[37]. Das Oberwasser hat bei all der Vielfalt in der zweiten Welle allerdings eindeutig die Variante der „Vossischen Zeitung" („Jophar Forrien"), die zwischendurch regelmäßig immer wieder mal auftaucht, so beispielsweise am 14. Oktober 1851 im „Didaskalia".[38]

Als Ergebnis kann man festhalten, daß Jophar Vorin bereits Anfang Oktober 1851 *in gerade einmal einer Woche* mit sage und schreibe vier neuen Schreibweisen gesegnet wurde! Insgesamt betrachtet hat die deutschsprachige Journalistenzunft es in den 3 ½ Oktoberwochen des Jahres 1851 (Nachzügler nicht mitgerechnet) also fertiggebracht, den Namen unseres Freundes aus der „Parallelwelt" einmal komplett durch die Mühle zu drehen und gewissermaßen „Buchstabensalat" daraus zu machen. Und das obwohl man doch in der ersten Welle bewiesen hatte, daß man durchaus korrekt und einheitlich kopieren konnte (wenn man denn schon unbedingt Vorhandenes übernehmen muß, anstatt den Mann einfach mal selbst in Augenschein zu nehmen und etwas Neues zu berichten...).

Mit der dritten und letzten „Welle" hatten die Schreiberlinge aber wohl doch die Nase voll von derlei Vielfalt und so hat man dann zwar zu Beginn in der „Magdeburgischen Zeitung" vom 7. Juli 1852[39] zunächst noch einmal eine neue Schreibweise kreiert („Jovan Forin"), hat diese dann aber erfreulicherweise in nahezu allen nachfolgenden Zeitungen konsequent beibehalten. Natürlich geht es aber auch hier offenbar nicht ohne die berühmten Ausnahmen von der Regel und so verwenden die „Bonner Zeitung"[40] am 9. Juli 1852 und der „Schwäbische Merkur" am 10. Juli 1852[41] die Variante „Jovac Forrien".

Natürlich kann es immer mal zu Abweichungen bei Namen oder Begrifflichkeiten kommen, aber in dieser gehäuften Form ist dies schon irritierend, insbesondere wenn man bedenkt, daß oft genug ja der komplette Inhalt des Artikels von anderen Zeitungen in nahezu identischer Form kopiert wurde und somit diese Vorlagen - und damit auch der Name des Mannes aus Laxaria in seiner ursprünglichen Form - vorgelegen haben müssen. Wenn man den Satzbau und die eigentlichen Informationen unverändert übernehmen kann, warum dann nicht auch einen Namen?

Am Ende unserer kleinen Streiftour durch die Presselandschaft des 19. Jahrhunderts lassen sich also schlußendlich für einen einzigen Menschen folgende zehn Namensvarianten feststellen (in dieser Reihenfolge):

- Jophar Vorin
- Jophat Vorin
- Forrin
- Jophar Forrien
- Iwar Forrin
- Jophar Forien
- Iwan Forrin
- Ivar Forien
- Jovan Forin
- Jovac Forrien

Hat man da noch Worte?...

Interessanterweise haben sich die Pressevertreter bei der Aufzählung der von Jophar Vorin genannten Erdteile „seiner" Welt nicht annähernd derart in die Irre führen lassen. Obwohl diese in „unserer" Welt komplett unbekannt sind, wurden sie fast immer korrekt wiedergegeben. Aber natürlich gibt es auch hier die sprichwörtlichen Ausnahmen von der Regel. Insbesondere der Erdteil Sakrim hat einiges an kreativen Veränderungen durchlaufen. Mal wurde er Sakran genannt, mal Sakrie, mal Sakria oder auch Sakrin. Den Vogel abgeschoßen hat in diesem Bereich jedoch die „Aachener Zeitung" vom 1. Oktober 1851[42], die den Namen komplett in Laxin umgewandelt hat - deutlich als „Welttheil" bezeichnet und in direkter Textnähe zur Formulierung „dem Lande Laxarien", eine reine Verwechselung der Bezeichnungen liegt also nicht vor! In den ersten drei Wochen der ersten Artikelwelle hat man es sogar mehrfach geschafft (in mindestens fünf Fällen), ein und denselben Erdteil im selben Artikel bei doppelter Nennung jeweils anders zu schreiben, entweder in der Kombination Sakrim/Sakran oder Sakrim/Sakrin. Im Ausland hingegen ist man immer einheitlich bei Sakria geblieben. Nur eine einzige weitere Ausnahme gibt es ansonsten in diesem Zusammenhang noch: Die „Ruhr- und Duisburger Zeitung" vom 1. April 1851 hat Euplar in Auplar umbenannt. Kopieren ist insgesamt betrachtet also mitunter gar nicht mal so leicht wie es aussieht...

Ergänzend sei an dieser Stelle angemerkt, daß auch die Geographie der bekannten Welt den Berichterstattern des Unglaublichen gelegentlich Probleme bereitet. So behauptet das „Würzburger Abendblatt" vom 8. Oktober 1851[43] als einzige Vertreterin in der gesamten Berichterstattung (soweit bisher wiederentdeckt), daß der Laxarier „in der Nähe von Kosel [...] aufgegriffen" worden sei! Kosel liegt nun aber 3,5 km westlich von Patschkau am Neisseufer - und Patschkau wiederum liegt im Osten Schlesiens, also weit entfernt südöstlich vom eigentlichen Ort des Geschehens - nicht einmal in der Nähe von Wüste-Kunersdorf! Woher das „Würzburger Abendblatt" seine einsame Erkenntnis hat wird wohl ein Rätsel bleiben...

Bei derlei viel Kreativität in der Namensgebung und darüber hinaus verwundert es jedenfalls kaum noch, daß der unbekannte Vagabund so schwer zu greifen ist. Alle oben aufgezählten Namensvarianten des Laxariers, abgesehen von der ersten, sind heute vollkommen unbekannt. Vielleicht liegt es also daran, daß spätere Generationen von der weiteren Entwicklung des Falles „Vorin" nichts mehr mitbekommen haben.

Hier stellt sich vielleicht die Frage, wie man überhaupt neue Quellen aufstöbern kann, wenn es nicht einmal eine einheitliche Namensvariante gibt, auf die man dabei bauen kann. Denn die oben aufgeführten Namensvarianten haben sich mir natürlich auch erst nach dem Auffinden der Zeitungsartikel erschlossen. Generell läßt sich dazu sagen, daß man bei einer entsprechenden Internetrecherche nach Möglichkeit immer mehrere Begriffe als Ausgangsbasis seiner Suche verwenden sollte. Als erstes sollte man sich in den vorhandenen Angaben die

Begriffe heraussuchen, die am ungewöhnlichsten sind, d.h. die am wenigsten im allgemeinen Sprachgebrauch verwendet werden. Der Mann aus Laxaria bietet hier glücklicherweise geradezu eine Fülle an Möglichkeiten, wesentlich mehr als bei vergleichbaren Suchprojekten.

Da ist zunächst einmal der Name des Mannes selbst in seiner einzigen bekannten Form: „Jophar Vorin". Es gibt, wie ich feststellen konnte, tatsächlich niemand sonst mit dieser Namenskombination, so daß man relativ sicher sein kann, daß ein erfolgreicher Fund auch tatsächlich dem Laxarier zugeschrieben werden kann. Als nächstes kommen die Spezialbegriffe „Laxaria", „Laxarier" oder später auch „Laxarien", der ursprüngliche deutsche Originalname für die mysteriöse Heimat unseres Freundes, seltener auch „laxarisch(e/er)". Dann ist da noch der Ort seines Auffindens: „Wüste-Kunersdorf". In diesem kleinen Örtchen ist nicht viel weltgeschichtlich Relevantes passiert, so daß auch hier eine erhöhte Chance auf einen Fund besteht, da dieser Ort somit eher selten in Texten erwähnt wird, insbesondere im Zeitraum 1850 bis 1852. Schlußendlich folgen weitere Spezialbegriffe, die, ebenso wie der Name des vermeintlichen Herkunftslandes, einfach in keinem anderen Zusammenhang als mit dieser Geschichte auftauchen: „ispatisch(e/er)", „Sakria", „Aflar", „Aslar", „Auslar" und „Euplar". Wenn man nun zusätzlich bei all den genannten Namen bzw. Begriffen auf Verdacht auch noch geringfügig geänderte Schreibweisen bei seiner Suche mit einbezieht und diese zudem in den verwendeten Online-Archiven zeitlich auf den Zeitraum 30. September 1850 bis 31. Dezember 1852 eingrenzt (sofern dies gerade technisch möglich ist), hat man mitunter Glück, auf Berichte zu stoßen, die noch nicht ihren Weg in eine breite Öffentlichkeit gefunden haben. Und vielleicht findet man in seinen Suchergebnissen dann sogar noch weitere ungewöhnliche Begriffe wie z.B. die erwähnten Namensvarianten des Laxariers und kann diese für eine weitere, verfeinerte Suche nutzen.

Dieses Prinzip funktioniert bei allen anderen Suchen ähnlich und ist daher vielfach anwendbar. Allerdings machen es andere Themen einem nicht so leicht, denn nur äußerst selten werden einem bei einer Geschichte derart viele unterschiedliche Spezialbegriffe als Ausgangsbasis geboten wie bei dem Mann aus Laxaria. Geduld und Beharrlichkeit zahlen sich aber meistens doch aus. Wer allerdings auf die Schnelle mal eben etwas zwischen Tür und Angel finden will, sollte eher nicht mit größeren Erfolgen rechnen, ein bißchen Mühe muß man sich halt schon geben.

Ein einziges Mal hat es später übrigens noch einmal eine weitere Namensänderung gegeben, die jedoch - obwohl sie anders als die oben aufgeführten bis heute sporadisch erhalten geblieben ist - nicht mit in unsere Aufzählung gehört: *Joseph* Vorin". Diese Variante hat nämlich ihre eigene Geschichte. Sie ist ein Kind des 20. Jahrhunderts und taucht erst lange nach Vorins Zeit auf.

Diese spezielle Namensvariante tauchte erstmals 1931 in dem Buch „LO!" auf.[44] Hierbei handelt es sich um das dritte von insgesamt vier Werken, die der bekannte Autor Charles Fort über paranormale Phänomene verfaßt hat. In einer einzigen kurzen Erwähnung am Ende eines Absatzes in Kapitel 15 im ersten Abschnitt dieses Buches geht Fort auch auf unseren Freund aus Laxaria ein, wobei er bereits dessen „Teleportation von einer anderen Welt zu unserer Erde" und damit eine Herkunft aus einer Paralleldimension nahelegt. Sehr wahrscheinlich ist Fort damit sogar derjenige, der Jophar Vorins Fall erstmals überhaupt deutlich mit dieser These in Verbindung gebracht hat, denn eine frühere Erwähnung Vorins in diesem Zusammenhang habe ich nicht finden können und in sämtlichen Zeitungsartikeln aller drei Artikelwellen zu Vorins Lebzeiten wird von einer derart gezielten Verortung Laxarias in einer parallelen Welt nichts erwähnt. Eine unterschwellige suggestive Andeutung mag zwar vorhanden sein, konkretisiert wurde dies zu dieser Zeit jedoch noch nicht.

Fort schreibt in diesem Absatz folgendes: „It was told that his name was Joseph Vorin, and that he had come from *Laxaria*." (dt.: „Es hieß, daß sein Name Joseph Vorin sei und daß er von *Laxaria* gekommen ist."). Vier Sätze davor nennt Fort die Quelle, auf die er sich bezieht: das „Athenaeum" vom 5. April 1851, also die früheste englischsprachige Erwähnung dieses Falles. Hier hieß unser Laxarier aber immer noch korrekt „Jophar Vorin"! Der falsche Name „Joseph" geht also lediglich auf die mangelnde Sorgfalt von Charles Fort zurück und hat keinen realen historischen Bezug. Und nicht nur das - Fort schafft es tatsächlich, in diesen kurzen Abschnitt noch zwei weitere Fehler einzubauen. Er zitiert einen kurzen Textteil falsch („beyond vast oceans" statt korrekt „separated by vast oceans") und verlegt das Erscheinungsdatum des „Athenaeum" mal eben vom 5. April 1851 auf den 15. April 1851. Es spricht leider nicht gerade für Charles Fort, wenn er in einem so kurzen Abschnitt ganze drei Kopierfehler einbaut, und das obwohl ihm doch offensichtlich die Quelle mit den richtigen Angaben vorlag. Wenn einem diese verfälschten Angaben also heute in irgendeinem Text über den Weg laufen, darf man getrost davon ausgehen, daß dessen Schreiber sich direkt oder über Umwege auf Forts Buch bezieht.

Doch der Name „Joseph" ist nicht der einzige, der im Zusammenhang mit Jophar Vorins Geschichte auftaucht ohne tatsächlich etwas damit zu tun zu haben...

## Ein Pariser Polizeiinspektor auf Abwegen...

Je länger eine Geschichte im Umlauf ist, umso mehr verselbständigt sie sich bisweilen. Das muß nicht unbedingt an fehlgeleiteten Nachforschungen liegen - nein, manchmal sind die Leute einfach nur nicht imstande, einen Text richtig abzuschreiben, warum auch immer... Mir ist bewußt, daß ich diesen Umstand schon das ein oder andere Mal kritisch angemerkt habe, aber bedauerlicherweise ist mir dieses Phänomen gerade bei meinen Nachforschungen zum Mann aus Laxaria in einem überraschend hohen Maße immer wieder aufs Neue begegnet. Daher kann ich diese Tatsache leider auch nicht einfach ignorieren, so sehr ich es auch bedauere, mich wiederholen zu müssen.

Ich hatte bereits erwähnt, daß Jophar Vorin tatsächlich nach Berlin überführt wurde und werde darauf auch noch näher eingehen, natürlich unter Bezugnahme auf entsprechende Belege der damaligen Zeit. Es gibt aber dennoch Stimmen, die behaupten, daß der Laxarier es gar nicht erst bis nach Berlin geschafft hat!

So bin ich schon zu Anfang meiner Suche nach Berichten über Vorin im Internet über eine etwas obskure Seite gestolpert, die gar Erstaunliches zu berichten wußte. Denn das „Dark & Gothic Lolita Forum"[45] weiß offenbar ganz genau Bescheid. Am 20. November 2017 klärte es seine treue Gefolgschaft über diesen seltsamen Fall wie folgt auf:

„Am 17. April 1851 veröffentlichte das ‚Journal de Toulouse' eine unglaubliche Geschichte, die eines der größten deutschen Geheimnisse geblieben ist und sowohl in Europa als auch in den USA berühmt wurde. In einem kleinen Dorf im Landkreis Lebas in der Nähe von Frankfurt wurde ein Mann gesehen, der mit einem verwirrten und verzweifelten Blick ziellos am Strand entlang wanderte. Einige Fischer bemerkten an ihm ein zumindest verdächtiges Verhalten und alarmierten die Behörden, die ihn zur Befragung in die Kaserne brachten. Der Mann war nicht betrunken oder verletzt, aber sein verlorener Blick und die unbekannte Sprache, mit der er sich ausdrückte, ließen vermuten, daß er unter Wahnsinn litt.

Um zu entscheiden, was mit ihm geschehen sollte, wurde er vor den Bürgermeister gebracht, der versuchte, ihn zu befragen, um etwas über ihn herauszufinden. Der Fremde hatte typisch kaukasische Merkmale, sprach aber ein schwer verständliches Deutsch, so daß der Bürgermeister die Hilfe einiger Übersetzer in Anspruch nahm. Sie sagten, daß der Mann eine lang verlorene lateinische Sprache zu sprechen schien und daß sie wahrscheinlich der Ursprung des Deutschen jener Zeit war; trotz allem gelang es ihnen aber irgendwie, sich gegenseitig zu verstehen."

Also weder ist der Laxarier verwirrt noch mit einem „verzweifelten Blick" und schon gar nicht „ziellos am Strand entlang" gewandert! Tatsächlich wurde Vorin im Dörfchen Wüste-Kunersdorf zu nachtschlafender Zeit in einem was seine Kleidung betraf offenbar recht ungebührlichen Aufzug von der Polizei aufgegriffen und daher aus Sittsamkeitsgründen erstmal wegen „Störung der öffentlichen Ordnung" arretiert. Und das alles meilenweit entfernt von irgendeinem Strand! Und dementsprechend konnte er dort auch nicht irgendwelchen Fischern begegnen.

Das „Journal de Toulouse" hat am 17. April 1851[46] übrigens auch nichts berichtet, was nicht absolut identisch mit der ursprünglichen Meldung aus dem deutschen Sprachraum ist. Hier kommen die Abweichungen in der Geschichte also definitiv nicht her.

Damit ist der Anfang der Geschichte also schonmal weitgehend falsch. Und viel besser ist dieser Bericht leider danach auch nicht mehr geworden. Der zunächst folgende Abschnitt entspricht zwar im Großen und Ganzen den Tatsachen, ist jedoch auch hier stellenweise fehlerhaft: „Der Bruder war ein Entdecker und wurde in die für sie ‚Neue Welt' geschickt [...]." Auch dies ist einfach nur Blödsinn. In den originär bekannten Quellen über den Laxarier ist davon absolut nichts zu lesen. Es gibt jedoch eine zeitgenössische Quelle, die tatsächlich etwas über den Bruder Vorins zu berichten weiß. Es handelt sich dabei um einen bisher unbekannten Zeitungsartikel zum Fall des Laxariers, auf den ich bei meinen Nachforschungen gestoßen bin und der ein wenig mehr als die bekannten Infos zu Jophar Vorin enthält. Unser Freund aus fernen Landen ist nämlich dem bereits kurz erwähnten „Wächter" vom 20. Juni 1851 zufolge nach eigener Aussage auf seine Reise aufgebrochen, „um seinen ältern Bruder, Willinus, der 12 I. [= Jahre] zuvor von Dastor fortgegangen war und sich dem Kunstreiter Zacharias L u c a s ch als Kurschmied und Schneider angeschlossen hatte, aufzusuchen." (Ich komme auf diese neue Quelle noch ausführlich zu sprechen.)

Jophar Vorins Bruder war also weder Entdecker noch ist er von irgendjemanden irgendwohin geschickt worden - der Mann ist (offenbar berufsbedingt) einfach mit einem Kunstreiter in die weite (und nicht „neue") Welt davongezogen.

Am Ende des Internetartikels kommt es aber noch ganz Dicke:

„Es war notwendig, seinen [Vorins] Fall ernst zu nehmen, auch wenn seine Aussagen vom allgemeinen Denken abwichen: Aus diesem Grund wurde der Mann nach Berlin geschickt, wo er Gegenstand von Studien der Gelehrten der Stadt werden sollte.

Unerklärlicherweise warf sich Jophar Vorin auf halbem Weg aus dem Wagen und rannte in einer Art Hysterie in den Wald. Der Vorfall wurde tagelang untersucht, aber trotz einer gründlichen Durchsuchung des Waldes, in dem der Mann Zuflucht gesucht hatte, und trotz der Tatsache, daß Wachposten eingerichtet und alle Bewohner dieser Gebiete befragt worden waren, löste sich der Mann in Luft auf. Dort schien der Unbekannte auf ebenso mysteriöse Weise verschwunden zu sein, wie er angekommen war.

In seinem Bericht an seine Vorgesetzten stellte Inspektor Liabeuf, der ihn nach Berlin begleitete, die Hypothese auf, daß der Mann ‚ein Wesen aus einer anderen Welt' sein könnte und daß er an seinen Herkunftsort zurückgekehrt sei, aber in Berlin waren sie nicht zufrieden mit seiner Arbeit und behaupteten, es sei eine lächerliche Idee, um zu rechtfertigen, daß ein gefährliches Subjekt, das gerade untersucht wird, entkommen könne. Liabeuf wurde der Inkompetenz beschuldigt und entlassen."

Hier stimmt dann einfach gar nichts mehr! Allein der ungewöhnliche Name „Liabeuf" bei einem Inspektor der deutschen Polizei in einer damals noch nahezu monoethnischen Gesellschaft sollte einen aufgrund seiner eindeutig nichtdeutschen Herkunft zumindest etwas nachdenklich machen. Das ist zwar an sich noch keine Unmöglichkeit, beinhaltet aber schon einmal eine erhöhte Unwahrscheinlichkeit, die zumindest untersuchenswert ist. Und der Name „Liabeuf" taucht auch tatsächlich in keiner der originären Quellen der damaligen Zeit auf.

Der Unfug des „Dark & Gothic Lolita Forums" (frühere Quellen konnte ich für diese massiven Verfälschungen zumindest bisher nicht ausfindig machen, obwohl es sie natürlich gegeben haben kann) ist aber leider auf Reisen gegangen. Die „Conspiracy Theories Archives" beispielsweise greifen diese Darstellung auf ihrer Seite am 23. November 2020 weitgehend auf.[47] Im März 2021 sind sogar gleich drei weitere Internetauftritte der „Vorin-Liebeuf-Kombo" zu verzeichnen, weiter habe ich diesen Blödsinn dann aber nicht mehr verfolgt.

Wir treffen hier also auf eine Art gerüchtebasierte Verfälschung der Urgeschichte nach dem Prinzip „Stille Post", die mit der Zeit noch erheblich ausufern kann. Woher diese völlig verdrehte Variante tatsächlich stammt, läßt sich in allen Einzelheiten leider nicht genau sagen. In den zeitgenössischen Zeitungsartikeln - von denen ich 90 untersucht habe (vorwiegend in deutscher und englischer Sprache) - taucht all dies jedenfalls mit keiner Silbe auf.

Zumindest für die Einbeziehung eines Inspektors Liebeuf und dessen Bemerkung über „Wesen aus einer anderen Welt" gibt es jedoch tatsächlich einen konkreten Bezug. Die Internetseite „dark-stories.com" berichtete am 10. November 2007[48] in einer Übersicht über die Untersuchungen eines Tom Slemen über diverse Fälle von mysteriösen Fremden von unbekannter Herkunft. Im zweiten Absatz wird hier in gerade einmal drei Sätzen der Fall „Joseph Vorin" (da war eindeutig Fort die Quelle...) abgehandelt. Im dritten Absatz nach Vorins Erwähnung wird dann ein Fall geschildert, der sich am 12. Juni 1790 in einer kleinen französischen Stadt namens Alencon zugetragen haben soll und den man heute wohl als „UFO-Absturz" bezeichnen würde. Kurz zusammengefaßt soll hier eine große Metallkugel vom Himmel gestürzt sein, der vor einer großen Menschenmenge ein Mann entstiegen ist, der sich in einer „seltsamen Sprache" artikulierte und dann in den nahegelegenen Wald floh. Und hier ist dann der besagte Polizeiinspektor namens Liabeuf aus Paris zur Untersuchung angereist und hat den erwähnten Satz gesagt. Da haben wir also Liabeuf, sein Zitat und die Flucht in den Wald (wenngleich auch nicht aus einem Wagen, sondern aus einer

50

„Metallkugel"). Die genannte Seite bezieht sich dann wiederum auf eine andere Internetseite aus dem Jahre 2004, die Tom Slemen größtenteils der Bewerbung seiner Bücher und seiner anderen Veröffentlichungen dient. Darüberhinaus dürfte die Internetseite „dark-stories.com" übrigens auch den zentralen Ausgangspunkt für die Verbreitung der Laxaria-Geschichte im Medium Internet darstellen, da sie meines Wissens die älteste noch verfügbare Internetseite mit der weithin bekannten Dreierkombi Laxaria-Lizbia-Taured ist (siehe hierzu auch meinen Hinweis im Vorwort).

Erstmals scheint sich der Autor in seinem Buch „Strange but True: Mysterious and Bizarre People" von 1998[49] mit dem Fall befaßt zu haben, veröffentlicht unter dem vollen Namen Thomas Slemen. Hier gibt es ein Kapitel, das sich auf den Alencon-Fremden bezieht und das dabei auch bereits die von den „dark-stories" her bekannte Kombination verschiedener Fälle mit beinhaltet, unter Einbeziehung der Laxaria-Geschichte.

Nur der Vollständigkeit halber sei darauf hingewiesen, daß der Fremde von Alencon samt seines Verfolgers Liabeuf lediglich ein Schwindel ist. Jacques Vallee und Chris Aubeck wissen dazu in ihrem Buch „Wonders In The Sky - Unexplained Aerial Objects From Antiquity To Modern Times" von 2009 folgendes zu berichten:

„Der früheste Hinweis auf diesen Fall stammt aus einem Artikel des italienischen Autors Alberto Fenoglio [...]. Fenoglio, von dem bekannt ist, daß er seinerzeit einige UFO-Berichte erfunden hat, scheint die Geschichte über Inspektor Liabeuf für einen angeblich seriösen Artikel über Sichtungen in der antiken Geschichte erfunden zu haben, der in der italienischen Zeitschrift *Clypeus*[50] veröffentlicht wurde. Dieser Artikel wurde weit verbreitet und in mehrere Sprachen übersetzt. Die Wahrheit kam schließlich 1975 ans Licht, als der italienische Forscher Edoardo Russo eine Untersuchung über Fenoglios Behauptungen durchführte. Trotzdem werden weiterhin jedes Jahr in vielen Ländern Bücher und Zeitschriftenartikel veröffentlicht, in denen die Geschichte des ‚Absturzes' von Alengon als wahr dargestellt wird."[51]

So läßt sich also wenigstens ein Teil der wirren Vorin-Neuerzählung nachvollziehen. Da hat also offenbar jemand eine Zusammenstellung verschiedener Fälle gelesen und sie zu einem Einheitsbrei zusammengerührt. Woher der Rest der Abweichungen stammt ist allerdings derzeit noch unklar.

Damit haben wir es hier mit einem Paradebeispiel für eine „gelungene" Verdrehung von Tatsachen zu tun. Wer weiß, wieviele andere, ähnliche Geschichten überhaupt erst auf diese Art entstanden sind. Eine gründliche Quellenforschung ist also, wie man sieht, unerläßlich, denn anders läßt sich solchen Wucherungen nicht beikommen.

Dennoch enthält das „Dark & Gothic Lolita Forum" bei all dem Unsinn aber auch eine kleine Randinformation, die ansonsten nur äußerst selten auftaucht, und zwar den Hinweis auf die Präsenz des Bürgermeisters. Von Beginn an wurde in der Berichterstattung über Jophar Vorin fast immer nur allgemein von „Behörden" gesprochen, was in der „Allgemeinen Gerichts-Zeitung" vom 1. Oktober 1851 dann nochmal auf einen „Polizeibeamten" konkretisiert wurde. Hier erfährt man dann auch, daß die bekannten Einzelheiten über den Laxarier diesem erst im Gefängnis in Crossen entlockt werden konnten, nachdem er dort während seines Aufenthaltes nach einiger Zeit etwas Deutsch gelernt hat. Daß ein Bürgermeister in den Fall involviert gewesen ist, geht zumindest aus keiner der bisher bekannten zeitgenössischen Quellen aus dem deutschen Sprachraum hervor. Ungeachtet dessen tauchte diese Randinformation aber bereits im „Athenaeum" vom 5. April 1851 zum ersten Mal auf. Hier erfährt man, daß der „Burgomaster" (veralteter englischer Begriff, dem Deutschen entlehnt) von Frankfurt an der Oder den Unbekannten befragt hat, woraufhin dieser seinen Namen und seine (vermeintliche) Herkunft preisgegeben hat. Diese Angabe ist allerdings in der vorliegenden Form etwas irreführend, da Vorin ja bereits in Crossen zum Reden bewegt werden konnte und sein Aufenthalt in Frankfurt erst danach stattfand. Es kam in Frankfurt also nicht wirklich zu bahnbrechend neuen Erkenntnissen, sondern lediglich zu einer Wiederholung bereits zuvor gemachter Angaben, so daß dies eigentlich nicht besonders erwähnenswert ist. Vielleicht taucht dieser Umstand also in den bekannten deutschen Berichten nicht mit auf, weil man dort diese Information einfach für nicht so wichtig gehalten hat. Es muß aber offenbar zumindest eine, bisher unentdeckte deutschsprachige Zeitung gegeben

haben, die dies mit erwähnt hat, so daß die Kenntnis über die Beteili-
gung des Bürgermeisters von Frankfurt auf diesem Wege in die ausländische Presse gelangt und uns somit bis heute erhalten geblieben ist. Da
im „Athenaeum" auf die verschollene „Constitutionelle Correspondenz"
Bezug genommen wird, der Bürgermeister jedoch in den bekannten
deutschsprachigen Zeitungsberichten bis mindestens einschließlich des
5. April 1851 nicht mit erwähnt wird, scheint dies darauf hinzudeuten,
daß es sich hierbei um eine Information handelt, die vermutlich im
verlorenen Originalbericht mit enthalten gewesen ist, jedoch von den
Abschreibern nicht mit übernommen wurde. Scheinbar sind also in der
ersten Artikelwelle nicht alle Angaben der originären „Constitutionellen
Correspondenz" mitkopiert worden. Dies ist umso seltsamer, da die
Berichte der ersten Welle sich ansonsten untereinander wie ein Ei dem
anderen gleichen - wieso haben also alle Abschreiber unabhängig
voneinander dieselbe Randinformation unter den Tisch fallen lassen,
während sich der Rest doch gleicht? Am Ende bleibt damit nicht nur das
Rätsel, auf welche Ausgangsquelle das „Athenaeum" in diesem Punkt
tatsächlich Bezug genommen hat, sondern auch die überraschende
Feststellung, daß das ansonsten miserabel recherchierende „Dark &
Gothic Lolita Forum" ausgerechnet diese seltene Information mit in
seinen Bericht übernommen hat...

Zu der Einbeziehung des Bürgermeisters von Frankfurt konnte ich
leider keine Quellen ausfindig machen, die dies von unabhängiger Seite
aus bestätigen können. Eine Liste aller Bürgermeister von Frankfurt an
der Oder im 19. Jahrhundert auf Wikipedia[52] weist als Amtsinhaber für
den Zeitraum 1850 bis 1852 den Namen Theodor Spilling aus. Während
es allerdings bei fast allen anderen Bürgermeistern zusätzlich noch einen
Querverweis zu einem kurzen ergänzenden Wikipedia-Eintrag gibt, fehlt
ein solcher bei Spilling. Der Mann hat also scheinbar keinen besonderen
Eindruck bei seinem Wirken hinterlassen. Zu seinem Amtsvorgänger
Julius Eduard Ludwig Gensichen erfährt man in einem solchen Querverweis[53] zusätzlich, daß dieser sein Amt zum 1. April 1850 niedergelegt
hat. Da wir aus den Zeitungsberichten wissen, daß der Mann aus Laxaria erst am 30. September 1850 aufgegriffen wurde, ist es folglich
Theodor Spilling gewesen, der während seiner Amtszeit als Bürger-

meister die Sternstunde seines Lebens in Form einer Begegnung mit einem Besucher einer anderen Dimension erleben durfte. Vielleicht haben wir ja Glück und künftige Nachforschungen fördern hier eventuell noch weitere Einzelheiten zu Tage. Ein Besuch aus Laxaria sollte Spilling doch eine kleine Bemerkung, vielleicht in irgendwelchen persönlichen Aufzeichnungen, wert gewesen sein, oder? Passiert ja immerhin nicht alle Tage...

Nach diesem zweiten kleinen Intermezzo wollen wir uns nun aber wieder Jophar Vorins tatsächlicher Lebensgeschichte widmen, von der es, wie ich bereits angedeutet habe, noch einiges mehr zu berichten gibt als bisher angenommen - eine Lebensgeschichte, die auch ohne phantasievolle Ausschmückungen interessant genug ist!

# Jophar Vorins Weg durch die Instanzen

Es steht fest, daß der geheimnisvolle Mann aus Laxaria nicht erst heute, sondern bereits zu seiner Zeit das Interesse der Öffentlichkeit geweckt hat. Anders als in unseren Tagen zwar noch nicht als Besucher einer Paralleldimension, aber immerhin als echtes Kuriosum der vorkaiserlichen Zeit. Daher verwundert es auch nicht, daß ein neugieriges Publikum den weiteren Verlauf dieser seltsamen Geschichte aufmerksam verfolgt hat. Aus diesem Grund haben die Zeitungen im deutschen Sprachraum ihre Berichterstattung fortgesetzt und so konnte man ab Ende September 1851 im größeren Umfang erfahren, wie es Jophar Vorin als „Gast" der Berliner Behörden weiter ergangen ist.

Vom 30. September 1851 an bis zum 24. Oktober 1851 gab es für 3 ½ Wochen eine zweite Welle an Artikeln über Vorin in den Zeitungen des deutschen Sprachraums. Einige Vertreter dieser Welle, wie beispielsweise das „Plauderstübchen" vom 4. Oktober 1851 oder das „Dresdner Journal" vom 18. Oktober 1851, haben ihre Leser diesmal sogar etwas umfangreicher über den Fall des Laxariers informiert. Doch auch hier gibt es wieder Artikel, in denen nur recht spärlich berichtet wird, immerhin gleichen sich diese aber untereinander nicht mehr ganz so sehr wie die der ersten oder jene der noch kommenden dritten und letzten Artikelwelle. Uneins ist man sich beispielsweise über das genaue Alter von Vorin. Das „Plauderstübchen" sowie auch alle anderen Zeitungen (soweit sie überhaupt ein Alter erwähnen) geben es mit „etwa 25 Jahren" an, während die „Eidgenössische Zeitung" vom 15. Oktober 1851 und das „Dresdner Journal" vom 18. Oktober 1851 vermerken, daß der Laxarier bereits 28 Jahre sei. Dazu aber später mehr.

Es waren dann zwei Glücksfunde, die mir endlich tiefere Einblicke in die näheren Umstände von Vorins Inhaftierung und seinen weiteren Verbleib sowie in die Suche der Behörden nach seiner Herkunft eröffnet und mir zudem neue Details zu seiner geheimnisvollen Heimat offenbart haben. Und Vorins Angaben zum Land seiner Herkunft sind wirklich lesenswert!

Hierbei handelt es sich um den „Wächter" vom 20. Juni 1851 und die „Allgemeine Gerichts-Zeitung" vom 1. Oktober 1851, die ich beide bereits im Zusammenhang mit dem Namensdurcheinander kurz angeführt hatte. Der „Wächter" hat dabei insofern eine kleine Sonderstellung, als daß er eigentlich keiner der Artikelwellen zugeordnet werden kann. Er ist einige Zeit nach der ersten Welle vom April 1851 und noch weit vor der zweiten Welle vom Oktober dieses Jahres erschienen und steht damit gewissermaßen für sich allein. Die „Allgemeine Gerichts-Zeitung" hingegen gehört mit zu jenen Veröffentlichungen, mit denen die zweite Welle pünktlich zum ersten Jahrestag von Vorins Ergreifung ihren Anfang genommen hat.

Ich möchte mich im Folgenden zunächst insbesondere mit diesen beiden Publikationen näher befassen, da sie sich durch ihre spezielle thematische Ausrichtung (Polizei und Gericht) und der damit einhergehenden detaillierteren Berichterstattung von der Masse herkömmlicher Zeitungen erkennbar abheben. Anschließend widme ich mich dann den anderen Artikeln der zweiten Welle, bei denen offensichtlich nicht wenige auf diese beiden Sonderfälle (die ja vor fast allen anderen in diesem Zeitraum erschienen sind) als Quelle zurückgegriffen haben. Hierdurch würde sich auch gut der interessante Umstand erklären, daß die Berichte der zweiten Welle sich untereinander nicht ganz so gleichen wie jene der ersten und der dritten Welle. Je umfangreicher die Vorlage ist, umso unterschiedlicher gestalten sich die Werke der Abschreiber, da sie aus Platzgründen (meist kürzere Berichte im Vergleich zu jenen der beiden Sonderpublikationen) eine Auswahl an Informationen treffen müssen, die somit selektiver und damit eher voneinander abweichender Natur ist.

Während meiner fortdauernden Suche nach weiteren Berichten war mir zunehmend bewußt geworden, daß Artikel in herkömmlichen Zeitungen wohl nicht allzuviel Neues über unseren schwer greifbaren Freund zu Tage fördern würden. Zu begrenzt ist der Platz für solch vergleichsweise „unwichtige" Themen im Angesicht der lebhaften politischen Entwicklungen im vielfach zersplitterten Deutschland jener Zeit und zu verbreitet ist die Unart der Redaktionen, sich inhaltlich einfach bei der Konkurrenz zu bedienen. Berichte über Vorin waren bestenfalls eine

„Fußnote" wert, dem vorhandenen öffentlichen Interesse zum Trotz, und wenn eine Zeitung dann doch einmal etwas gebracht hat, so konnte man sicher sein, dort garantiert keine Informationen zu finden, die ein paar andere nicht schon vorgekaut haben. Für ein Buch gab das Thema in der damaligen Zeit ohnehin nicht genug her, denn der Gedanke an eine parallele Welt war dem Alltagsmenschen damals nicht unbedingt geläufig. Und selbst wenn, interessiert hätte es, anders als heute, damals wohl nur wenige. Dementsprechend war ich also an einem Punkt angelangt, wo nur ein „Zufallsfund" noch Licht ins Dunkel bringen konnte. Nur vergleichsweise ungewöhnliche Quellen würden weitere, unbekannte Details zu den Hintergründen des Laxariers zu Tage fördern können, wenn es denn derartige Berichte überhaupt (noch) gab.

Glücklicherweise haben aber in der digitalen Sammlung der Staatsbibliothek zu Berlin mit dem „Wächter" und der „Allgemeinen Gerichts-Zeitung" gleich zwei dieser seltenen Schätze bis in unsere Gegenwart überlebt. Erstere war ein Polizei-Anzeiger für Norddeutschland und letztere mit einer recht ähnlichen Ausrichtung eine Kriminal- und Polizei-Chronik. Es handelte sich hierbei also endlich mal nicht um Tages- oder Wochenzeitungen, sondern quasi um „Magazine" zu Spezialgebieten. Wenn überhaupt würde man wohl nur hier noch an weitere Informationen kommen und diese stille Hoffnung hat mich erfreulicherweise nicht getrogen.

Jede der beiden Zeitungen hat dabei zum Thema Laxaria ihren eigenen kleinen Schwerpunkt, so daß sie einander gut ergänzen. So beschäftigt sich der „Wächter" beispielsweise eher mit Vorins Heimat und seiner Vergangenheit - wir bekommen also (endlich) ein etwas klareres Bild von Laxaria und von der Reise, die Jophar Vorin in unsere Welt geführt hat. Die „Allgemeine Gerichts-Zeitung" hingegen macht vorwiegend einiges an zusätzlichen Angaben zu Vorins unfreiwilligem Gang durch die staatlichen Instanzen seit seiner Ergreifung in Wüste-Kunersdorf.

Befassen wir uns zunächst einmal mit der „Allgemeinen Gerichts-Zeitung" und Vorins Weg von Wüste-Kunersdorf nach Berlin sowie seinen Stationen auf dieser Reise.

Wie wir bereits wissen wurde Jophar Vorin in einem Dorf namens Wüste-Kunersdorf im Kreis Lebus am 30. September 1850 zu nachtschlafender Zeit von einem Polizeibeamten aufgegriffen. Vorin, so führt die „Allgemeine Gerichts-Zeitung" aus, durfte „schon seines Anzuges wegen nicht auf der Straße gelassen werden [...], denn alles, was er auf dem Leibe an Kleidungsstücken trug, bestand aus Hemde und Hose von Leinen, und zwar auch diese noch in sehr schlechtem Zustande." Also wurde Vorin zunächst „nur" wegen Erregung öffentlichen Ärgernisses angehalten. Der Polizist sprach ihn darauf an, verstand aber von Vorins Sprache kein einziges Wort. Die „Allgemeine Gerichts-Zeitung" ergänzt, daß „sich niemand im Dorfe fand, der den Menschen kennen wollte oder sich mit ihm verständlich machen konnte, indem er alle an ihn in deutscher Sprache gerichteten Wort nicht zu verstehen vorgab und die in seiner Sprache vorgebrachten Worte von Niemanden verstanden wurden". Offenbar hat der Polizeibeamte also trotz der nächtlichen Stunde einen ziemlichen Trubel veranstaltet, denn es wurden anscheinend mehrere Dorfbewohner befragt, ob sie den Fremden kennen oder zumindest verstehen würden. Da dieser sich zudem noch nicht einmal ausweisen konnte, brachte ihn der Beamte dann kurzerhand nach Crossen ins Gefängnis.

In Crossen fing Jophar Vorin dann nach einiger Zeit an etwas Deutsch zu sprechen, das er angeblich erst im Gefängnis gelernt hatte. Und genau hier beginnt Vorins Eingang in die Annalen der Parallelwelten-Literatur, wenngleich dies zu dieser Zeit noch nicht so beim Namen genannt wurde. Denn der Fremde erzählte „höchst merkwürdige Dinge"! Er erklärte nämlich, daß er aus einem allen übrigen Menschen ganz unbekannten Königreich Laxarien hergekommen und dort Priester der christlich-ispatischen Religion sei! Es „werde nämlich die christliche Religion nach den einzelnen Provinzen in Laxarien bezeichnet, so daß, da die Provinz, in der er Priester sei, Ispasien sich nenne, die dort herrschende Religion die ispatische heiße". Er sei nach Europa herübergekommen, um seinen verschwundenen Bruder zu suchen, was jedoch bisher ohne Erfolg geblieben sei. Natürlich waren die Polizeibeamten nicht auf den Kopf gefallen und hatten schon den Verdacht, daß ihnen da ein dickes Ammenmärchen aufgetischt wurde. Man versuchte also,

Vorin gezielt in Widersprüche zu verwickeln, doch dies war vergeblich, denn „mit einer Konsequenz, die von ungeheurem Gedächtnis Kunde gab, wenn die Erzählungen erdacht sind, brachte der Mensch immer und immer wieder dieselben Erzählungen, ohne auch nur in einem Teile derselben sich zu widersprechen." Der Fremde war also eine harte Nuß! Nach und nach verbesserten sich jedoch seine deutschen Sprachkenntnisse - wenngleich diese auch weiterhin mit „einer eigenthümlichen Betonung" versehen waren - und so konnte Vorin seinen Bericht über seine Herkunft mehr und mehr vertiefen. Hier wird also angedeutet, daß Vorin sich wohl durchaus längere Zeit im Gefängnis in Crossen befunden haben muß, ein kurzer Aufenthalt war es offenbar nicht. Er gab an, daß er „durch das rothe Meer, über Gibraltar, durch Spanien, Frankreich, die Schweiz, Baiern, Sachsen nach Norddeutschland, wo sein Bruder sich in einer ihm unbekannten Stadt aufhalten solle, gekommen sei, ohne Geld zu besitzen und ohne Paß. Nirgend habe man ihn gefragt, wer er sei, und wenn man ihm nichts habe zu essen geben wollen, so habe es für seine Nahrung gearbeitet, oder Sachen, die er bei sich geführt habe, verkauft, bis er endlich bis auf den letzten Rest, den man noch bei ihm gefunden, herabgekommen sei." Die Aufzählung der Länder, die Vorin durchquert haben will, ist insbesondere deshalb beachtenswert, weil noch im Juni, also rund 3 ½ Monate zuvor, der „Wächter" seinen Lesern versichert hat, daß der Mann aus Laxaria „die Namen der Länder und Städte, die er später passirte, nicht angeben können will". Offenbar hatte der arme Gast aus unbekannten Landen durch das Trauma seiner Reise eine Amnesie erlitten, die nun glücklicherweise geheilt zu sein scheint...

Zur Geographie seiner Heimat führte Jophar Vorin weiter aus, daß „der Welttheil, in welchen das Königreich Laxarien liege, in seiner Sprache Sackin heiße, und daß man dort ebenfalls 5 Weltteile kenne, welche man Astar, Aslar, Auslar, Euplar und Sackin nenne". Er selbst stamme aus der Festung Dastor in Laxarien und sei Sohn eines Apothekers. Zudem sei er Priester und „von einem Stande, der dort hoch geachtet werde". Über sein Heimatland weiß Vorin aber noch mehr zu berichten: „In diesem Königreiche, das übrigens nur 20 Städte enthalte, herrsche ein absoluter, und von seinen Untertanen sehr geliebter König, der aber ganz eigenthümliche Gesetze gegeben habe, zu denen unter anderen eines gehöre, wonach auch die Frauen zum Militärdienst herangezogen würden und sich vor dem 30. Jahr nicht verheiraten dürften. In diesem Königreiche, so gab er ferner an, gebe es nur lederne Münzen, dessen ungeachtet lebe man dort aber ganz glücklich."

Jophar Vorin wird äußerlich beschrieben als „zur kaukasischen Rasse gehörend", nicht sehr groß, etwas über 20 Jahre alt, mit langen braunen Haaren und der „Gesichtsbildung der Slaven". Er war offenbar „nicht ohne Bildung", zeigte aber dennoch „nicht eine so hohe Bildung [...], wie nach seinen Erzählungen von den ispatischen Priestern erwartet werden muß". Die „Kölnische Zeitung" vom 2. Oktober 1851[54] führt auf ähnliche Weise, aber umschreibend, aus, er habe das „Aussehen eines polnischen Landmannes".

Aufgrund seiner zweifelsohne „rätselhaften Erscheinung" fühlten sich die Behörden dann aber doch verpflichtet, noch weitere Nachforschungen über den Fremdling anzustellen. Diese erbrachten jedoch nicht viel, da „niemand über die nächsten Dörfer hinaus, den Menschen je vorher gesehen haben wollte". Ermittelt werden konnte lediglich, daß Vorin „in einem Dorfe bei Crossen deutsch gesprochen und daß er in einem andern Orte eine Uhr verkauft hatte. Letzteres leugnete er auch nicht, er gab vielmehr an, daß er zwei Uhren besessen habe, mit deren einer er den Wächter des roten Meeres bestochen, damit ihn dieser durch dasselbe gelassen hätte." Mehr konnte über die Zeit vor Vorins Verhaftung jedoch nicht ermittelt werden. Der Mann war und blieb ein Mysterium.

All diese Umstände veranlaßten die Polizei in Crossen dazu, an die Regierung in Frankfurt zu berichten, die daraufhin den Transport des Verhafteten dorthin anordnete. Hier mußte der Laxarier seine Erzählungen wiederholen, was er auch hier „mit der größten Genauigkeit tat und ohne sich auch nur in Kleinigkeiten zu widersprechen". Und auch hier verstand von seiner vermeintlichen Muttersprache niemand auch nur ein Wort, geschweige denn, daß man seine Schrift - von ihm als die „abramitische Schrift" bezeichnet - entziffern konnte. Eine auffallende Beobachtung ergab sich aber, denn man stellte fest, daß Jophar Vorin „nur sehr langsam und nach langem Besinnen" schrieb, wenngleich „er auch für die von ihm geschriebenen Worte stets dieselben Zeichen brauchte". Der Mann schien also interessanterweise in seiner eigenen Muttersprache in schriftlicher Hinsicht alles andere als sattelfest zu sein! In Frankfurt nahm man es mit der Untersuchung des Falles offenbar sehr genau, denn man ließ den Laxarier hier sogar „ispatisch exerzieren", wobei dieser zeigte, daß er „besonders im Bajonettfechten sehr unterrichtet war". Aber Vorin machte sich auch hierbei nicht der kleinsten Widersprüche schuldig. Sollte dieser Mann ein Schwindler sein, mußte er eine geradezu unheimliche Konzentrationsfähigkeit besitzen... Nun war man auch in Frankfurt ratlos was zu tun sei.

Da man also auch in Frankfurt mit diesem seltsamen Gast nicht weiterkam, tat man alsdann das Gleiche, was auch schon die Kollegen in Crossen getan hatten: Man informierte einfach die nächsthöhere Stelle in der Hierarchie. Es wurde also über den Fall nach Berlin berichtet, woraufhin ein Polizeibeamter nach Frankfurt geschickt wurde, um den Transport des Verhafteten dorthin vorzunehmen. Zunächst mußte man sich damit jedoch noch etwas gedulden, denn wie uns der „Wächter" mitteilt „befindet sich [Vorin] jetzt [also etwa Mitte Juni 1851], zur Kur der Pocken, in der Krankenanstalt zu Frankfurt a. O. und wird nach seiner Genesung nach Berlin geschafft werden, um mit Hülfe von Sprachkundigen zu versuchen, seine Verhältnisse festzustellen." Der Polizeibeamte aus Berlin gab sich dann offenbar auch einige Mühe mit dem seltsamen „Gast" und kam schließlich zu der Überzeugung, daß Vorin sich verstellt hatte und wohl ein Slawe war, vermutlich zum Stamm der Wenden oder Kassuben gehörend und geboren in Litauen, Masuren oder Böhmen. Auffallend war beispielsweise der Umstand, daß der Laxarier sich offenbar auf der Landkarte gar nicht zu orientieren wußte und er nicht ein einziges französisches Wort kannte, obwohl er doch seinen eigenen Angaben zufolge angeblich lange Zeit durch Frankreich gereist war. Vorin war außerdem mit vielen gelehrten Professoren konfrontiert worden, doch alle erklärten übereinstimmend, daß ihnen die vorgeführte Sprache nicht bekannt war.

Ein ortsansässiger Sprachforscher machte dann schließlich die entscheidende Entdeckung!

Dieser Sprachforscher hatte nämlich die pfiffige Idee, „die Worte des Verhafteten umzukehren, wobei sich herausstellte, daß dieselben der wendischen Sprache angehörten und vollkommen verständlich waren"!

Damit war nun auch klar, warum Jophar Vorin beim Schreiben stets so lange überlegen mußte - er mußte „für die umgekehrten Worte die richtigen Zeichen [...] finden"! Beim Sprechen scheint der nunmehr enttarnte „Laxarier" aber kurioserweise offenbar weniger Probleme gehabt zu haben. Nun sollte man meinen, daß Vorin nach dieser Entdeckung eigentlich den Schwindel auch selbst eingestanden haben müßte. Doch weit gefehlt! Den Mann juckte das scheinbar überhaupt nicht, denn er beharrte auch weiterhin auf seinen Ausführungen und „nichts hat ihn zu bewegen vermocht, diese in irgend Etwas abzuändern". Mit einer derart ausgeprägten Sturheit wußten die Behörden dann aber absolut nichts mehr anzufangen und so überführte man den Laxarier schließlich ins Arbeitshaus (auch als „Detentionsanstalt" bezeichnet) in der Hoffnung, daß dort der Grund für die ganze Verstellung sicherlich mit der Zeit doch noch ans Tageslicht kommen würde. Eine Freilassung stand jedenfalls „im öffentlichen Interesse" nicht zur Debatte.

Somit ist nunmehr eindeutig geklärt, daß es sich bei dem Mann aus Laxaria nicht um einen Besucher aus einer Parallelwelt gehandelt hat, sondern schlicht und ergreifend um einen Schwindler! Bei dem Aufwand, den er bei seiner „Darbietung" betrieben hat und der Ausdauer, mit der er diese selbst nach seiner Enttarnung noch unbeirrt fortgesetzt hat, muß er allerdings tatsächlich gewichtige Gründe für diese Mühen gehabt haben. Nach einem kleinen Jux nur mal eben, aus Spaß an der Freud, sieht das alles jedenfalls nicht aus...

Mit dem Begriff „Arbeitshaus" können wir heute nicht mehr viel anfangen, da er nicht mehr gebräuchlich ist. In der „Gartenlaube" Nr. 34 von 1857 gibt uns der Artikel „Das Berliner Arbeitshaus" von Max Ring[55] jedoch einen guten Einblick, was darunter zu Vorins Zeiten zu verstehen war:

„Wie jedes Haus, so hat auch die grosse Stadt ihren Kehrichtwinkel, wo der Ausschuß, das Gerümpel, der Schmutz, die Armuth und das unverschuldete Elend sich zusammenfinden. Ein solcher Kehrichtwinkel ist für Berlin das Arbeitshaus, in der Volkssprache auch der Ochsenkopf genannt. Es wurde von Friedrich dem Großen im Jahre 1742 gestiftet und zur Aufnahme von verarmten Bürgern und arbeitsscheuen Bettlern bestimmt. [...] Bis in die neueste Zeit fanden hier auch Criminalgefangene während ihrer Untersuchungshaft Aufnahme, erst seit Kurzem dient es ausschliesslich nur für die Armen, Gebrechlichen und zum Theil auch für diejenigen, welche ihre Strafe wegen eines leichteren Vergehens absitzen."

Und weiter: „Gewiß gehört das Berliner Arbeitshaus zu den interessantesten Instituten der Residenz; es vereint nur zu viele und gänzlich verschiedene Elemente, indem es zugleich als Lazareth für die Kranken, als Correctionshaus für die geringeren Verbrecher und Arbeitsscheuen, als Strafort für die liederlichen Dirnen, als Asyl für das gebrechliche Alter und für die obdachlosen Familien dienen muß. Dazu reichen weder die vorhandenen Räume, noch die bisher verausgabten Mittel aus. Gegenwärtig ist das Arbeitshaus gleichsam die allgemeine Kloake für den moralischen Unrath der grossen Stadt, der Kehrichthaufen, wo sich die Lumpen und der Schmutz, die verlorenen Existenzen und untergegangenen Menschenruinen zusammen finden."

Damit ist in aller Kürze eigentlich das Wesentliche zu dieser Institution gesagt. Der Artikel geht noch weiter ins Detail und gibt ein sehr plastisches Bild von den Menschen ab, die dort „zwischengeparkt" wurden. Interessierten kann ich diesen Artikel daher nur ans Herz legen. Man hat es hier also mit einer Art Abstellgleis zu tun, auf das man so ziemlich alles verfrachten konnte, was keiner geregelten Arbeit nachgehen konnte oder dem gutbürgerlichen Blick jener Jahre in irgendeiner Form unangenehm war. Ein aus damaliger Sicht idealer Ort für einen „Kriminellen", der eigentlich niemanden etwas getan hatte, der aber stur blieb und sich einfach nicht der damals vorherrschenden Norm anpassen wollte. Der Laxarier sollte jedenfalls während seiner ganzen Zeit in Berlin in dieser Institution verbleiben. Immerhin befand er sich hier in bester Gesellschaft, denn wie uns beispielsweise die „Donau-Zeitung" vom 15. Januar 1852[56] versichert gab es „gegenwärtig im Arbeitshause noch zwei andere Individuen, welche ebenfalls über ihre Herkunft fabelhafte Angaben machen", wobei diese aber von wesentlich weniger spektakulärer Natur waren und daher nicht weiter erwähnenswert sind (der eine ist mit einem Puppenspieler umhervagabundiert und der andere mit einem Schauspieler). Dies belegt aber ganz gut, daß die Arbeitshäuser jener Zeit tatsächlich als Abstellkammer für unliebsame weil nicht gutbürgerlich funktionierende Zeitgenossen genutzt wurden.

Die Polizei vermutete aufgrund der Hartnäckigkeit Vorins, daß wohl „ein gewichtiger Grund zu dieser Verstellung vorliegen muß" und war daher der Ansicht, „daß man entweder einen schweren Verbrecher vor sich hat, der aus irgend einer Strafanstalt entsprungen ist oder wegen eines Verbrechens verfolgt wird, oder daß der Mann bei der ungarischen Insurrection eine so erhebliche Rolle gespielt hat, daß er von einer Auslieferung nach Oesterreich Alles zu fürchten hat, und daher lieber die Detention im Arbeitshause, obwohl deren Ende nicht abzusehen ist, aushällt, als von seiner Verstellung läßt." Und dieser Einschätzung kann man sicherlich aufgrund der gegebenen Umstände auch heute noch bedenkenlos zustimmen.

Der Bericht der „Allgemeinen Gerichts-Zeitung" schließt sodann mit der folgenden Feststellung: „Eine Verbreitung der Auslassungen des Verhafteten und Alles dessen, was über ihn bisher ermittelt worden, erscheint gewiß im hohen Grade nothwendig, da auf diese vorläufig allein die Hoffnung den räthselhaften Fremdling zu entlarven, gebaut werden kann." (Angesichts dieser Absichtsbekundung ist es dann aber doch ein wenig seltsam, daß man den Zeitungen jener Jahre so wenig Details über Vorins Hintergrund entnehmen kann...)

Obwohl wir nun über Vorins wahre Herkunft Gewißheit haben, lohnt es sich dennoch, auch seinen weiteren Weg genauer zu betrachten, da dieses Wissen der Faszination seiner Geschichte keinen Abbruch tut. Denn sein größtes Abenteuer ist nicht etwa als gestaltlose Idee in seinen Ammenmärchen zu finden, nein, es steht ihm zu dieser Zeit tatsächlich noch bevor - und zwar im realen Leben!

Bevor wir uns allerdings ansehen, wohin es Jophar Vorin nach seiner Zeit im Berliner Arbeitshaus verschlagen hat - und dazu gibt es tatsächlich sehr konkrete Angaben - wollen wir doch noch ein wenig mehr über seine Heimat im Geiste erfahren. Betreten wir also gemeinsam die wahrlich wundersame Welt des Landes Laxaria...

## Ein Land wie kein anderes...

Nachdem wir nun einiges über Vorins „Tournee" durch die Polizeidienststellen Mitteldeutschlands erfahren haben, wollen wir uns mit seiner dortigen „Bühnenshow" etwas näher befassen. Es ist also an der Zeit, daß wir ein wenig mehr über Jophar Vorins „Heimat" in Erfahrung bringen, einem Land, von dem seit Mitte des 19. Jahrhunderts immer wieder mal die Rede war, von dem jedoch bislang niemand Einzelheiten zu berichten wußte. Dies wird sich aber nun dank des „Wächters" ändern.

So erfahren wir aus dieser Quelle zunächst, daß Jophar Vorin der Sohn von Willinus Forrin, seines Zeichens Apotheker, ist. Seine Mutter, eine geborene Lienhart, starb „vor 6 Jahren" (das müßte ausgehend vom Erscheinungsdatum also 1845 gewesen sein). Beruf und Vorname der Mutter werden nicht mit erwähnt, interessant ist an dieser Stelle aber der eindeutig deutsche Familienname seiner Mutter vor ihrer Heirat. Wenngleich auch in Deutschland von Laxaria zuvor noch niemand je gehört hatte, so mußte es einer Deutschen offenbar dennoch gelungen sein, dorthin zu gelangen! Das wäre wohl durchaus eine eigene Geschichte wert gewesen, wenn Vorins Angaben denn der Wahrheit entsprochen hätten. Aber dies ist, wie wir bereits gesehen haben, nicht der Fall und Vorin hat seine Geschichte beim Verhör durch deutsche Polizeibeamte anscheinend einfach nur den kulturellen Eigenheiten seines aktuellen „Publikums" angepaßt. Der Laxarier war anscheinend ein regelrechtes Improvisationstalent, Fantasie hatte der Mann zweifelsohne. Ein möglicher Gedankengang am Rande: Bei einer derart ausgearbeiteten Geschichte würde es sich für den „Künstler" geradezu anbieten, zumindest bei den weniger wichtigen Angaben auf seine realen Lebensdaten zurückzugreifen. Dies würde zu seiner Erleichterung den Umfang dessen, was er sich für künftige Verhöre neu merken müßte, wenigstens etwas verringern und die Gefahr einer unerwünschten Identifikation (deren Vermeidung ihm bei all dem Aufwand ja eindeutig sehr wichtig war) wäre zu jener Zeit ohnehin kaum vorhanden gewesen. Könnten also beispielsweise die vorgebrachten Namen seiner

Eltern tatsächlich auch die echten sein? Könnten sie uns somit eventuell bei weiteren Nachforschungen irgendwann in der Zukunft noch hilfreich sein?

Doch fahren wir mit Vorins Werdegang fort: Geboren wurde er am 26. Zergaum. Diesen Monat kennen Sie nicht? Können Sie auch nicht, denn der Bericht im „Wächter" präsentiert den ein oder anderen laxarischen Begriff. Gemeint ist hier der 26. Januar.

Interessant ist, daß Vorin offen zugibt, daß er als Kind vom Baum gefallen ist, sich dabei den Hinterkopf „beschädigt" hat und darunter auch als Erwachsener noch leidet, z.B. durch periodische Schmerzen im vorderen Kopfbereich. Aus medizinischer Sicht könnte dies bedeuten, daß Vorin nicht einfach nur ein gerissener Lügner ist, sondern sein „Seemannsgarn" teilweise auch einer gesundheitlichen Fehlfunktion entsprungen oder zumindest durch eine solche noch verstärkt worden sein könnte. So weiß die Medizin beispielsweise von Fällen zu berichten, in denen sich durch eine erhebliche Verletzung im meist vorderen Kopfbereich die Persönlichkeit eines Menschen komplett geändert hat, in der Regel leider eher zum Schlechteren. Das mag dann vielleicht auch bei anderen Hirnregionen in ähnlicher Form möglich sein.

Vorin ist christlich getauft worden, doch gehört er weder der evangelischen noch der katholischen, sondern der „ispatischen" Glaubensrichtung an. Gleich der anglikanischen Religion bei den Briten scheinen also auch die Laxarier ihre eigene Vorstellung vom Christentum zu haben. Kurioserweise erfolgt die Taufe, indem im linken Daumen ein „X" (an anderer Stelle desselben Berichtes wird von einem „V" gesprochen - ja, was denn nun?) als Zeichen eingeschnitten wird! Und mehr noch: „Sein Taufschein wurde angeblich gleich nach der Taufe mit dem aus der Wunde tröpfelnden Blute geschrieben"! Donnerwetter, die müssen ein hammerhartes Völkchen sein, diese Laxarier...

Es folgten die Schulzeit sowie anschließend eine Ausbildung zum Religionslehrer. So richtig wußte der Mann aus Laxaria aber in beruflicher Hinsicht mit sich offenbar nichts anzufangen, denn in der Folge unterstützte er die Brüder seines Vaters, Theodor und Salvarius, von denen der eine Schneider und der andere ein Dampfmüller war, bei deren Arbeit, blieb jedoch weiterhin unter der Aufsicht des Bischofs.

Wie kam es nun, daß unser unglückseliger Freund die Stätte seiner unbeschwerten Jugendtage für immer hinter sich ließ? Nun, Vorin wollte wie bereits erwähnt seinen älteren Bruder Willinus, der 12 Jahre zuvor fortgegangen war und sich dem Kunstreiter Zacharias Lucasch als Kurschmied und Schneider angeschlossen hatte, aufsuchen.

An dieser Stelle komme ich nicht umhin, die enorme Flexibilität der laxarischen Arbeitswelt gebührend zu bewundern. Da werden Religionslehrer zu Schneidern und Dampfmüllern, andere wiederum sind abwechselnd als Kurschmied und Schneider tätig (eine ganz gewiß weit verbreitete und passende Berufskombination...) - Laxarier sind also nicht nur hammerhart im Nehmen, sondern auch noch vielseitig. Oder sie leben einfach nur ziellos in den Tag hinein, aber wir wollen ja niemanden etwas unterstellen...

Nachdem er sich die Erlaubnis zur Reise von seinem Fürsten eingeholt hatte, brach Jophar Vorin mit der stolzen Summe von 300 Talern in der Geldbörse mit dem Schiff zu seinem großen Abenteuer auf. Nicht wissend, daß er seine laxarische Heimat nie wiedersehen sollte...

Schon am neunten Tag seiner Reise brachte ein Sturm sein Schiff zum Kentern, aber Vorin hatte Glück im Unglück, denn er wurde an Land gespült. Allzu groß kann sein Glück dann allerdings doch nicht gewesen sein, denn an Land mußte er gegen wilde Tiere, die behaarten Menschen glichen und offenbar Kannibalen waren, kämpfen. Da wir ja von Vorins Taufe bereits wissen, daß einen echten Laxarier so leicht nichts aus der Ruhe bringen kann, verwundert es dann auch nicht, daß es ihm gelang, dieser Gefahr (nachdem er drei seiner Gegner getötet hatte) unversehrt zu entkommen.

Auf seiner Flucht gelangte er zum „rothen Wasser", setzte sich in einen dort zufällig liegenden Kahn und fuhr ans gegenüberliegende Ufer. Dort wurde unser Pechvogel zunächst von einer Grenzwache aufgegriffen, dann jedoch wieder freigelassen, nachdem er einem seiner Wächter entgegenkommenderweise seine Uhr überlassen hatte. Vorin will anschließend noch mehrere Länder durchquert haben, zu denen er sich jedoch nicht näher äußern konnte. Den Rest kennen wir bereits.

Doch damit nicht genug: Über seinen Lebens- und Reiseweg hinaus gibt uns Jophar Vorin auch einen näheren Einblick in die kulturellen

Eigenheiten Laxarias. Das Land wird von 15 Fürsten regiert, dessen oberster Vertreter sich auch weibliche Soldaten hält! Überhaupt war man in Laxaria schon sehr fortschrittlich, gerade im militärischen Bereich, denn es gab hier bereits eine Luftwaffe: Kriege wurden dort z.B. auch von „Luftballons" aus geführt, von denen aus man Geschosse auf die Feinde warf! Aber auch im zivilen Leben wußte man sich zu helfen: Die Feldarbeit wurde von Affen verrichtet und die „Fortschaffung kleiner Kinder geschieht durch Wagen, welche von großen Vögeln [...] gezogen werden"!

Soweit der Bericht des „Wächters", der fast den gesamten Kanon der bekannten Infos zu Laxaria abdeckt. Beginnend mit der „Königlich privilegirten Berlinischen Zeitung von Staats- und gelehrten Sachen" (auch bekannt als „Vossische Zeitung") vom 30. September 1851 folgen dann später in den regulären Zeitungsausgaben wiederholt neben ungenauen Verallgemeinerungen bereits aus dem „Wächter" bekannter Angaben vereinzelt auch weitere neue Erkenntnisse, hier konkret zur Flora und Fauna dieses mysteriösen Landes:

„Nachdem dieses Individuum die deutsche Sprache im Gefängniß auffallend rasch gelernt, gab dasselbe an, es stamme aus einem unbekannten Lande mitten im Weltmeere, *wo es keine Bäume und vierfüßigen Thiere giebt*, wo die Leute mit großen Vögeln fahren und aus Luftballons Krieg führen, wo die Mädchen Soldaten werden müssen, wo man ledernes Geld führt, und dergleichen abentheuerliche Dinge mehr geschehen." (kursive Hervorhebung durch den Autor)

Zu weiteren neuen Mitteilungen über Land und Leute Laxarias sollte es in der weiteren Berichterstattung nachfolgend jedoch leider nicht mehr kommen. Eigentlich schade bei einem solch vielversprechenden Anfang...

Ich hätte wirklich gern die Reaktion der Polizeibeamten des 19. Jahrhunderts angesichts dieser Aussagen Vorins gesehen... Aber wahrscheinlich war diese zunächst gar nicht mal so bemerkenswert, denn wir erinnern uns: Die Behörden, die sich vor der Ankunft von Jophar Vorin in Berlin mit dessen Geschichte befaßt hatten, hielten ihn den Zeitungsberichten zufolge „nicht für einen Betrüger"! Was mir fast noch unglaublicher erscheint als es Vorins Geschichte ohnehin bereits ist! Es gibt allerdings fast immer wenigstens einen Kandidaten, der das Spiel nicht mitspielt, so auch hier. Die „Ruhr- und Duisburger Zeitung" vom 1. April 1851 schwimmt gegen den Strom und behauptet als einzige Zeitung, die Behörden „halten ihn für einen Betrüger", hätten Vorin also sehr wohl durchschaut. Vermutlich hat man hier aber einfach nur das Wort „nicht" vergessen, denn der weitere Verlauf des Geschehens zeigt deutlich, daß man Jophar Vorin eben gerade nicht „durchschaut" hatte, denn sonst hätte man ihn ja wegen Betruges gleich einsperren können anstatt die Berliner Kollegen noch extra zu bemühen.

Bei der Altersangabe sind die Berichterstatter des 19. Jahrhunderts sich dann aber mit einem Mal eher uneins. Entweder wird das Alter gar nicht angegeben oder nur mit einer sehr groben Schätzung. Wenige Ausnahmen gibt es jedoch (von denen es dann andere auch wieder übernehmen). Der „Wächter" vom 20. Juni 1851 beispielsweise gibt Vorins Alter mit 27 Jahren, das „Plauderstübchen" vom 4. Oktober 1851 mit „etwa 25 Jahren" und die „Eidgenössische Zeitung" vom 15. Oktober 1851 mit 28 Jahren an. Doch auch diese scheinbar widersprüchlichen Angaben sind, einmal vorausgesetzt, daß sie weitestgehend korrekt sind, durchaus hilfreich. Ignoriert man nämlich die ohnehin nur geschätzte Angabe von „etwa" 25 Jahren legt dies die Vermutung nahe, daß Vorin ungefähr zwischen dem 20. Juni und dem 15. Oktober des Jahres 1823 geboren worden sein muß. Die Passagierliste einer Schiffspassage gibt im Zielhafen sein Alter am 25. August 1852 indes sogar mit 29 an. (Ich komme auf diese Reise, dieses Mal eine echte, noch zu sprechen.) Dies wiederum grenzt den Zeitraum der Geburt zusätzlich auf die Zeit zwischen dem 20. Juni und dem 25. August 1823 ein. Wenn nun die Altersangabe der Passagierliste aber bei der Abfahrt aufgenommen worden ist und bei der Ankunft am Ziel nicht mehr weiter aktualisiert wurde, könnte die Geburt Jophar Vorins sogar noch erheblich weiter eingegrenzt werden auf die Zeit vom 20. Juni bis zum 5. Juli 1823 (rückgerechnet vom Tagesdatum der Abfahrt). Eine Geburt in den Monaten Juni oder Juli 1823, eventuell auch im August, ist somit sehr wahrscheinlich (also nichts mit „Zergaum" bzw. Januar). Da Jophar Vorin bei all den Unklarheiten in Bezug auf die korrekte Schreibweise seinen Namen grundsätzlich phonetisch nie geändert hat, ist es gut möglich, daß dies eventuell wirklich sein richtiger Name ist. Zusammen mit der Eingrenzung des Zeitraums seiner Geburt könnte auch dies mit etwas Glück in der Zukunft möglicherweise zur Bestimmung der tatsächlichen Herkunft des Laxariers führen. Aber zugegeben, das ist derzeit reine Spekulation. (Inwieweit man dem im „Wächter" als Geburtsdatum angegebenen 26. Januar wirklich Glauben schenken kann muß also erst einmal dahingestellt bleiben.)

Die endlich einmal etwas umfassenderen Ausführungen des „Wächters" und der „Allgemeinen Gerichts-Zeitung" geben jedenfalls auch jenseits der Entdeckungen des Sprachforschers ein recht gutes Bild darüber ab, woher der Laxarier wirklich kommt, genauer gesagt woher eher nicht...

Der im letzten Kapitel an erster Stelle vorgestellten „Allgemeinen Gerichts-Zeitung" folgten dann wie bereits erwähnt die weiteren Berichte der zweiten Artikelwelle, auf die ich im Folgenden ein wenig näher eingehen möchte.

Die bereits erwähnte „Königlich privilegirte Berlinische Zeitung von Staats- und gelehrten Sachen" („Vossische Zeitung") vom 30. September 1851, die im Zeitraum dieser Welle als einzige vor der „Allgemeinen Gerichts-Zeitung" erschienen ist (1 Tag zuvor), bringt uns als erste zur Kenntnis, daß es in Vorins Heimat ledernes Geld gibt (obwohl es dem „Wächter" zufolge in Laxaria auch Papiergeld geben muß, immerhin hat Vorin sich bei seiner Abreise ja damit eingedeckt) und sein Vater der Apotheker „Nr. 7" in Dastor ist. Frage: Ist hiermit eventuell eine Rangliste gemeint? Es gäbe dann also sechs „fähigere" Apotheker in Vorins Heimat? Wieviele Ränge umfaßt die Liste denn insgesamt? Vorins Aussehen, das im „Wächter" ja genauer beschrieben wurde, wird hier nur kurz als das eines „polnischen Landmanns" erwähnt. Kurioserweise soll Vorin „beinahe völlig von Kleidungsstücken entblößt" gewesen sein (ein Umstand, den andere Zeitungen später häufiger übernommen haben), was aber den genaueren Angaben der „Allgemeinen Gerichts-Zeitung" widerspricht, der zufolge „alles, was er auf dem Leibe an Kleidungsstücken trug, [...] aus Hemde und Hose von Leinen [bestand], und zwar auch diese noch in sehr schlechtem Zustande". Das klingt nun zwar auch nicht viel besser, aber von „entblößt" kann da wohl kaum eine Rede sein.

Daß es laut der „Vossischen Zeitung" in Laxaria keine Bäume geben soll, hatte ich ja schon erwähnt. Irritierend ist dies aber schon ein wenig, denn der „Wächter" hatte uns ja im Juni 1851 noch mitgeteilt, daß Jophar Vorin „als Kind von einem Baume gestürzt" sei und sich dabei „das Hinterhaupt beschädigt habe". Gibt es also doch Bäume in Laxaria? Oder bezieht sich die Aussage der „Vossischen Zeitung" auf eine geänderte Situation in Vorins späteren Jahren als Erwachsener? Das müßte dann ja heißen, daß man seit Vorins Kindertagen mal eben alles ratzekahl weggerodet hat, was auch nur ansatzweise mehrere Meter über den Erdboden hinausgeragt hat, oder?... Vielleicht wurde der Platz ja für Volieren benötigt für die „großen Vögel", mit denen „die Leute fahren"? Das werden wir wohl nicht eher erfahren, bis es einen weiteren Besucher aus Vorins Universum in das unsere verschlägt...

Schlußendlich greift die „Vossische Zeitung" auch mit der Enttarnung des Laxariers der „Allgemeinen Gerichts-Zeitung" um einen Tag vor, was zusammen mit den bisherigen Ausführungen insgesamt darauf hinzudeuten scheint, daß man sich hier als einzige der regulären Zeitungen eigenständig um neue Informationen bemüht hat.

Die „Aachener Zeitung" vom 1. Oktober 1851, also dem gleichen Erscheinungstag wie die „Allgemeine Gerichts-Zeitung", nennt in ihrer zweiten Ausgabe dieses Tages eher weniger grundlegend Neues, sondern führt vielmehr einige bekannte Angaben im Detail etwas näher aus. So z.B., daß „von hier [Berlin] ein bekannter Polizeibeamter nach Frankfurt gesendet [wurde], der die Erklärung abgab, daß diese räthselhafte Person ein sehr verschmitzter Verbrecher zu seyn scheine", weshalb man „den Mann deshalb nach Berlin [brachte], um hier abermals die genaueste und ausführlichste Untersuchung mit demselben anzustellen". Was mit dem „bekannten Polizeibeamten" genau gemeint ist, bleibt leider unklar, aber „bekannt" dürfte hier wohl am ehesten im Sinne von „hochrangig" zu verstehen sein und nicht im Sinne von „prominent". Neu ist aber immerhin, daß „nun später ermittelt worden seyn [soll], daß dieser Mensch im Gefängnisse selbst, zu seinen Mitgefangenen die Deutsche Sprache viel besser und geläufiger spreche, als er bei den mit ihm angestellten Verhören merken ließ [also diese nicht erst im Gefängnis gelernt habe, wie es zeitgleich in der „Allgemeinen Gerichts-Zeitung" heißt]; auch soll ferner noch ermittelt worden seyn, daß er kurz vor seiner Verhaftung in einem Dorfe, gelegen in der Gegend von Krossen, ganz auf Deutsche Art gedroschen habe".

Die „Eidgenössische Zeitung" vom 15. Oktober 1851 führt das noch ein wenig näher aus: „Inzwischen hatten sich Umstände ermittelt, die Zweifel hiergegen erregten. Im Gefängniß hatte der Verhaftete nämlich, wenn er sich unbeobachtet glaubte, geläufiger deutsch gesprochen, er hatte dort abweichende Erzählungen über seine Lebensschicksale gemacht, und man war dahinter gekommen, daß er kurze Zeit vor seiner Verhaftung bei einem Bauer mit Dreschen beschäftigt gewesen war und sich hiezu sehr geschickt angestellt hatte." Daß der Laxarier einen Hang zum Fabulieren hat (um das häßliche Wort „Lügen" zu vermeiden), wird hier mehr als deutlich.

Zum Abschluß nennt die „Aachener Zeitung" die rechtliche Grundlage für Vorins Abschiebung ins Arbeitshaus noch etwas deutlicher: „Nach unsern gesetzlichen Bestimmungen hat die Polizei das Recht, ,brod- und legitimationslose Individuen, deren Herkunft oder deren sonstige Verhältnisse nicht augenblicklich festgestellt werden können, so lange in Haft zu halten, bis dieselben ermittelt worden sind'".

Die Berichte der „Vossischen Zeitung" und der „Aachener Zeitung" waren nun die beiden einzigen Berichte der zweiten Welle, die vor bzw. zumindest zeitgleich mit dem umfangreicheren Sonderartikel in der „Allgemeinen Gerichts-Zeitung" erschienen sind. Spätere Artikel konnten ohne zusätzliche eigene Mühen auf diesen reichhaltigen „Informationsschatz" zurückgreifen und haben das offensichtlich auch gemacht, denn viel Neues kommt nun erst einmal nicht mehr.

Am 11. Oktober 1851 schafft die „Illustrirte Zeitung" es wieder einmal nicht - wie auch schon am 12. April 1851 - ihren Lesern mehr als die obligatorischen sechs Zeilen zu bieten und stellt damit auch in der zweiten Welle wieder den Negativ-Rekord auf.

Interessanter wird es dann aber wieder mit der „Eidgenössischen Zeitung" vom 15. Oktober 1851, die einiges näher ausführt, in einigen

Punkten aber auch bisherigen Informationen anderer Berichte widerspricht.

Wo der „Wächter" Jophar Vorins Gesicht rund vier Monate zuvor noch als blaß und die Augenfarbe mit graublau beschrieben hat, sprechen die Eidgenossen nun auf einmal von einem „gebräunten Gesicht" und von braunen Augen. Nun mag ja der Sommer, der zwischen den beiden Berichten gelegen hat, bei einer günstigen Wetterlage durchaus noch das Seine zur Gesichtsfarbe des Fremden beigetragen haben, aber das eine vermehrte Sonneneinstrahlung die Augenfarbe komplett verändern kann wäre mir neu...

Sehr genau beschreibt die „Eidgenössische Zeitung" ein besonderes körperliches Merkmal des Laxariers: „Auffällig war vom ersten Augenblicke eine auf dem rechten Daumen befindliche Narbe, welche einen spitzen Winkel bildete [klingt also nach einer Art V] und die mit einer ätzenden Flüssigkeit eingebrannt zu sein schien." Hierzu hieß es beim „Wächter" noch: „Er will getauft, d. h. es soll ihm auf dem linken Daumen ein X eingeschnitten sein, als Zeichen, daß er sich zur ispatischen Religion, welche an Iesum Christum glaubt, bekenne." Also wurde Jophar Vorin nun auf dem rechten Daumen eine Art V eingeätzt oder auf dem linken Daumen ein X eingeschnitten? Nun könnte man ja das Links-Rechts-Problem mehr schlecht als recht noch mit der Wahl der Perspektive wegerklären (ein für andere objektiv linker Daumen ist für Vorin selbst natürlich subjektiv sein rechter Daumen) und bei der Form der Narbe hat wohl jemand bei Dämmerlicht mal nicht so genau hingeguckt und sich ein X für ein U, pardon, ein V vormachen lassen, aber bei dem Unterschied zwischen eingeschnitten und eingeätzt hört meine Fantasie dann ehrlich gesagt auf. Fairerweise muß man aber ergänzen, daß die Eidgenossen nur wenige Zeilen nach ihrer Anmerkung über den „spitzen Winkel" auf einmal auch von einem X sprechen: „Die Narbe auf seinem Daumen rühre von der Taufe her, bei der jedem Kinde ein Kreuz an derselben Stelle eingebrannt würde." Warum dann aber vorher die Beschreibung eines spitzen Winkels? Ein X oder ein Kreuz würde ich auch als solches benennen und nicht als „spitzen Winkel" deklarieren. Irgendwie scheint es hier hinten und vorne nicht zu passen...

Bei den Schweizern heißt es über Vorins Heimat: „Das Klima sei heiß, die Vegetation außerordentlich üppig und das Land einem Garten gleich. Das Gold sei dort nicht von Metall, sondern von Leder." Wo wir uns beim „Wächter" noch fragen mußten, von welchem Baume Jophar Vorin als Kind gestürzt sein will, wo es doch laut der „Vossischen Zeitung" in Laxaria gar keine Bäume geben soll, sprechen die Eidgenossen nun auf einmal von einer „außerordentlich üppigen Vegetation" - und so leid es mir tut, aber eine solche Reichhaltigkeit kann ich mir so ganz ohne Bäume einfach nicht vorstellen. Gibt es also jetzt Bäume in Laxaria oder nicht? Oder einfach nur sehr viele Büsche?... Interessant ist auch die plötzliche Erkenntnis, daß in Laxaria jetzt auf einmal das „Gold" aus Leder ist! Also Geld aus Leder, meinetwegen, aber Gold?! Ein und dieselbe Sache kann wohl schlecht zeitgleich eine komplett andere Stofflichkeit haben! Aber zumindest hier dürfen wir wohl getrost von einem simplen Schreibfehler ausgehen. (Es sei denn, die Schweizer haben den Stein der Weisen entdeckt und können jetzt aus Gold Leder machen - also quasi eine Art Stein der Weisen für Anfänger...)

Einmal mehr wird auch deutlich, wie kreativ Jophar Vorin in seinen Erzählungen ist: „Er hatte ferner früher von dem Besitz einer Uhr gesprochen, mit der er angeblich „die Wächter des rothen Meeres" bestochen haben wollte; auch stellte sich heraus, daß er eine zweite Uhr kurz vor seiner Verhaftung verkauft hatte. Ietzt trat er plötzlich mit der Behauptung hervor, in seiner Heimat sei es Sitte, zwei Uhren zu tragen." Die Sache mit den Uhren ist also nun eine kulturelle Eigenheit der Laxarier generell, keine persönliche Präferenz Vorins. Den Sinn hinter der Eigenart mit mehreren Uhren gleichzeitig durch das Leben zu eilen teilt uns der Gast aus unbekannten Landen allerdings leider nicht mit, zumindest hat hierzu keine Aussage bis heute überlebt.

Die „Eidgenössische Zeitung" beschreibt allerdings das Ein oder Andere auch ein wenig genauer: „In Laxarien müßten auch die Frauenzimmer Soldaten werden und deßhalb bis zum 30sten Jahre im ehelosen Stande verbleiben." Beides war zwar schon bekannt, aber in diesem deutlichen Zusammenhang ist das zuvor noch nicht formuliert worden.

Und auch die Mühen der Berliner Beamten zur Klärung dieses ungewöhnlichen Falles beschreiben die Eidgenossen näher: „Einem höheren

Polizeibeamten wurde daher der Auftrag zu Theil, den Gefangenen von Frankfurt nach Berlin transportiren zu lassen und alle Mittel aufzubieten, die Verhältnisse desselben aufzuklären. Forien blieb auch hier bei seinen Behauptungen, er schrieb dieselbe Schrift, dieselben Zahlen und machte gleiche Zeichnungen wie früher. Zur scheinbaren Bewahrheitung seiner Aussage machte der Gefangene sogar Exerzitien und Evolutionen des laxarischen Militärs und war aller Vorstellungen ungeachtet nicht zu bewegen, andere Angaben zu machen." Bereits aus der „Allgemeinen Gerichts-Zeitung" wissen wir, daß Vorin schon in Frankfurt „ispatisch exerciren" mußte und nun erfahren wir, daß dieses Schauspiel in Berlin nochmal wiederholt wurde. Was genau sich die Beamten davon versprochen haben bleibt ungewiß, denn bahnbrechende Erkenntnisse über die tatsächliche Herkunft des Laxariers oder dessen Wahrhaftigkeit dürften daraus kaum zu gewinnen sein. Man hat wohl nicht so genau gewußt, was man mit ihm anfangen soll und hat ihn dann halt einfach mal „ein bißchen machen lassen"... Für den Mann aus Laxaria waren all die Mühen um seine Person jedenfalls nichts neues, denn schon vor seiner Zeit in Frankfurt wußte bereits die Polizeibehörde in Crossen den Mann zu beschäftigen: „[...] er sprach abramitisch und die Worte klangen immer wieder so, wie er sie zuerst genannt; er schrieb auch in dieser Sprache eine Hieroglyphenschrift so wie Zahlen, und zeichnete Figuren, Schiffe u. A. m. Die Figuren stellten das laxarische Militär, männliches wie weibliches, dar. Die Zeichnungen verriethen zwar keine besondere Kunstfertigkeit, aber sie gaben doch Zeugniß von einer gewissen Bildung."

Damit haben wir der „Eidgenössische Zeitung" also einiges an neuen Einzelheiten zu einem Großteil von Jophar Vorins Stationen zu verdanken, allerdings leider auch einige Widersprüche. Bei den letzteren tendiere ich schon allein aufgrund der größeren räumlichen Distanz zum Geschehen dazu, den Irrtum eher bei den Schweizer Angaben zu sehen, als bei den Zeitungen aus Vorins Umfeld, die doch schon aufgrund ihrer räumlichen Nähe viel eher an Informationen zu diesem Fall gelangen und diese auch überprüfen konnten. Das plötzliche Auftauchen dieser Menge an neuen Informationen am 15. Oktober 1851 in der Schweiz legt allerdings andererseits auch die Existenz eines bisher noch nicht wiederentdeckten weiteren umfangreichen Berichts aus Berlin nahe, aus dem die „Eidgenössische Zeitung" zitiert haben könnte. Dann allerdings wären die Widersprüche nicht mehr so einfach zu erklären.

Nach dem Schweizer Artikel folgt nur noch ein einziger Artikel, der etwas umfangreicher über unseren Gast aus der Fremde berichtet, und dieser befindet sich im „Dresdner Journal" vom 18. Oktober 1851. Da dieser aber nur ein Abklatsch des Berichts aus der „Eidgenössischen Zeitung" ist, erfahren wir hier trotz seiner Länge nichts Neues mehr.

Im Anschluß an die zweite Welle folgen mit zeitlichem Abstand noch vier Nachzügler, die jedoch mit einer Ausnahme ebenfalls keine neuen Erkenntnisse bringen. Zunächst ist da das „Wochenblatt für Pulsnitz, Radeberg, Königsbrück, Radeburg, Moritzburg und deren Umgegend" vom 14. November 1851. Hier findet man tatsächlich einen längeren Bericht, der eine Dreiviertelseite umfaßt. Dieser orientiert sich sehr stark an den Artikeln, die die „Eidgenössische Zeitung" und das „Dresdner Journal" rund einen Monat zuvor abgedruckt haben. Wäre also der zeitliche Abstand nicht, könnte man das „Wochenblatt" durchaus rein inhaltlich noch zur zweiten Welle mit hinzuzählen. Aufgrund seiner reinen Wiederholung dessen, was seine beiden Vorgänger bereits veröffentlicht haben, vermittelt es aber leider keine Neuigkeiten.

Auch die „Staats- und Gelehrte Zeitung des Hamburgischen unpartheiischen Correspondenten" vom 12. Januar 1852[57] und die „Donau-Zeitung" vom 15. Januar 1852 haben nicht viel zu bieten. In beiden wird Jophar Vorin nur kurz angesprochen, um dann anschließend auszuführen, daß sich bei ihm im Arbeitshaus, wie bereits bekannt, „noch zwei andere Personen [befinden], die ebenfalls fabelhafte Angaben über ihre Herkunft machen", deren Inhalt jedoch bei Weitem nicht so interessant ist wie die kreative Geschichte des Laxariers und deren Erwähnung auch nur in minimalem Umfang erfolgt. Gleiches gilt für das „Echo der Gegenwart" vom 21. Januar 1852[58] - nur daß man hier am Ende der Meldung so ganz nebenbei noch einen kleinen Hammer eingebaut hat: „Man hat das schon einigemal versuchte Mittel mit allen drei Unbekannten [also auch beim Laxarier!] vorgenommen, nämlich die Gesichter davon daguerotypirt, um auf diese Weise auswärts Aufschlüsse hervorrufen zu können. Man sagt, daß bis jetzt noch kein Erfolg erzielt sei." Und das heißt nichts anderes, als daß unser Mann fotografiert worden ist! Leider ist dieses Foto jedoch nicht in der Zeitung mit abgedruckt worden, aber vielleicht schlummert es ja noch in irgendeinem Archiv und wartet nur auf seine Wiederentdeckung...

Insgesamt betrachtet bietet die zweite Artikelwelle also mit einigen umfangreicheren Berichten durchaus mehr Neuigkeiten als ihr Vorläufer und, ich greife vor, auch ihr Nachfolger. Die meisten Artikel dieser Welle hingegen, die allesamt kürzerer Natur sind, gleichen einander wieder einmal wie ein Ei dem anderen. Besonders hervorzuheben ist aber, daß diese Welle ihren Lesern von Anfang an die Aufklärung des Falls beschert; der Nimbus des Gastes einer anderen Welt verflüchtigt sich damit unwiederbringlich.

Aber auch ohne den Zauber einer Paralleldimension bleibt das Thema „Jophar Vorin" spannend, denn viel interessanter als die Frage von wo der Mann herkam ist, wo er in der Folge noch hingekommen ist...

## Sein größtes Abenteuer!

Da wir nun wissen, was von der Geschichte des Laxariers zu halten ist und wir von seinem gesicherten Verbleib in Berlin erfahren haben, sollte man meinen, daß Jophar Vorin uns nichts Interessantes mehr zu berichten hätte. Doch weit gefehlt.

Der Mann aus Laxaria läßt es sich nämlich nicht nehmen, seinem interessierten Publikum am Ende seines literarischen Weges durch deutsche und internationale Gazetten tatsächlich noch einmal einen echten Höhepunkt zu bescheren. Denn im Sommer 1852, zum Zeitpunkt der dritten und letzten Artikelwelle (die inhaltlich jedoch, ebenso wie die zweite, nicht mehr über die deutschsprachigen Grenzen hinausgekommen ist), tritt ebenjener Mann, dessen bisherige Reisen ihn nie über seinen eigenen Geist hinausgeführt haben, doch noch eine große Fahrt an und bricht auch im realen Leben in sein wohl größtes Abenteuer auf.

Anfang Juli 1852 nimmt Jophar Vorin ein Angebot an, „daß man nicht abschlagen kann" und wandert, sicherlich begleitet von den guten Wünschen der ratlosen Staatsbeamten, nach Amerika aus!

Dies ist beileibe kein Scherz und auch keine nebulöse Theorie, sondern eine belegte historische Tatsache. Während Interessierte gerade im englischsprachigen Raum sich seit Mitte des 19. Jahrhunderts abgemüht haben, aus deutschen Quellen etwas über den Mann aus Laxaria zu erfahren, weilte dieser schon längst unerkannt unter ihnen, in den USA!

Sehen wir uns also an, was die dritte Artikelwelle uns darüber zu berichten weiß. Zunächst einmal beschert sie uns ein Déjà-vu. Denn auch hier haben wieder alle Redaktionen voneinander kopiert, so daß man im Grunde auch diesmal nur den ersten Artikel benötigt um alle zu kennen...

Die „Magdeburgische Zeitung", also jene Zeitung, die uns ein Jahr zuvor unfreiwillig auf die falsche Fährte eines vermeintlichen Aprilscherzes zu führen versucht hat, hat unseren Weltenbummler nicht vergessen und berichtet in ihrer Ausgabe vom 7. Juli 1852 über dessen endgültigen Verbleib.

Einer kurzen Vorstellung des Laxariers mit einem entsprechenden Verweis auf dessen faszinierende Heimat folgt zunächst die Feststellung, daß „derselbe unfehlbar ein Betrüger, und zwar sprach Alles dafür, daß er aus dem südlichen Rußland oder den Donau=Fürstenthümern gekommen sei", ergänzt um den Hinweis, daß es „aber unentschieden [blieb], ob er ein Russischer Deserteur sei, oder ob er wegen irgend eines schweren Verbrechens seine Rolle spiele". Und nun erfahren wir endlich, wie Jophar Vorins unfreiwilliges Gastspiel bei den deutschen Behörden schlußendlich ausgegangen ist:

„Da eine Gewißheit darüber zu erlangen [bezieht sich auf Vorins tatsächliche Identität und deren Verschleierung] unmöglich war und andererseits ein so zweifelhaftes und gefährliches Subject nicht ohne Weiteres in Freiheit gesetzt werden konnte, ein gesetzlicher Grund aber zu seiner fortwährenden Haft fehlte, so ist der Ausweg gewählt worden, daß der angebliche Laxarier mit seiner eigenen Zustimmung nach Amerika übergesiedelt worden ist. Vor einigen Tagen ist derselbe in Begleitung eines Beamten nach einer Hafenstadt abgegangen, wo er einem Auswanderungsschiff übergeben wurde."

Nachdem Jophar Vorin die Behörden 21 Monate zum Narren gehalten hat, haben diese nun endgültig die Nase voll von diesem sturen Störenfried. Sie haben ihn quasi mit Gruß und Kuß aufs nächste Schiff in die USA gesetzt und sich wohl gedacht, daß man sich dort ja mit schrägen Vögeln bestens auskennt, soll er doch dort glücklich werden. In deutschen Landen jedenfalls war damit die Ordnung wieder hergestellt - eine einfache und effiziente Lösung...

Woher die „Magdeburgische Zeitung" ihre Informationen eigentlich hat, verrät sie selbst übrigens nicht. Dies wird jedoch aus einer der erwähnten „Artikelkopien" ersichtlich: Bereits am Tag darauf, am 8. Juli 1852, berichtet die „Deutsche Allgemeine Zeitung"[59] ihren Lesern genau das gleiche, ergänzt jedoch um die zusätzliche Information, daß sie sich auf die „Preußische Zeitung" aus Berlin bezieht. Die „Leipziger Zeitung" bestätigt dies dann am 9. Juli 1852 durch ein entsprechendes Kürzel am Ende ihres Artikels[60] und ebenso gibt es auch die „Oesterreichisch-Kaiserliche Wiener Zeitung" vom 10. Juli 1852 an[61].

Die insgesamt 21 Meldungen (nach derzeitigem Stand) der dritten und letzten Artikelwelle sind, mit gerade einmal zwei Ausnahmen, auch hier erneut absolut identisch. Lediglich die „Augsburger Postzeitung" vom 9. Juli 1852 und der „Kladderadatsch" vom 11. Juli 1852 weichen von diesem Muster ab. Beide sind sehr kurzgehalten und nicht wirklich hilfreich. Da ist zunächst einmal der „Kladderadatsch", der den Laxarier nur als Bezugspunkt für eine humorvolle Bemerkung nutzt und damit gar keine Informationen bietet, und dann ist da noch die „Augsburger Postzeitung". Diese ist ein Sonderfall, da sie zwar trotz ihres geringen Umfangs etwas Neues bringt, damit aber leider alles andere als zuverlässig ist. Doch dazu später mehr.

Der „Tägliche Anzeiger für Berg und Mark" vom 4. August 1852[62] beendet schließlich als einsamer Nachzügler die ansonsten rund anderthalbwöchige dritte Artikelwelle. Es sollte das letzte Mal sein, daß man im deutschsprachigen Raum (und auch darüber hinaus) etwas Neues von dem Mann aus Laxaria gehört hat. Alle nachfolgenden Berichte, insbesondere im Ausland, haben danach nur noch Altbekanntes wiederholt und sich dabei ausschließlich aus den Anfangsberichten der ersten Artikelwelle bedient (einzige Ausnahme war wie erwähnt in Frankreich „Le Constitutionnel").

# Der krönende Abschluß

Ich war nun am Ende meiner Reise durch den deutschsprachigen und internationalen Blätterwald angekommen und hätte es dabei bewenden lassen können. Doch ich dachte mir, daß eine unabhängige Bestätigung jenseits der Zeitungsverlage als krönender Abschluß eine schöne Sache wäre und so beschloß ich, meine Suche noch ein klein wenig fortzusetzen.

Mein Plan, Jophar Vorins weiteren Lebensweg in den USA nachzuverfolgen (vielleicht sogar seine letzte Ruhestätte ausfindig zu machen), ist leider gescheitert. Ich mußte - so der derzeitige Stand - feststellen, daß Jophar Vorin in dem Moment, als er das Auswandererschiff verlassen und amerikanischen Boden betreten hat, scheinbar wieder in jenen Nebel des Vergessens zurückgekehrt ist, aus dem er zwei Jahre zuvor in Wüste-Kunersdorf hervorgetreten ist. Es lassen sich zwar einige Vorins (in diversen abweichenden Schreibweisen) in den USA jener Zeit ausfindig machen, doch haben sie alle komplett andere Vornamen und lassen jeglichen eindeutigen Bezug auf eine unserem Reisenden auch nur entfernt ähnliche Herkunft vermissen. Ein Problem ist dabei in jedem Fall die fehlende öffentliche Zugänglichkeit einiger größerer Internetportale mit Angaben über die Einwohner jener Jahre. Wenn man sich nicht quasi auf blauen Dunst hin als zahlender Kunde dauerhaft in diversen dieser Portale verewigen und dabei seine persönlichen Daten nach dem Gießkannenprinzip weltweit streuen möchte, ergeben sich hier nicht gerade viele Forschungsmöglichkeiten. Ohne wenigstens ein paar halbwegs greifbare Hinweise war diese Suche nach der Nadel im Heuhaufen keine erfolgversprechende Option.

Also doch kein „krönender Abschluß"? Im Gegenteil, es gibt ja noch das Naheliegende.

Denn wenn sich auch keine Belege für Jophar Vorins weiteren Verbleib in den USA finden lassen, so doch eventuell für seine dortige Ankunft im Sommer 1852.

Und Volltreffer, mit dieser Zielsetzung war ich, wie sich schon bald zeigen sollte, wieder auf Erfolgskurs.

Erneut sollte es jedoch eine zeitintensive Suche werden, die sich zudem in der Planung etwas schwieriger gestaltet hat. Wo ich zuvor noch online mannigfaltig vorhandene Zeitungsarchive durchforsten konnte, mußte ich mich nun erst einmal auf die Suche nach geeigneten Archiven begeben, in denen sich eventuell brauchbare Angaben oder Dokumente befinden könnten. Die Situation gleicht der eines Schriftstellers vor einem leeren Blatt Papier, der um das erste Wort seines neuen Werkes ringt.

Am Anfang stand die Frage im Raum, welche Angaben sich überhaupt den vorliegenden Zeitungsartikeln zu Jophar Vorins Auswanderung konkret entnehmen lassen.

Da ist zunächst das Ziel seiner Reise, die USA. Doch die USA haben neben Ellis Island in New York noch weitere, nicht ganz so prominente Häfen für die Einwanderung gehabt, zum Beispiel in Philadelphia, Boston und New Orleans um nur einige zu nennen. Und wenn man es ganz genau nimmt war ja nur von einer „Übersiedelung nach Amerika" die Rede - das könnte dann natürlich auch Südamerika oder Kanada bedeuten. Jede andere Vermutung ist zunächst einmal von vorschneller Natur und könnte daher ein erfolgreiches Suchergebnis durch eine engstirnige Herangehensweise verhindern. Doch wir müssen uns für einen Anfang entscheiden, und die USA sind als bekanntlich beliebtestes Auswandererziel im 19. Jahrhundert ein vielversprechender Ausgangspunkt.

Alle weiteren Suchparameter ergeben sich dann leider aus nur einem einzigen Satz: „Vor einigen Tagen ist derselbe [Vorin] in Begleitung eines Beamten nach einer Hafenstadt abgegangen, wo er einem Auswanderungsschiff übergeben wurde."

Es wird noch nicht einmal der Name der besagten Hafenstadt genannt! Ist es überhaupt ein deutscher Hafen gewesen? Unwahrscheinlich aber immerhin denkbar wäre auch ein Hafen in einem Nachbarland... Gehen wir aber zunächst von einer deutschen Stadt aus, vielleicht haben wir ja Glück.

Der Zeitpunkt von Vorins Abreise ist auch nicht genau bekannt, läßt sich aber recht gut eingrenzen. Die früheste vorliegende Meldung in der „Magdeburgischen Zeitung" macht am 7. Juli 1852 die Angabe „vor einigen Tagen". Diese ist zwar einer noch nicht wiederentdeckten Erstmeldung in der „Preußischen Zeitung" entnommen worden, doch berücksichtigt man die Streuung der Meldungen im Zeitraum vom 7. bis zum 16. Juli 1852 kann man davon ausgehen, daß die „Preußische Zeitung" ihren Initial-Bericht wohl recht zeitnah am 6. oder 7. Juli gebracht haben muß. Da hier noch nicht einmal von einer ganzen Woche sondern nur von „einigen Tagen" die Rede ist, können wir mit einer gewissen Wahrscheinlichkeit Vorins Abreise in dem kleinen Zeitfenster vom 1. bis zum 5. Juli vermuten. Für eine weitergehende Suche ist diese Angabe erst einmal konkret genug.

Da haben wir nun also eine Abreise in die USA ausgehend von einer (nord)deutschen Hafenstadt im Zeitraum vom 1. bis zum 5. Juli 1852. Als bekannteste Auswandererhäfen fallen einem da sofort Hamburg, Bremen und Bremerhaven ein. Informiert man sich näher, so stellt sich heraus, daß gerade die beiden letztgenannten bis ungefähr zum Ende des 19. Jahrhunderts eine wesentlich größere Bedeutung hatten als Hamburg, so daß eine gewisse Wahrscheinlichkeit besteht, daß Vorins Schiff entweder aus Bremen oder Bremerhaven abgelegt hat.

Raymond S. Wright III, seines Zeichens Professor an der Brigham Young University in Provo, Utah, USA, wo er Ahnenforschungsmethoden, europäische Familiengeschichte und deutsche und lateinische Paläografie unterrichtet, schreibt zur Bedeutung von Bremen/Bremerhaven folgendes:

„In früheren Jahren wurden jedoch Bremen und Bremerhaven als Einschiffungshäfen von den Auswanderern immer wieder Hamburg vorgezogen. Eine mehrere Bände umfassende Studie (1, 13, 24 und 35) von *Germans to America* (hrsg. von Ira Glazier und P. William Filby, Wilmington, Del.: Scholarly Resources, 1988 ff.) für die Jahre 1850-51, 1859-60, 1870 und 1880 verdeutlicht, dass 38% der Auswandererschiffe, die in den Häfen des Atlantiks und der Golfküste Nordamerikas anlegten, aus Bremen/Bremerhaven stammten. Im Gegensatz dazu kamen nur 17% der Schiffe aus Hamburg, fast so viele wie aus Liverpool (16%) und nur 6% mehr als aus dem französischen Le Havre (11%). Mehr als 80% der Schiffe, die während der erfassten Jahre mit deutschen Auswanderern an Bord ankamen, waren aus diesen vier Häfen ausgelaufen."[63]

Für die für uns interessanten Atlantikhäfen ergibt sich also eine Verteilung von 38% für Bremen/Bremerhaven und nur 17% für Hamburg. Und jetzt kommt die Hiobsbotschaft: Zwischen 1875 und 1909 wurden ausgerechnet in Bremen die Passagierlisten ab 1832 aus Platzgründen von den Stadtarchivaren vernichtet! Die Jahrgänge 1910 bis 1920 fielen dann auch noch dem Zweiten Weltkrieg zum Opfer, so daß sich insgesamt für Suchende für die Zeit vor 1921 ein echtes Problem ergibt! Ausgerechnet der Haupthafen hat seine Archive vernichtet - Oh Mann... Nun könnte man natürlich hoffen, daß Vorin in Hamburg in See gestochen ist, aber ich kann dazu schon mal etwas vorgreifen und bereits jetzt bestätigen, daß Vorins Abfahrtshafen leider tatsächlich Bremen gewesen ist, womit die deutschen Belege aus der damaligen Zeit also wirklich unwiederbringlich futsch sind.

Also doch Ende Gelände? Nein, denn auch wenn die Unterlagen zur Ausreise fehlen gibt es ja zum Glück noch die Passagierlisten der Einreise in den USA. Man müßte an dieser Stelle aber natürlich erstmal den Einreisehafen kennen - von dem wir allerdings ebenso wenig Kenntnis haben wie vom Abfahrtshafen, toll...

Glücklicherweise lassen sich im Internet aber Datenbanken finden, die sowohl aus den noch vorhandenen deutschen Unterlagen als auch aus ausländischen Passagierlisten der Einreisehäfen persönliche Daten in Form von Auskunftsseiten zum Abruf zusammen- und bereitstellen. Eine solche Seite ist die Deutsche Auswanderer-Datenbank vom Historischen Museum Bremerhaven. Hier lassen sich kostenlos Vor- und Nachname sowie Alter und Auswanderungsjahr über eine Suchfunktion finden. Wer dann allerdings noch mehr Angaben zu der entsprechenden Person haben möchte, muß schon einen kleinen Obolus entrichten. Nach mehreren erfolglosen Suchen auf anderen Seiten wurde ich hier fündig: Die Deutsche Auswanderer-Datenbank[64] zeigte mir für das Jahr 1852 einen 29-jährigen Auswanderer namens Jova Forrin an! Wenn auch die Schreibweise des Namens mal wieder nicht exakt übereinstimmt (ein schon aus den Zeitungsartikeln bekanntes Phänomen), so war mir doch klar, daß ich unseren Mann gefunden hatte. Denn Alter und Ausreisejahr paßten zu den Angaben aus den Zeitungen und ich hatte bereits in den letzten Monaten meiner Nachforschungen festgestellt, daß der Name

Jophar Vorin als Ganzes einmalig war. Es gab einfach niemanden in dieser Zeit mit einem ähnlichen Namen. Vor- und Nachname jeweils für sich genommen schon, aber nicht in dieser Kombination. (Was übrigens ein im hohen Maße glücklicher und nützlicher Umstand während meiner ganzen Nachforschungen gewesen ist.) Ich konnte also mit nahezu an Sicherheit grenzender Wahrscheinlichkeit davon ausgehen, daß, wann und wo auch immer ich es in diesem Zeitrahmen mit dieser Namenskombination zu tun hatte - egal in welcher Schreibweise, solange nur die Phonetik übereinstimmte - ich auf unseren Abenteurer aus Laxaria gestoßen war. Ich habe also am 14. April 2021 den erwähnten Obolus entrichtet und erhielt daraufhin umgehend eine PDF-Datei per Mail, der zwar immer noch insgesamt recht wenig aber doch durchaus etwas mehr als bisher bekannt zu entnehmen war.

So erfuhr ich nun, daß Jophar Vorin tatsächlich von Bremen aus mit einem Schiff namens „Orion" unter dem Kommando von Kapitän Schwartze in die Neue Welt gereist ist. Angekommen ist er dort schließlich am 25. August 1852 in Baltimore (was dann auch die letzte verfügbare Spur bleiben sollte). Als Reiseziel wird hier „Verbleib in USA" angegeben, als Abteil das Zwischendeck und als Beruf Arbeiter. Sein letzter ständiger Wohnort wird als unbekannt angegeben. Lediglich eine einzige Angabe irritiert hier etwas, denn unter Herkunft wird als Land Baden angegeben, während wir jedoch wissen, daß dies Preußen war. Da jedoch alles andere paßt, dürfen wir hier wohl einfach nur einen Irrtum vermuten, zu dem sich durch einen weiteren Fund auch eine nachvollziehbare Erklärung ergibt, darauf komme ich noch zurück. Als Quelle dieser Angaben wird (mangels vorhandener deutscher Unterlagen, wie bereits erwähnt) „National Archives, USA" angegeben, womit die Angaben also aus dem Einreisehafen in Baltimore stammen. Ein Abgleich mit den hierzu ebenfalls über das Internet verfügbaren National Archives der USA (dort übrigens kostenlos) ergibt dann auch eine Übereinstimmung.[65] Genau diese Angaben finden sich auch dort.

Mit diesen Angaben habe ich mich weiter auf die Suche gemacht. Auf der Internetseite der Gesellschaft für Familienforschung e.V. in Bremen, „Die Maus", finden wir dann noch Bestätigendes und Ergänzendes.[66] Die Ankunft der „Orion" wird auch hier mit dem 25. August 1852 in Baltimore angegeben, der Name des Kapitäns jedoch geringfügig abweichend mit „F. Schwartje" (was aber lediglich einem Lesefehler der damaligen Schreibschrift geschuldet sein dürfte). Die Anzahl der Passagiere wird hier mit 137 angegeben und als Datum der Abfahrt der „Orion" in Bremen der 5. Juli 1852. Das Abfahrtsdatum paßt also vortrefflich zu dem vermuteten Zeitfenster auf Basis der ausgewerteten Zeitungsartikel. Auch die etwas über siebenwöchige Überfahrtszeit entspricht den technischen Gegebenheiten jener Zeit.

Es war übrigens ein Glück, daß der deutschsprachige Blätterwald Vorins Abfahrtshafen weithin nicht beim Namen genannt hat, denn dies hätte mich leicht auf eine falsche Spur führen können. Es gab nämlich tatsächlich eine einzige Zeitung, die hier eine konkrete Angabe gemacht hat - und die war nachweislich falsch! Die „Augsburger Postzeitung" vom 9. Juli 1852[67] nennt nämlich Hamburg als Abfahrtshafen. Und das ist, wie die Nachforschungen in der Auswandererdatenbank und darüber hinaus belegen, nun einmal absolut daneben. Der Name Jophar Vorin, egal in welcher der verschiedenen Schreibweisen, läßt sich nämlich nur einmal finden, und dies eben nicht in Hamburg, sondern in Bremen. Und die dort genannten Abfahrtsdaten passen exakt zu dem Zeitraum, in dem die Zeitungen ihre Meldungen veröffentlicht haben. Auch die Angaben zur Person in einem ganz besonderen Dokument, auf das ich gleich noch zu sprechen komme, passen exakt auf unseren Laxarier. Die Hamburg-Meldung ist also eine Ente, was aber auch nicht weiter verwundert, denn die „Augsburger Postzeitung" behauptet auch, Vorin hätte bis zum Schluß im Gefängnis gesessen, und das ist ebenfalls Blödsinn, da man ihn ja ins Arbeitshaus geschickt hatte, weil man mit ihm nichts anzufangen wußte, ihn andererseits aber auch nicht freilassen konnte. Genau das ist ja letzten Endes auch der Anlaß gewesen, ihn auf das Auswandererschiff zu setzen, um ihn nur ja irgendwie loswerden zu können. Und ein Arbeitshaus mag zwar irgendwo einem Gefängnis schon recht nahe kommen, ist aber letzten Endes keines. Man erkennt also gut, daß die „Augsburger Postzeitung" ihren ohnehin recht kurzen Artikel nicht gerade sonderlich gut recherchiert hat, womit auch die „Zuverlässigkeit" der Hamburg-Info recht gut eingeschätzt werden kann. Der Umstand, daß ich auf diese Meldung erst gestoßen bin, nachdem ich bereits die

Belege für Bremen hatte, hat mir jedenfalls einige Umwege bei meiner Suche erspart.

Es wäre nun noch interessant zu lesen, wie es Jophar Vorin auf seiner Reise in die Neue Welt weiter ergangen ist, doch leider ist hierzu nichts überliefert. Wir können uns jedoch einen ungefähren Eindruck von den Umständen seiner Reise durch einen Vergleich mit der Überfahrt eines anderen Auswanderers verschaffen.

Bei meinen Nachforschungen bin ich auf die Zeitung „Der Deutsche Pionier"[68] gestoßen, dessen Herausgeber der Deutsche Pionier Verein von Cincinnati war. Hier wurden viele Jahre lang diverse Erlebnisberichte deutscher Amerika-Auswanderer veröffentlicht. Für uns interessant ist dabei insbesondere der Fortsetzungsartikel „Meine Reise nach Amerika" (sechs Teile im Zeitraum Juni bis November 1877) des Auswanderers Dr. Adolph Zipperlen über seine Überfahrt von Bremen nach New York im Zeitraum September bis Oktober 1848 mit Frau und Kindern.

Interessant ist dieser Bericht für uns deshalb, weil Zipperlen seine Auswanderung nur vier Jahre vor Jophar Vorin mit demselben Schiff unter dem Kommando desselben Kapitäns gemacht hat. Wir können daher durchaus davon ausgehen, daß der Mann aus Laxaria bei seiner Überfahrt auf ähnliche Umstände gestoßen ist wie Zipperlen.

Die Schilderung der eigentlichen Überfahrt mit der „Orion" findet sich in den Ausgaben Juli bis Oktober 1877, aus denen ich nachfolgend einige Passagen zitiere.

Schon der erste Eindruck, den Zipperlen von der „Orion" hatte, war nicht unbedingt von ungetrübter Freude: „Alles war uns neu; der großartige Anblick des Waldes von Masten, der Vorgeschmack vom Seeleben ließ uns vergessen, daß wir auf einem zwar guten, aber sehr engen Schiffe uns befanden." Was von außen noch ging, sah aber von innen schon weniger verlockend aus: „Ich erwartete eine eigene Cajüte zu finden, statt dessen sah ich beim Licht einer elenden Laterne einen etwa 10 Fuß langen und 5 Fuß breiten Raum, der die Cajüte vorstellte. Rechts und links Schlafkabinete, je mit zwei Bettstellen übereinander; zum Stehen in denselben etwa eine halbe Quadratelle Raum, zum Liegen ein sargähnlicher Rasten, in dem man nicht aufrecht sitzen konnte." Und weiter: „Ich sah nämlich auf allen andern Schiffen große, luftige, elegant eingerichtete Cajüten mit guten Betten versehen; Ställe mit Enten, Hühnern, Gänsen, Tauben, Schweinen, prophezeiten eine gute Tafel - wir hatten ein dumpfes, niedriges finsteres Loch unter dem Deck, ohne Betten; 4 Hühnerställe enthielten 24 Hühner, von denen nach 6 ½ Wochen noch vierzehn New-York erblickten und dort von dem Capitän, - der uns immer über die zurückgelegte Entfernung in Unge-wißheit erhielt, um unsren Forderungen für mehr als 1 Huhn für 8 Personen zweimal wöchentlich, entgegenzuhalten, daß man möglicherweise noch einmal 4-5 Wochen auf der See sein könnte, verkauft wurden."

Den Kapitän des Schiffes nennt er einen „ungebildeten Matrosen", wobei er insbesondere dessen Handhabung der Lebensmittelversorgung auf dem Schiff umfangreich kritisiert, beispielsweise: „Krankenkost wurde nie gereicht, außer man verstünde darunter gesottene Kartoffeln, die ich mit vieler Mühe für diesen oder jenen Reconvalescenten heraus-bettelte." Ja, Kapitän Schwartze kommt bei ihm gar nicht gut weg: „Und dieser Kerl von Capitän konnte besser kochen lassen, wenn er gewollt hätte; denn einige Male, als wir mit den Zwischendeckern eine drohende Haltung annahmen, war Alles gut und in Hülle und Fülle gekocht. Der Name [es folgt an dieser Stelle eine Aufzählung mehrerer Organisatoren seiner Auswanderung] des bäuerischen Matrosencapitäns Schwarze auf dem Schiffe Orion mögen in den Zeitungen bekannt werden, um die Auswanderer um's Himmelswillen zu warnen, von diesen Leuten ferne zu bleiben, wenn ihnen Leben und Gesundheit lieb sind." Zipperlens Urteil ist vernichtend: „Es ist diesen Menschenverkäufern einerlei, wie die Auswanderer nach Amerika kommen, wenn nur sie gehörig profitiren."

Was die Schiffsbesatzung angeht, so stellt Zipperlen fest: „Zu Allem hin hatte unser Schiff nicht einmal die nöthige Anzahl von Matrosen [...]" Und auch hier folgt deutliche Kritik am Verhalten gegenüber den Auswanderern: „Ich sprach Passagiere, die zu gleicher Zeit mit anderen Schiffen um das gleiche Geld herüberkamen. Alle waren besser besorgt, hatten bessere Kost, hellere Räume und freundlichere Behandlung. Es war in der That oft empörend, mit welch niederträchtiger Geringschät-zung die ganze Schiffsmannschaft bis zum Cajütenlausbuben herab, die Zwischendeckpassagiere behandelte. Die Ueberbleibsel unsrer Tafel wurden, statt sie unter die armen Zwischendecker zu vertheilen, dem Hunde und dem Schweine des Capitäns vorgesetzt, die aber Vieles verschmähten."

Bei gleichem Schiff und gleicher Kommandoführung dürfte es für Jophar Vorin auf seiner Überfahrt sicherlich recht ähnliche Eindrücke gegeben haben. Ein Geschenk war die Reise in die USA zumindest in dieser Hinsicht für ihn also eher nicht. Diese Artikelreihe ist allgemein übrigens auch über diese Erkenntnisse hinaus für historisch Interessierte aufgrund ihrer lebensnahen Schilderung sehr empfehlenswert. Soviel also zu den Reiseumständen des Laxariers in der Mitte des 19. Jahrhunderts.

Schade ist nur, daß man die Originaleinträge in den Passagierlisten von damals nicht einsehen kann. Obwohl... Vielleicht läßt sich dazu ja auch noch etwas finden?...

Und tatsächlich, über die Suche nach „Passenger Lists" aus Baltimore 1852 findet sich über archive.org tatsächlich ein Scan der „Passenger Lists of Vessels for Baltimore and Philadelphia" von 1959 auf Mikrofilm![69] Und hier findet sich tatsächlich der handschriftliche Originaleintrag des Passagiers Jova Forrin von 1852, an achter Stelle einer Liste mit insgesamt 136 Namen! (Dazu die Frage: Wo haben die Archive dann den 137. Auswanderer her? Aber das ist nicht unser Thema...) Es folgen die bekannten Angaben: Alter 29 Jahre, Zielhafen Baltimore, „Workman" und (vermeintliche) Herkunft Baden. Und hier findet sich vielleicht auch eine Erklärung für die irritierende Herkunftsangabe. Denn Jophar Vorin steht in der originären Passagierliste in einer Reihe mit acht anderen Auswanderern aus Baden (die Positionen 1 bis 7 und 9). Seine tatsächliche Herkunft hat Vorin ja immer schon gern verschwiegen und mit dem Thema „Laxaria" wollte er seinen Neustart wohl auch nicht unbedingt belasten, was also liegt da näher, als einfach die Herkunft der sieben Leute vor ihm in der Reihe mit zu übernehmen? Ich meine, wer hätte es denn mit den Möglichkeiten der damaligen Zeit auch überprüfen können?

Interessanterweise ist Vorin übrigens einer von nur insgesamt drei Passagieren, hinter deren Namen sich in der Originalliste ein handschriftliches Kreuz als Markierung befindet. Aber dessen Bedeutung wird sich wohl heute nicht mehr klären lassen. Ob der Mann aus Laxaria eventuell den Behörden schon bei seiner Einreise in die USA besonders aufgefallen ist?

Hier zeigt sich übrigens auch wieder einmal das Problem mit dem Namen. Denn aufgrund der damaligen Handschrift in Verbindung mit der schlechten Qualität der Kopie einer ohnehin bereits sehr alten Originalquelle kann der Name des Laxariers, sofern man nicht bereits durch eine entsprechende Vorabrecherche weiß, um wen es sich hier tatsächlich handelt, durchaus auch anders gelesen werden. Und so taucht dann auf www.ancestry.de nach einer entsprechenden Suche unter der Überschrift „All Baltimore, Passenger Lists, 1820-1964, Results" leider auch nicht die richtige Wiedergabe des Namens („Jova Forrin") auf, sondern eine aufgrund der genannten Umstände verfälschte Eigenkreation: „Tova Torrin".[70] Wer den Scan der Original-Passagierliste von 1852 kennt kann aber nachvollziehen, wie es zu dieser falschen Übertragung gekommen ist. So ist beispielsweise der Mittelstrich des „F" von „Forrin" wirklich nur bei sehr genauer Betrachtung, idealerweise in vergrößerter Form, als solcher zu erkennen, da er eher wie ein zufälliger, zu vernachlässigender „Huckel" an einem „T" wirkt. Derart ungenaue Übertragungen können einem Forscher die Untersuchung dann natürlich noch zusätzlich erschweren. Wer weiß, wo der Name unseres Freundes vielleicht noch überall in verunstalteter Form unentdeckt verborgen ist...

Und damit bin ich am Ende meiner Nachforschungen. Ein Mann, der heute im Internet als Kronzeuge für Besuche aus einer Paralleldimension herhalten muß, ist tatsächlich nichts anderes als ein Abenteurer mit einer nicht näher bestimmbaren, vermutlich kriminellen Vergangenheit, der mit sehr viel Überzeugungskraft, Pfiffigkeit und einem enormen Durchhaltewillen die Behörden genarrt und mithilfe der Gazetten das Volk belustigt hat, ein wahrer Münchhausen seiner Zeit.

Aber mal ehrlich, ist seine tatsächliche Geschichte nicht viel farbenfroher und interessanter als sein Bericht über ein Land namens Laxaria? Mich persönlich versöhnt sein eigentlicher, nicht minder spannender Lebensweg jedenfalls vollauf mit dem (zugegeben nicht ganz unerwarteten) Verlust seiner Glaubhaftigkeit in Bezug auf eine eventuelle

Parallelwelt. Hoffen wir für Jophar Vorin, daß er in seiner (nicht ganz freiwilligen) neuen Heimat einen friedlichen Lebensabend hat finden können. Und möglicherweise findet sich ja noch ein Forscher, der über diesen neuen Lebensabschnitt Einzelheiten zu berichten weiß...

Anhang zu Teil 1

# Abschriften der interessantesten

# Original-Zeitungsartikel

# zum Fall Laxaria

Auf den nachfolgenden Seiten präsentiere ich Ihnen vollständige Abschriften von einigen der interessanteren Zeitungsartikel über Jophar Vorin. Bitte wundern Sie sich dabei nicht über die Rechtschreibung. Da ich soweit wie möglich am Original bleiben will, habe ich mich entschlossen, sowohl die damalige Rechtschreibung als auch die zeitgenössischen Formulierungen unverändert beizubehalten.

— In Frankfurt a. d. O. befindet sich in diesem Augenblicke ein Fremdling, welcher am 30. September v. I. in Wüste=Cunersdorf, Lebuser Kreises, angehalten wurde, augenscheinlich der Kaukasischen Race angehörig, von nicht auffallender Körperbildung ist, sich Iophar Vorin nennt und aus dem Lande Laxarien, im Welttheil Sakrim belegen, herstammen will. Er spricht sehr gebrochen Deutsch, versteht sonst keine der Europäischen Sprachen, schreibt und spricht die sogenannte Laxarische und Abramische Sprache, welche letztere, seiner Angabe nach, eine bloße Schriftsprache der Laxaritischen Geistlichen ist, während er die erstere die gewöhnliche Sprache seines Volkes nennt. Er bekennt sich zur christlichen, und zwar, wie er erklärt, zur Ispatischen Religion, und will Geistlicher in seinem Vaterlande gewesen sein, welches viele 100 Meilen von Europa entfernt und von diesem durch große Meere getrennt sein soll. Er habe einen verschollenen Bruder aufsuchen wollen, unterwegs aber Schiffbruch gelitten, und sei durch viele ihm unbekannte Länder hierher gekommen. Auf ihm vorgelegten Karten und Planigloben wußte er sich nicht zurechtzufinden, suchte aber durch eine Handzeichnung die Lage seiner Heimat und der fünf Welttheile, die er Sakran, Aflar, Aslar, Auslar und Euplar nannte, anschaulich zu machen. Die Behörden, welche bis jetzt mit Iophar Vorin in Berührung gekommen, halten ihn nicht für einen Betrüger, obwohl ein Versuch, seine Schrift wissenschaftlich prüfen zu lassen, zu keinem Erfolge geführt hat. Es ist nun seine Transportirung nach Berlin beantragt worden, wo sich eher Mittel finden dürften, die Wahrheit seiner Aussagen zu prüfen.

*Abendblatt der Wiener Zeitung* vom 31. März 1851

**Angehaltene Person.** Am 30. September v.I. wurde in Wüste=
Cunersdorf ein unbekannter Mann angehalten und nach Frankfurt a. O.
geschafft. Er spricht nur sehr wenig deutsch und kann sich in keiner der
übrigen europäischen Sprachen verständlich machen. Er befindet sich
jetzt, zur Kur der Pocken, in der Krankenanstalt zu Frankfurt a. O. und
wird nach seiner Genesung nach Berlin geschafft werden, um mit Hülfe
von Sprachkundigen zu versuchen, seine Verhältnisse festzustellen. Aus
einem Berichte, welchen ein Medicinal=Beamter über den Arrestaten
erstattet hat, nehmen wir die nachfolgenden Angaben, welche so
abenteuerlich sind, daß sie entweder auf einen Betrüger oder auf einen
Wahnsinnigen schließen lassen. In dem Berichte wird gesagt: Der
F o r r i n ist angeblich im Monat Zergaum (Ianuar) 26. zu Dastor, einer
im Welttheil Sakrien gelegenen und zum Lande Laxarien gehörigen
Festung geb. Sein Vater, Willinus F o r r i n, ist Apotheker. Seine Mutter,
geb. L i e n h a r t, starb vor 6 J. Er selbst will als Kind von einem
Baume gestürzt sein, und sich das Hinterhaupt beschädigt haben, woran
jetzt noch merkliche Spuren vorhanden sind. Seit jener Zeit will er an
periodisch wiederkehrendem Schmerz im Vorderkopfe leiden. Er will
getauft, d. h. es soll ihm auf dem linken Daumen ein **X** eingeschnitten
sein, als Zeichen, daß er sich zur ispatischen Religion, welche an Iesum
Christum glaubt, bekenne. Sein Taufschein wurde angeblich gleich nach
der Taufe mit dem aus der Wunde tröpfelnden Blute geschrieben. Mit
dem siebenten Jahr besuchte er die Schule und lernte Lesen, Schreiben
und Rechnen, bildete sich zum Religions=Lehrer (Sempel=Kaplan) aus
und trat dann in ein Seminar. Zuerst wurde ihm die Kochkunst, dann die
Bibel, die Astronomie, die Erdbeschreibung und die abrahmitische
Sprache gelehrt. – Nach 3 ½ Jahren begab er sich zu den Brüdern
seines Vaters, Theodor und Salvarius, von denen der eine Schneider,
der andere Dampfmüller war, und unterstützte sie in ihren Handwerken,
blieb jedoch noch in beständigem Verkehr mit den Sempels und unter
der Aufsicht des Bischofs (Schampach). Letzterer residirte in Haberstadt
(**Stern douschin Haber**) und war mit einem Gehalte von 1000 Sack Reiß
besoldet. Dann begab er sich nach Groß=Bethanien, um seinen ältern
Bruder, Willinus, der 12 I. zuvor von Dastor fortgegangen war und sich
dem Kunstreiter Zacharias L u c a s ch als Kurschmied und Schneider

angeschlossen hatte, aufzusuchen. Nachdem er die Erlaubniß zu einer Reise von dem Fürsten (**Ruppsteck**) in Dostar erhalten, versah er sich mit 300 Thalern (**rit dos seppin**) größtentheils in Papiergeld und schiffte sich auf einem im Tigrus, einem Flusse bei Dastor, liegenden Schiffe (**Corabe**) ein. Am 9. Tage brach ein heftiger Sturm aus das Schiff scheiterte; er wurde jedoch an die Küste geworfen, wo er von wilden Thieren (**dilondei**), welche haarigen Menschen gleichen, angefallen wurde. Er tödtete drei dieser Menschenfresser und flüchtete sich in das Land hinein. Auf seiner Flucht gelangte er zum rothen Wasser (**ritze van dobel**), setzte sich in einen dort zufällig stehenden Kahn, fuhr nach dem gegenüberliegenden Ufer, wurde von der Grenzwache aufgegriffen, jedoch wieder freigelassen, nachdem er dem einen Wächter seine Uhr gegeben hatte. Die Namen der Länder und Städte, die er später passirte, will er nicht angeben können. Forrin ist von robuster Constitution und weißer Farbe, er trägt das Haar wohlgeordnet und gescheitelt und seine blauen Augen sind matt und glanzlos. Der Welttheil Sakrien grenzt mit den Welttheilen Asar und Aflar. Laxarien wird von 15 Fürsten (**Ruppsteppen**) regiert; der oberste Fürst hält sich auch weibliche Soldaten. Die Feldarbeit wird bei ihm durch Affen verrichtet. Die Fortschaffung kleiner Kinder geschieht durch Wagen, welche von großen Vögeln (**Batulle**) gezogen werden. In den, in seinem Vaterlande geführten Kriegen bediente man sich auch der Luftballons, von welchen herab man Geschosse auf die Feinde warf. Signalement: Alter 27 I., Haare hellbraun, Stirn gewölbt, Augenbrauen hellbraun, dünn, Augen graublau, Nase spitz, Mund proportionirt, Bart hellbraun, schwach, Zähne mangelhaft, Kinn rund, Gesicht oval, Gesichtsfarbe blaß. Kennzeichen: auf der ersten Phalanx des linken Daumens Narbe in Gestalt einer römischen **V**. Es wird ersucht, über die Verhältnisse dieses unbekannten Subjectes Auskunft zu geben.

(Mittheilungen zur Beförderung der Sicherheitspflege.)


*Der Wächter* vom 20. Juni 1851

— Im hiesigen Arbeitshause befindet sich gegenwärtig ein höchst räthselhaftes Subjekt. Dasselbe ist ein Mann von etwa 25 Iahren, der vor mehreren Monaten in der Gegend von Crossen zum Vorschein gekommen ist und zwar beinahe völlig von Kleidungsstücken entblößt und der deutschen Sprache nur in einem geringen Grade mächtig. Nachdem dieses Individuum die deutsche Sprache im Gefängniß auffallend rasch gelernt, gab dasselbe an, es stamme aus einem unbekannten Lande mitten im Weltmeere, wo es keine Bäume und vierfüßigen Thiere gebe, wo die Leute mit großen Vögeln fahren und aus Luftballons Krieg führen, wo die Mädchen Soldaten werden müssen, wo man ledernes Geld führt, und dergleichen abentheuerliche Dinge mehr geschehen. Dieser Mensch schrieb eine eigenthümliche Schrift und sprach als seine Muttersprache eine merkwürdige Sprache, welche Niemand zu enträthseln wußte. Obwohl dieser Mensch nothwendig ein Betrüger seyn mußte, da er völlig das Aussehen eines polnischen Landmanns hatte und seine Angaben augenscheinlich erlogen waren, so blieb er sich doch in seinen Angaben fortwährend consequent, und namentlich war es höchst auffallend, daß er seine angebliche augenscheinlich erfundene Sprache immer ganz gleichmäßig sprach und schrieb. Endlich hat man ermittelt, daß diese merkwürdige Erscheinung ihren Grund einfach darin hat, daß dieser Mensch Wendisch spricht, aber jedes Wort umkehrt und von hinten liest und spricht. Dieser Betrüger entwickelt auf solche Weise eine enorme Schlauheit, und derselbe muß dringende Gründe haben, seine wahre Persönlichkeit zu verbergen. Er nennt sein räthselhaftes Vaterland Laxarien mit der Hauptstadt Dastor, er will Iophar Forrien heißen und Sohn des Apothekers Nr. 7 in Dastor sein.

*Königlich privilegirte Berlinische Zeitung von Staats- und gelehrten Sachen* (auch bekannt als *Vossische Zeitung*) vom 30. September 1851

Am 30. September v. J. wurde in der Gegend von Wüste=Kunnersdorf bei Krossen ein Mensch verhaftet, welcher sich dort nicht nur fast jeglicher Kleidung entblößt, sondern auch ohne alle Legitimation umhertrieb. Er wurde nach Krossen gebracht, und da er sich, obwohl er einige Brocken der Deutschen Sprache herausbrachte, nicht verständlich machen konnte oder wollte, so transportirte man ihn weiter nach Frankfurt a. O. Durch fortwährendes Vernehmen dieses Menschen vermochte man dort endlich aus seinen Erzählungen etwas Zusammenhängendes über seine vermeintliche Herkunft und seine Absicht zu ermitteln. Er gab nämlich an, daß er ein ispathischer Priester und aus dem Lande Laxarien gebürtig sey; dieses Land liege in dem Welttheile Laxin jenseit des rothen Meeres. Er sey von dort ausgewandert, um einen seiner Brüder aufzusuchen, sey über das rothe Meer geschifft, Spanien, Frankreich und die Schweiz durchwandert und demnächst durch Hülfe von mitleidigen Menschen und dadurch, daß er eine Uhr verkauft, bis in die Gegend von Krossen gelangt, wo er verhaftet worden sey. Es wurden nunmehr, da diese Erzählung doch zu fabelhaft klang, mannigfache Proben mit ihm angestellt, und die Sache begann Aufsehen zu erregen. Die sprachkundigsten Männer wurden zu den Verhören hinzugezogen, um zu versuchen, die Sprache des Verhafteten und nach ihr seine Abstammung zu ermitteln. Er wurde angewiesen zu schreiben. Er that dies, jedoch sehr langsam, indem er erst längere Zeit gebrauchte, um sich zu besinnen. Es konnte jedoch von Niemand seine Sprache verstanden, noch seine Schrift entziffert werden. Es wurde deshalb an die Regierung berichtet, und von hier ein bekannter Polizeibeamter nach Frankfurt gesendet, der die Erklärung abgab, daß diese räthselhafte Person ein sehr verschmitzter Verbrecher zu seyn scheine. Man brachte den Mann deshalb nach Berlin, um hier abermals die genaueste und ausführlichste Untersuchung mit demselben anzustellen. Indessen auch hier blieb vorläufig jede Nachforschung vergebens. Der Mann zeigte einen gewissen Grad von Bildung und blieb mit einer großen Konsequenz bei seinen früheren Angaben stehen, machte außerdem die fabelhaftesten und romanhaftesten Schilderungen über den Zustand seines Vaterlandes, vermochte indessen auf der Landkarte nicht einmal den Ort zu bezeichnen, wo das von ihm beschriebene und geschilderte Vaterland liegen soll. Es soll nun später ermittelt worden seyn, daß dieser Mensch im Gefängnisse selbst, zu seinen Mitgefangenen die Deutsche Sprache viel besser und geläufiger spreche, als er bei den mit ihm angestellten Verhören merken ließ; auch soll ferner noch ermittelt worden seyn, daß er kurz vor seiner Verhaftung in einem Dorfe, gelegen in der Gegend von Krossen, ganz auf Deutsche Art gedroschen habe. Durch die unermüdlichsten angestrengtesten Nachforschungen unserer Polizei soll es doch endlich gelungen seyn, so viel festzustellen, daß der Verhaftete Wendischer Abkunft ist und daß er nur durch kunstvolle Verdrehungen und Verkehrungen der einzelnen Wörter seiner Landessprache, so wie der Schriftzüge im Stande gewesen ist, Jedermann zu täuschen. Indessen hat man auch bis jetzt noch nichts Näheres und Ausführlicheres über seine Verhältnisse und über seine Absichten zu vermitteln vermocht, man vermuthet nur, daß er eine Person sey, welche ein „schweres Verbrechen" begangen und deshalb eine Entdeckung seiner Persönlichkeit und seiner eigentlichen Verhältnisse so sehr zu fürchten habe. Nach unsern gesetzlichen Bestimmungen hat die Polizei das Recht, „brod= und legitimationslose Individuen, deren Herkunft oder deren sonstige Verhältnisse nicht augenblicklich festgestellt werden können, so lange in Haft zu halten, bis dieselben ermittelt worden sind," - und so ist denn dieser ispathische „Priester" ebenfalls nach dem Arbeitshaus gebracht worden, um dort so lange bei strenger Arbeit detinirt zu werden, bis er entweder selbst sich gemüßigt fühlen sollte, Mittheilungen über seine eigentliche Person zu machen, oder denn bis das Dunkel, in das er sich gehüllt, sich auf andere Weise aufklären wird. - Bemerkenswerth ist jedenfalls die „große Konsequenz," mit welcher der Mann seine Rolle bis jetzt durchzuführen und trotz der angestellten genauesten Nachforschungen jedes Eindringen in seine Verhältnisse fern zu halten gewußt.

*Aachener Zeitung* vom 1. Oktober 1851 (zweite Ausgabe dieses Tages)

# Der ispatische Priester.

In dem im Kreise Lebus liegenden Dörfchen Wüste Kunersdorf wurde am 30 September v. I. um die Zeit, wo ein Jeder, der einen Ort hat, wo er sein Haupt niederlegen kann, diesen aufgesucht hat, von einem Polizeibeamten ein junger Mensch betroffen, der schon seines Anzuges wegen nicht auf der Straße gelassen werden durfte, denn alles, was er auf dem Leibe an Kleidungsstücken trug, bestand aus Hemde und Hose von Leinen, und zwar auch diese noch in sehr schlechtem Zustande. Der Beamte redete den Menschen an, worauf dieser in einer Sprache erwiderte, die dem Beamten ganz unverständlich war. Da sich Niemand im Dorfe fand, der den Menschen kennen wollte oder sich mit ihm verständlich machen konnte, indem er alle an ihn in deutscher Sprache gerichteten Wort nicht zu verstehen vorgab und die in seiner Sprache vorgebrachten Worte von Niemanden verstanden wurden, so führte ihn der Beamte nach Crossen ins Gefängnis, was um somehr nothwendiig erschien, als der Mensch sich durch nichts legitimiren konnte. Hier in Crossen fing er nach einiger Zeit an etwas Deutsch zu radebrechen, das er im Gefängniß gelernt haben wollte und erzählte so höchst merkwürdige Dinge, daß es von Interesse sein wird, sie vollständig wiederzugeben. Er erklärte nämlich, daß er Iwar Forrin heiße und aus einem allen übrigen Menschen ganz unbekannten Königreich Laxarien herstamme und herkomme. In diesem Reiche, das weit weit fort von hier liege, sei er Priester der christlich=ispatischen Religion – es werde nämlich die christliche Religion nach den einzelnen Provinzen in Laxarien bezeichnet, so daß, da die Provinz, in der er Priester sei, Ispasien sich nenne, die dort herrschende Religion die ispatische heiße – und sei er nach Europa herübergekommen, um seinen aus Laxarien verschwundenen Bruder aufzusuchen. Bis jetzt sei jedoch sein Suchen vergeblich gewesen. Diese so höchst fabelhaften Erzählungen von unbekannten Welttheilen trugen zu sehr das Gewand der Lüge, als daß man nicht darauf näher hätte eingehen sollen, um durch Widersprüche den Menschen überführen zu können, es war dies aber vergeblich, denn mit einer Consequenz, die von ungeheurem Gedächtniß Kunde gab, wenn die Erzählungen erdacht sind, brachte der Mensch immer und immer wieder dieselben Erzählungen, ohne auch nur in einem Theile derselben sich zu widersprechen. Nach und nach fand er für gut, sich verständlicher in der deutschen Sprache, die er jedoch mit einer eigenthümlichen Betonung spricht, über sein angebliches Vaterland auszudrücken. Er gab an, daß er durch das rothe Meer, über Gibraltar, durch Spanien, Frankreich, die Schweiz, Baiern, Sachsen nach Norddeutschland, wo sein Bruder sich in einer ihm unbekannten Stadt aufhalten solle, gekommen sei, ohne Geld zu besitzen und ohne Paß. Nirgend habe man ihn gefragt, wer er sei, und wenn man ihm nichts habe zu essen geben wollen, so habe es für seine Nahrung gearbeitet, oder Sachen, die er bei sich geführt habe, verkauft, bis er endlich bis auf den letzten Rest, den man noch bei ihm gefunden, herabgekommen sei. Er erzählte ferner, daß der Welttheil, in welchen das Königreich Laxarien liege, in seiner Sprache Sackin heiße, und daß man dort ebenfalls 5 Welttheile kenne, welche man Astar, Aslar, Auslar, Euplar und Sackin nenne. Er selbst sei aus der Festung Dastor in Laxarien gebürtig Sohn des Apothekers M. I. und dort Priester, wie aus dem Kreuz auf seinem Daumen, daß ihm bei der Geburt aufgedrückt worden, bezeige, und von einem Stande, der dort hoch geachtet werde. In diesem Königreiche, das übrigens nur 20 Städte enthalte, herrsche ein absoluter, und von seinen Unterthanen sehr geliebter König, der aber ganz eigenthümliche Gesetze gegeben habe, zu denen unter anderen eines gehöre, wonach auch die Frauen zum Militairdienst herangezogen würden und sich vor dem 30. Iahr nicht verheirathen dürften. In diesem Königreiche, so gab er ferner an, gebe es nur lederne Münzen, dessenungeachtet lebe man dort aber ganz glücklich. Der Mann, der zur caucasischen Race gehört, nicht sehr groß, 20 und einige Iahre alt ist, braunes langes Haar trägt und die Gesichtsbildung der Slaven zeigt, auch offenbar nicht ohne Bildung ist, wenngleich er nicht eine so hohe Bildung zeigt, wie nach seinen Erzählungen von den ispatischen Priestern erwartet werden muß, war doch eine zu räthselhafte Erscheinung, als daß nicht die Behörden sich verpflichtet gehalten hätten, über ihn Nachforschungen anzustellen. Diese brachten jedoch nicht viel, da Niemand über die nächsten Dörfer hinaus, den Menschen je vorher gesehen haben wollte, und es ermittelte sich jedoch, daß er in einem Dorfe bei Crossen deutsch gesprochen und daß er in einem andern Orte eine Uhr verkauft hatte. Letzteres leugnete er auch nicht, er gab vielmehr an, daß er zwei Uhren besessen habe, mit deren einer er den Wächter des rothen Meeres bestochen, damit ihn dieser durch dasselbe gelassen hätte. Weiter ermittelte sich über sein Treiben vor seiner Verhaftung nichts. Alle diese Umstände veranlaßten die Polizeiobrigkeit in Crossen an die Regierung in Frankfurt zu berichten, welche den Transport des Verhafteten dorthin anordnete. Hier mußte Iwar Förrin seine Erzählungen wiederholen, was er mit der größten Genauigkeit that und ohne sich auch nur in Kleinigkeiten zu widersprechen; er sprach stets in gleicher Weise, ohne daß jedoch irgendeiner derjenigen, die sich mit ihm unterhielten, die Sprache kannten, er schrieb auch in Zeichen, die er abramitische Schrift nannte dies vermochte er jedoch nur sehr langsam und nach langem Besinnen, wenn er auch für die von ihm geschriebenen Worte stets dieselben Zeichen brauchte. In Frankfurt mußte er ispatisch exerciren, wobei er zeigte, daß er besonders im Bajonettfechten sehr unterrichtet war, machte aber auch hierbei sich nicht der kleinsten Widersprüche schuldig. Ietzt wurde über diesen Mann nach Berlin berichtet und ein hiesiger Polizeibeamter nach Frankfurt geschickt, um den Transport des Verhafteten hierher vorzunehmen. Dieser Beamte gab sich unendliche Mühe mit dem Verhafteten und gewann endlich die bestimmte Ueberzeugung, daß der Mensch sich verstelle und daß er ein Slave, zu dem Stamm der Wenden oder Kassuben gehörig, und aus Litthauen, Masuren oder Böhmen gebürtig sei. Zu dieser Ueberzeugung brachte ihn nämlich der Umstand, daß der Mensch auf der Landkarte aber auch gar nicht Bescheid wußte, daß er, obwohl er lange Zeit durch Frankreich gereist sein will, auch nicht ein französisches Wort kannte, und daß endlich ein hiesiger Sprachforscher eine hierauf zielende Entdeckung machte. Es wurden nämlich viele der gelehrtesten Professoren dem Manne vorgestellt, alle aber erklärten, daß es eine Sprache wie der Verhaftete sie spreche, nicht gebe, bis endlich einer auf den Gedanken kam, die Worte des Verhafteten umzukehren, wobei sich herausstellte, daß dieselben der wendischen Sprache angehörten und vollkommen verständlich waren. Hieraus erklärte sich auch der Umstand, daß der

Verhaftete beim Schreiben sich stets so lange besinnen mußte, um für die umgekehrten Worte die richtigen Zeichen zu finden. Obwohl man gegen ihn aus dieser Entdeckung kein Hehl machte, blieb er doch standhaft bei seinen Auslassungen, und nichts hat ihn zu bewegen vermocht, diese in irgend Etwas abzuändern. So ist denn der Behörde nichts weiter übrig geblieben, als ihn nach dem Arbeitshause zu bringen und dem Zufall es zu überlassen, den Grund der offenbaren Verstellung des Detinirten ans Tageslicht zu bringen, da seine Freilassung im öffentlichen Interesse nicht erfolgen kann. Daß übrigens ein gewichtiger Grund zu dieser Verstellung vorliegen muß, ergiebt die Hartnäckigkeit, mit welcher der Verhaftete dabei verharrt, so daß die Vermuthung, gewiß nicht ohne Grund ist, daß man entweder einen schweren Verbrecher vor sich hat, der aus irgend einer Strafanstalt entsprungen ist oder wegen eines Verbrechens verfolgt wird, oder daß der Mann bei der ungarischen Insurrection eine so erhebliche Rolle gespielt hat, daß er von einer Auslieferung nach Oesterreich Alles zu fürchten hat, und daher lieber die Detention im Arbeitshause, obwohl deren Ende nicht abzusehen ist, aushällt, als von seiner Verstellung läßt. Die Auslassungen des Menschen sind übrigens so fabelhafter Natur, wie uns nach Obigem jeder zugeben wird, daß man auch in den höchsten Kreisen an demselben Interesse gefunden hat. Eine Verbreitung der Auslassungen des Verhafteten und Alles dessen, was über ihn bisher ermittelt worden, erscheint gewiß im hohen Grade nothwendig, da auf diese vorläufig allein die Hoffnung den räthselhaften Fremdling zu entlarven, gebaut werden kann.

*Allgemeine Gerichts-Zeitung* vom 1. Oktober 1851

—* Am 30. September wurde in der Gegend von Wüste=Kunersdorf bei Krossen (in Preußen) ein Mensch verhaftet, welcher sich dort nicht nur von fast jeglicher Kleidung entblößt, sondern auch ohne alle Legitimation umhertrieb. Er wurde nach Krossen gebracht und da er sich, obwohl er einige Brocken der Deutschen Sprache herausbrachte, nicht verständlich machen konnte oder wollte, so transportirte man ihn weiter nach Frankfurt a. d. O. Durch fortwährendes Vernehmen dieses Menschen vermochte man dort endlich aus seinen Erzählungen etwas Zusammenhängendes über seine vermeintliche Herkunft und seine Absicht zu ermitteln. Er gab nämlich an, daß er ein ispathischer Priester und aus dem Lande Laxarien gebürtig sei; dieses Land liege in dem Welttheile Larin jenseits des rothen Meeres. Er sei von dort ausgewandert, um einen seiner Brüder aufzusuchen, sei über das Rothe Meer geschifft, Spanien, Frankreich und die Schweiz durchwandert und demnächst durch Hilfe von mitleidigen Menschen und dadurch daß er eine Uhr verkauft, bis in die Gegend von Krossen gelangt, wo er verhaftet worden sei. Es wurden nunmehr, da diese Erzählung doch zu fabelhaft klang, mannigfache Proben mit ihm angestellt und die Sache begann Aufsehen zu erregen. Die sprachkundigsten Männer wurden zu den Verhören hinzugezogen, um zu versuchen, die Sprache des Verhafteten und nach ihr seine Abstammung zu ermitteln. Er wurde angewiesen zu schreiben. Er that dies, jedoch sehr langsam, indem er erst längere Zeit gebrauchte, um sich zu besinnen. Es konnte jedoch von Niemand seine Sprache verstanden, noch seine Schrift entziffert werden. Es wurde deshalb an die Regierung berichtet und von Berlin ein bekannter Polizeibeamter nach Frankfurt gesendet, der die Erklärung abgab, daß diese räthselhafte Person ein sehr verschmitzter Verbrecher zu sein scheine. Man brachte den Mann deshalb nach Berlin, um hier abermals die genaueste und ausführlichste Untersuchung mit demselben anzustellen. Indessen auch hier blieb vorläufig jede Nachforschung vergebens. Der Mann zeigte einen gewissen Grad von Bildung und blieb mit einer großer Konsequenz bei seinen früheren Angaben stehen, machte außerdem die fabelhaftesten und romanhaftesten Schilderungen über den Zustand seines Vaterlandes, vermochte indessen auf der Landkarte nicht ein Mal den Ort zu bezeichnen, wo das von ihm beschriebene Vaterland liegen soll. Es soll nun später ermittelt worden sein, daß dieser Mensch im Gefängnisse selbst, zu seinen Mitgefangenen die Deutsche Sprache viel besser und geläufiger spreche, als er bei den mit ihm angestellten Verhören merken ließ; auch soll ferner ermittelt worden sein, daß er kurz vor seiner Verhaftung in einem Dorfe in der Gegend von Krossen ganz auf Deutsche Art gedroschen habe. Durch die unermüdlichsten Nachforschungen der Polizei soll es endlich gelungen sein, so viel festzustellen, daß der Verhaftete Wendischer Abkunft ist und daß er nur durch kunstvolle Verdrehungen und Verkehrungen der einzelnen Wörter seiner Landessprache, so wie der Schriftzüge im Stande gewesen ist, Iedermann zu täuschen. Indessen hat man auch bis jetzt noch nichts Näheres über seine Verhältnisse und über seine Absichten zu ermitteln vermocht, man vermuthet nur, daß er ein Person sei, welche ein schweres Verbrechen begangen und deshalb eine Entdeckung seiner Persönlichkeit und seiner Verhältnisse sehr zu fürchten habe. Nach gesetzlichen Bestimmungen hat die Polizei das Recht, brot= und legitimationslose Individuen, deren Herkunft oder sonstige Verhältnisse nicht augenblicklich festgestellt werden können, so lange in Haft zu halten, bis dieselben ermittelt worden sind, und so ist denn dieser Ispathische Priester ebenfalls nach dem Arbeitshause gebracht worden, um dort so lange bei strenger Arbeit detinirt zu werden, bis er entweder selbst sich gemüßigt fühlen sollte, Mittheilungen über seine Person zu machen, oder bis das Dunkel, in welches er sich gehüllt, sich auf andere Weise aufklären wird. Bemerkenswerth ist jedenfalls die große Konsequenz, mit welcher der Mann seine Rolle bis jetzt durchzuführen und trotz der genauesten Nachforschungen jedes Eindringen in seine Verhältnisse fern zu halten gewußt hat.

*Wiener Zeitung* vom 8. Oktober 1851

Ein räthselhafter Vagabund. Im Berliner Arbeitshause befindet sich gegenwärtig ein Individuum, dessen persönliche Verhältnisse zu ermitteln den unausgesetzten Bemühungen der Polizeibehörden bisher nicht gelungen ist. Der Gefangene, der den Namen Ivar Forien zu führen vorgibt und am 30. September v. I. in dem Dorfe Wüste=Cunersdorf bei Crossen wegen mangelnder Legitimation von Gendarmen verhaftet wurde, behauptet, aus dem Reiche Laxarien, das im Welttheil Sakin, wie er denselben nennt, belegen sein soll, nach Berlin gekommen zu sein, um seinen Bruder aufzusuchen, dessen Wohnort er indeß nicht anzugeben vermag. Bei seiner Verhaftung hatte er nichts weiter auf dem Leibe als ein zerrissenes Hemde und ein Paar dergleichen Beinkleider. Sonst führte er weder Papiere noch Geld bei sich. Seine Sprache war völlig unverständlich. Er ist in einem Alter von 28 Jahren, von mittlerer schlanker Gestalt, ziemlich kräftigem Körperbau, braunem Haar, braunen Augen, gebräuntem Gesicht, dessen Züge nicht unschön sind, das aber wenig Ausdruck hat. Auffällig war vom ersten Augenblicke eine auf dem rechten Daumen befindliche Narbe, welche einen spitzen Winkel bildete und die mit einer ätzenden Flüssigkeit eingebrannt zu sein schien. Es währte lange Zeit, ehe die mit der Vernehmung des Gefangenen beauftragten Beamten sich mit demselben verständigen konnten, denn er sprach, wie sich endlich ergab, nur sehr gebrochen und mangelhaft deutsch. Was man mit größter Mühe aus ihm herausbekam, war Folgendes: Er sei aus der Festung Dastor im Königreich Laxarien gebürtig, woselbst sein Vater ein Apotheker sei. Er gehöre der christlich=isgalischen Religion an und bekleide in seiner Heimat die Würde eines Priesters. Der Fürst, der über Laxarien herrsche, sei ein absoluter Monarch. Man spreche dort die abramitische Sprache. In Laxarien müßten auch die Frauenzimmer Soldaten werden und deßhalb bis zum 30sten Jahre im ehelosen Stande verbleiben. Das Klima sei heiß, die Vegetation außerordentlich üppig und das Land einem Garten gleich. Das Gold sei dort nicht von Metall, sondern von Leder. Die Narbe auf seinem Daumen rühre von der Taufe her, bei der jedem Kinde ein Kreuz an derselben Stelle eingebrannt würde. Vor längerer Zeit habe er sich aus Laxarien fortbegeben, um seinen Bruder jenseits des rothen Meeres aufzusuchen, und sich zu dem

Zwecke eingeschifft. Nachdem sie viele Meere, auch das rothe, durchkreuzt, sei das Schiff gescheitert, er habe seine ganze Habe verloren und wäre an der Küste von Gibraltar ans Land gekommen. Er habe später Spanien, Frankreich, die Schweiz, Steiermark, Böhmen, Baiern und Sachsen stets ohne Legitimation und Geld durchwandert, gute Menschen hätten ihm überall geholfen und niemals sei er von der Polizei angehalten worden. Diese Erzählung klang fabelhaft, der Gefangene wiederholte sie indeß bis auf die kleinsten Details in verschiedenen Zwischenräumen, er sprach abramitisch und die Worte klangen immer wieder so, wie er sie zuerst genannt; er schrieb auch in dieser Sprache eine Hieroglyphenschrift so wie Zahlen, und zeichnete Figuren, Schiffe u. A. m. Die Figuren stellten das laxarische Militär, männliches wie weibliches, dar. Die Zeichnungen verriethen zwar keine besondere Kunstfertigkeit, aber sie gaben doch Zeugniß Von einer gewissen Bildung. Auf der Landkarte vermochte sich derselbe nicht zu orientiren und deßhalb auch seine Heimat nicht zu bezeichnen. Er nannte die fünf Welttheile in seiner Sprache Sakin, Aflar, Aslar, Auslar und Euplar, und erzählte über Geographie, wie sie in Laxarien gelehrt würde, wunderbar klingende Geschichten. Alle diese Angaben, so fabelhaft sie auch klangen, machten doch Anfangs auf die Polizeibehörde in Crossen den Eindruck der Wahrheit. Auf höheren Befehl wurde der Mann an die Polizeibehörde zu Frankfurt a. d. O. abgeliefert, vor welcher er seine früheren Angaben wiederholte, nicht um ein Iota davon abwich und behauptete, die Wahrheit zu sagen. Inzwischen hatten sich Umstände ermittelt, die Zweifel hiergegen erregten. Im Gefängniß hatte der Verhaftete nämlich, wenn er sich unbeobachtet glaubte, geläufiger deutsch gesprochen, er hatte dort abweichende Erzählungen über seine Lebensschicksale gemacht, und man war dahinter gekommen, daß er kurze Zeit vor seiner Verhaftung bei einem Bauer mit Dreschen beschäftigt gewesen war und sich hiezu sehr geschickt angestellt hatte. Er hatte ferner früher von dem Besitz einer Uhr gesprochen, mit der er angeblich „die Wächter des rothen Meeres" bestochen haben wollte; auch stellte sich heraus, daß er eine zweite Uhr kurz vor seiner Verhaftung verkauft hatte. Ietzt trat er plötzlich mit der Behauptung hervor, in seiner Heimat sei es Sitte, zwei

Uhren zu tragen. Waren seine ursprünglichen Angaben an und für sich wenig geeignet, Glauben zu erwecken, so mußten sie durch die gedachten Umstände erheblich erschüttert werden. Einem höheren Polizeibeamten wurde daher der Auftrag zu Theil, den Gefangenen von Frankfurt nach Berlin transportiren zu lassen und alle Mittel aufzubieten, die Verhältnisse desselben aufzuklären. Forien blieb auch hier bei seinen Behauptungen, er schrieb dieselbe Schrift, dieselben Zahlen und machte gleiche Zeichnungen wie früher. Zur scheinbaren Bewahrheitung seiner Aussage machte der Gefangene sogar Exerzitien und Evolutionen des laxarischen Militärs und war aller Vorstellungen ungeachtet nicht zu bewegen, andere Angaben zu machen. Mehrere bedeutende Professoren erklärten, die von dem Arrestanten gesprochene und geschriebene Sprache durchaus nicht zu kennen, eben so wenig aber auch ein Land, auf das die Beschreibung desselben paßte. Auffällig sowohl in der Sprache als in der Schrift des Menschen war, daß er sich sowohl beim Sprechen wie beim Schreiben längere Zeit besann, und daß er, obwohl er durch ganz Frankreich gewandert sein wollte, dennoch nicht ein einziges französisches Wort wußte. Somit schien es nicht länger zweifelhaft, daß man es mit einem Menschen zu thun habe, der die Behörde zu täuschen Veranlassung hätte. Man überzeugte sich bei näherer Untersuchung immer mehr, daß der Ausdruck im Gesicht des Menschen sowohl wie seine ganze Körperbildung auf eine slavische Abkunft schließen lasse, was denn endlich dazu führte, daß ein Professor in der Sprache und Schrift des Gefangenen das Wendische - nur umgekehrt - herausfand. Vorzüglich aber waren in dem Namenszuge die Buchstaben der wendischen Sprache deutlich zu erkennen. War der Mensch nun zwar gewissermaßen entlarvt, so scheiterten dennoch alle Ueberredungskünste an der Hartnäckigkeit, mit der er bei seinen ersten Angaben auch jetzt noch verblieb. Und so hat sich denn die Behörde genöthigt gesehen, den [unbekannte Abkürzung] Forien bis zur erfolgten Feststellung der Identität seiner Person in das Arbeitshaus zu schicken.

*Eidgenössische Zeitung* vom 15. Oktober 1851

— Im Berliner Arbeitshause befindet sich gegenwärtig ein Individuum, dessen persönliche Verhältnisse zu ermitteln den unausgesetzten Bemühungen der Polizeibehörden bisher nicht gelungen ist. Derselbe, der den Namen Ivar Forien zu führen vorgiebt und der am 30. September v. I. in dem Dorfe Wüste=Cunersdorf bei Crossen wegen mangelnder Legitimation von einem Gensd'armen verhaftet wurde, behauptet aus dem Reiche Laxarien, das im Welttheile Sakin, wie er denselben nennt, belegen sein soll, hierher gekommen zu sein, um seinen Bruder aufzusuchen, dessen Wohnort er indeß nicht anzugeben vermag. Bei seiner Verhaftung hatte er nichts weiter auf dem Leibe, als ein zerrissenes Hemde und ein Paar dergleichen Beinkleider. Sonst führte er weder Papiere noch Geld bei sich. Seine Sprache war völlig unverständlich. Er ist in einem Alter von 28 Iahren, von mittler schlanker Gestalt, ziemlich kräftigem Körperbau, braunem Haar, braunen Augen, gebräuntem Gesicht, dessen Züge nicht unschön sind, das aber wenig Ausdruck hat. Da er die Gabe der Verstellung, wie man weiter unten sehen wird, in einem hohen Grade besitzt, so vermag man ein Urtheil über seine eigentliche Individualität nicht mit Sicherheit abzugeben. Auffällig war vom ersten Augenblicke eine auf dem rechten Daumen befindliche Narbe, welche einen spitzen Winkel bildete und die mit einer ätzenden Flüssigkeit eingebrannt zu sein schien. Es währte lange Zeit, ehe die mit der Vernehmung des Gefangenen beauftragten Beamten sich mit demselben verständigen konnten, denn er sprach, wie sich endlich ergab, nur sehr gebrochen und mangelhaft deutsch. Was man mit größter Mühe aus ihm herausbekam, war Folgendes: Er heiße, wie gedacht, Ivar Forien, sei aus der Festung Dastor im Königreiche Laxarien gebürtig, woselbst sein Vater ein Apotheker sei. Er gehöre der christlich=isgalischen Religion an, und bekleide in seiner Heimath die Würde eines Priesters. Der Fürst, der über Laxarien herrsche, sei ein absoluter Monarch. Man spreche dort die abramitische Sprache. In Laxarien müßten auch die Frauenzimmer Soldaten werden und deshalb bis zum 30. Iahre im ehelosen Stande verbleiben. Das Klima sei heiß, die Vegetation außerordentlich üppig und das Land einem Garten gleich. Das Geld sei dort nicht von Metall, sondern von Leder. Die Narbe auf seinem Daumen rühre von der Taufe her, bei der jedem Kinde ein Kreuz an derselben Stelle eingebrannt würde. Vor längerer Zeit habe er sich aus Laxarien fortbegeben, um seinen Bruder jenseits des rothen Meeres aufzusuchen und sich zu dem Zwecke eingeschifft. Nachdem sie viele Meere, auch das rothe, durchkreuzt, sei das Schiff gescheitert, er habe seine ganze Habe verloren und wäre an der Küste von Gibraltar ans Land gekommen. Er habe später Spanien, Frankreich, die Schweiz, Steiermark, Böhmen, Baiern und Sachsen stets ohne Legitimation und Geld durchwandert, gute Menschen hätten ihm überall geholfen und niemals sei er von der Polizei angehalten worden. Diese Erzählung klang fabelhaft, der Gefangene wiederholt sie indeß bis auf die leinsten Details in verschiedenen Zwischenräumen, er sprach abramitisch und die Worte klangen immer wieder so, wie er sie zuerst genannt, er schrieb auch in dieser Sprache eine Hieroglyphenschrift, sowie Zahlen, und zeichnete Figuren, Schiffe u. a. m. Die Figuren stellten das laxarische Militär, männliches wie weibliches dar. Die Zeichnungen verriethen zwar keine besondere Kunstfertigkeit, aber sie gaben doch Zeugniß von einer gewissen Bildung des Arrestaten. Auf der Landkarte vermochte sich derselbe nicht zu orientiren und deshalb auch seine Heimath nicht zu bezeichnen. Er nannte die 5 Welttheile in seiner Sprache Sakin, Aflar, Aslar, Auslar und Euplar und erzählte über Geographie, wie sie in Laxarien gelehrt würde, wunderbar klingende Geschichten. Alle diese Angaben, so fabelhaft sie auch klangen, machten doch anfangs auf die Polizeibehörde in Crossen den Eindruck der Wahrheit. Auf höhern Befehl wurde der Mann an die Polizeibehörde zu Frankfurt a. O. abgeliefert, vor welcher er seine frühern Angaben wiederholte, nicht um ein Iota davon abwich und behauptete, die Wahrheit zu sagen. Inzwischen hatten sich Umstände ermittelt, die Zweifel hiergegen erregten. Im Gefängniß hatte der Verhaftete nämlich, wenn er sich unbeobachtet glaubte, geläufiger deutsch gesprochen, er hatte dort abweichende Erzählungen über seine Lebensschicksale gemacht, und man war dahinter gekommen, daß er kurze Zeit vor seiner Verh ftung bei einem Bauer mit Dreschen beschäftigt gewesen war und sich hierzu sehr geschickt angestellt hatte. Er hatte ferner früher von dem Besitze einer Uhr gesprochen, mit der er angeblich „die Wächter des rothen Meeres" bestochen haben wollte; es stellte sich indeß heraus, daß er eine zweite Uhr kurz vor seiner

Verhaftung verkauft hatte. Ietzt trat er plötzlich mit der Behauptung hervor, in seiner Heimath sei es Sitte, zwei Uhren zu tragen. Waren seine ursprünglichen Angaben an und für sich wenig geeignet, Glauben zu erwecken, so mußten sie durch die gedachten Umstände erheblich erschüttert werden. Einem hiesigen höhern Polizeibeamten wurde daher der Auftrag zu Theil, den Gefangenen von Frankfurt hierher transportiren zu lassen und alle Mittel aufzubieten, die Verhältnisse desselben aufzuklären. Forien blieb auch hier bei seinen Behauptungen, er schrieb dieselbe Schrift, dieselben Zahlen und machte gleiche Zeichnungen wie früher. Zur scheinbaren Bewahrheitung seiner Aussage machte der Gefangene sogar Exercitien und Evolutionen des laxarischen Militärs und war aller Vorstellungen ungeachtet nicht zu bewegen, andere Angaben zu machen. Mehrere hiesige bedeutende Professoren erklärten, die von dem Arrestaten gesprochene und geschriebene Sprache durchaus nicht zu kennen, ebenso wenig aber auch ein Land, auf das die Beschreibung desselben paßte. Auffällig sowohl in der Sprache als in der Schrift des Menschen war, daß er sich sowohl beim Sprechen wie beim Schreiben stets längere Zeit besann und daß er, obwohl er durch ganz Frankreich gewandert sein wollte, dennoch nicht ein einziges französisches Wort wußte. Somit schien es nicht länger zweifelhaft zu sein, daß man es hier mit einem Menschen zu thun habe, der die Behörde zu täuschen Veranlassung hätte. Man überzeugte sich bei näherer Untersuchung immer mehr, daß der Ausdruck im Gesicht des Menschen sowohl wie seine ganze Körperbildung auf eine slavische Abkunft schließen lasse, was denn endlich dazu führte, daß ein hiesiger Professor in der Sprache und Schrift des Gefangenen das Wendische nur umgekehrt herausfand. Vorzüglich aber waren in dem Namenszuge die Buchstaben der wendischen Sprache deutlich zu erkennen. War der Mensch nun zwar gewissermaßen entlarvt, so scheiterten dennoch alle Ueberredungskünste an der Hartnäckigkeit, mit der er bei seinen ersten Angaben auch jetzt noch verblieb. Und so hat sich denn die Behörde genöthigt gesehen, den [unbekannte Abkürzung] Forien bis zur erfolgten Feststellung der Identität seiner Person in das hiesige Arbeitshaus zu schicken.    *Dresdner Journal* vom 18. Oktober 1851

Unsere Leser werden sich noch des räthselhaften Menschen erinnern, der vor einiger Zeit in der Nähe von Frankfurt a. d. O. zum Vorschein gekommen war, aus dem unbekannten Lande Laxarien stammen wollte, sich Iovan Forin nannte und die fabelhaftesten Dinge über seine Heimath erzählte. Dort sollten die Frauen Militairdienste thun, man sollte dort mit Vögeln fahren, in Luftballons Krieg führen und mit ledernen Münzen Handel treiben. Durch höchst mühevolle Recherchen, bei welchen sogar namhafte Gelehrte zugezogen wurden, um die unbekannte Sprache des Menschen zu enträthseln, gelang es endlich, mit voller Sicherheit festzustellen, daß derselbe unfehlbar ein Betrüger, und zwar sprach Alles dafür, daß er aus dem südlichen Rußland oder den Donau=Fürstenthümern gekommen sei. Es blieb aber unentschieden, ob er ein Russischer Deserteur sei, oder ob er wegen irgend eines schweren Verbrechens seine Rolle spiele. Da eine Gewißheit darüber zu erlangen unmöglich war und andererseits ein so zweifelhaftes und gefährliches Subject nicht ohne Weiteres in Freiheit gesetzt werden konnte, ein gesetzlicher Grund aber zu seiner fortwährenden Haft fehlte, so ist der Ausweg gewählt worden, daß der angebliche Laxarier mit seiner eigenen Zustimmung nach Amerika übergesiedelt worden ist. Vor einigen Tagen ist derselbe in Begleitung eines Beamten nach einer Hafenstadt abgegangen, wo er einem Auswanderungsschiff übergeben wurde.

*Magdeburgische Zeitung* vom 7. Juli 1852

Die deutschen Spekulanten haben sich ein neues Thema geangelt. Das Ereignis kam zur rechten Zeit, denn die Revolution war unter dem Tritt der Armeen erloschen, und allein der Name der Verfassung war zu einem Wort des Schreckens und des Vorwurfs geworden. Das Mysterium, das den Platz dieser beiden in der öffentlichen Aufmerksamkeit einzunehmen beginnt, ist kein Überbleibsel alter Weltüberlieferungen oder moderner geistiger Suggestion. Es ist weder mehr noch weniger als ein „neuer Mensch". Die New Yorker sollten sich besser auf ihre Lorbeeren besinnen, denn diese letzte Entwicklung der Zeit droht ihr Monopol auf das Wunderbare anzugreifen. Die Geschichte - wie wir sie in der Berliner *Correspondenz* finden - besagt, daß ein Fremder Ende letzten Jahres in einem kleinen Dorf des Bezirks Lebas, in der Nähe von Frankfurt an der Oder, aufgegriffen wurde, wohin er sich verirrt hatte, ohne daß jemand sagen konnte, woher. In einem anderen Land hätte ein solcher Umstand kaum Neugier geweckt; aber für ein Volk, das gerne spekuliert und weit weg von den großen Straßen der Welt liegt, hatte die Tatsache, daß der Fremde nur unvollkommen Deutsch sprach und alle Anzeichen einer kaukasischen Herkunft aufwies, etwas Seltsames und Erstaunliches. Ob es sich bei dem Mann um einen gewöhnlichen Hochstapler handelte, der die Dorfbehörden austrickste, oder ob diese in ihrer üblichen Art und Weise begannen, „aus der Tiefe ihres moralischen Bewußtseins" eine Geschichte für ihn zu konstruieren, ist ungewiß: Jedenfalls betrachteten sie ihn als eine große Beute und brachten ihn nach Frankfurt. Als er vom Bürgermeister dieser aufgeklärten Stadt befragt wurde, sagte der Fremde, sein Name sei Jophar Vorin und er komme aus einem Land namens Laxaria, das in dem Teil der Welt liegt, der Sakria genannt wird. Er verstehe keine der europäischen Sprachen (mit Ausnahme des gebrochenen Deutsch), sondern lese und schreibe, was er die laxarische und abramische Sprache nenne. Die letztere sei die Schriftsprache des klerikalen Ordens in Laxaria, die andere die allgemeine Sprache seines Volkes. Er sagt, daß seine Religion in Form und Lehre christlich ist und daß sie Ispatisch genannt wird. Laxaria sei viele hundert Meilen von Europa entfernt und durch große Ozeane von ihm getrennt. Er behauptet, er sei nach Europa gekommen, um einen lange verschollenen Bruder zu suchen, habe aber auf der Reise

114

Schiffbruch erlitten - wo, weiß er nicht - und kann auch auf keiner Karte oder Weltkugel seinen Weg an Land nachzeichnen. Er beansprucht für seine unbekannte Rasse einen beträchtlichen Anteil an geographischem Wissen. Die fünf großen Abteilungen der Erde nennt er Sakria, Aflar, Aslar, Auslar und Euplar. Die Weisen von Frankfurt an der Oder sind nach eingehender Prüfung der Erzählung und ihres Überbringers zu dem Schluß gekommen, daß sie wahr ist. Manche Menschen glauben Dinge, weil sie unglaublich sind. Jophar Vorin wurde jedoch sorgfältig nach Berlin geschickt und ist nun Gegenstand von viel wissenschaftlichem und neugierigem Klatsch in der preußischen Hauptstadt. - Welche Mystifizierung sich hinter der Geschichte verbirgt, wird die Zeit wohl zeigen.

*Athenaeum* vom 5. April 1851

— Wir erinnern uns, daß gegen Ende des achtzehnten Jahrhunderts ein Abenteurer, der den Namen Psaimanasar annahm, englische Gelehrte und Geistliche mit einer einzigartigen Mystifikation konfrontierte. Die *Berliner Correspondenz* berichtet von einer ähnlichen Mystifikation, deren Held, der vorgibt, Jophar Vorin zu heißen, anscheinend die Komödie erneuern will, die einst von Psaimamsar mit Erfolg betrieben wurde. „Es ist eine Person mittleren Alters, heißt es in dieser Zeitung, der in den letzten Tagen des Jahres 1850 als Vagabund im Bezirk Le Bass bei Frankfurt (Oder) aufgegriffen wurde. Sein Gesicht und seine Gesichtszüge sind offensichtlich von kaukasischer Rasse. Er spricht ein sehr schlechtes Deutsch und kann sich kaum verständlich machen. Er behauptet, einer in Europa unbekannten Rasse und einem Land anzugehören, das er Laxaria nennt und das seinen Erzählungen zufolge zu einem großen Kontinent namens Sakria gehört. Er erkennt fünf Teile der Erde an, die er Sakria, Euplar Auslar, Aflar und Aslar nennt. Er bekennt sich zu einer Religion, die er ispatianisch nennt. Er schreibt und spricht zwei unbekannte Sprachen: die allgemeine Sprache, das Laxarianische, und die heilige Sprache seines Landes, das Abramische. Er behauptet, auf der Suche nach einem verlorenen Bruder an Bord gegangen zu sein und an Ufern gestrandet zu sein, die er mit keiner europäischen Bezeichnung bezeichnen kann. Die Unwahrscheinlichkeit dieser Geschichte erregte das Interesse der Einwohner von Frankfurt an der Oder, die offensichtlich mit einem Haufen an Verwunderungsfähigkeit begabt waren, und die Stadtverordneten erklärten nach langer Prüfung, daß sie die Geschichte für wahrscheinlich hielten. Infolgedessen wurde die Ernährung der geheimnisvollen Person und ihr Unterhalt übernommen; und man schickte sie, nachdem man sie verhätschelt hatte, erholt von den Strapazen nach Berlin. Dort wird der Laxarier Jophar Vorin wahrscheinlich mit Richtern zu tun haben, die weniger für das Unwahrscheinliche und Wunderbare empfänglich sind."

*Journal des Débats Politiques et Littéraires* vom 14. April 1851

— Die Berliner Blätter meldeten vor einiger Zeit die Verhaftung einer Person, deren Verhalten etwas sehr Geheimnisvolles an sich hatte. Wir sind jetzt, so heißt es in der *Spenerschen Zeitung*, in der Lage, einige Informationen über diese Person zu geben.

Am 30. September des vergangenen Jahres wurde in Wüste-Kunersdorf ein Mann angetroffen, der sehr ärmlich gekleidet war, eine unverständliche Sprache sprach und über dessen plötzliches Auftauchen niemand Auskunft geben konnte. Er wurde nach Crossen gebracht, wo er in sehr schlechtem Deutsch, das er im Gefängnis gelernt hatte, erzählte, daß sein Name Iwan Forrin sei, daß er aus dem Königreich Lascarie stamme und daß er ein Priester der ispatischen christlichen Religion sei. Er behauptete, er habe das Königreich jenseits der Meere verlassen, um seinen Bruder zu suchen, sei durch das Rote Meer gefahren, an der Küste von Gibraltar gelandet, durch Spanien, Frankreich, die Schweiz, Bayern und Sachsen gereist und schließlich in Norddeutschland angekommen.

Diese Person gehört der kaukasischen Rasse an, ist zwanzig und ein paar Jahre alt, hat braunes Haar und eine slawische Physiognomie. Diese Erzählungen und seine Sprache mußten natürlich zu weiteren Nachforschungen führen, zumal er ohne Papiere und ohne Geld war und seine Kleidung auf extreme Bedürftigkeit hindeutete. Aus den verschiedenen Fragen, die an ihn gerichtet wurden, erfuhr man, daß er die fünf Teile der Welt Aflac, Aslar, Auslar, Euplar und Sackie nannte, daß das Königreich Lascarie im letztgenannten Teil liege, daß es zwanzig Städte umfasse, über die ein absoluter König herrsche, daß es in diesem Land kein Metallgeld, sondern nur Ledergeld gebe und daß er aus der Festung Dastor im Königreich Lascarie stamme. Man legte ihm eine Landkarte vor, doch er konnte weder das Königreich Lascarie noch den von ihm als Sackie bezeichneten Teil der Welt angeben. Ein Umstand, der für große Überraschung sorgte, war, daß er kein Französisch verstand, obwohl er behauptete, lange Zeit durch Frankreich gereist zu sein. Mehrere Linguisten erklärten, daß ihnen die Sprache, die dieser Mann sprach, völlig unbekannt war, ebenso wie die Schriftzeichen, die er zum Schreiben benutzte. Es wurde festgestellt, daß er immer die gleichen Schriftzeichen verwendete und lange überlegte, bevor er schrieb. Als er trotz aller Bemühungen auf seiner Erzählung beharrte, wurde er nach Frankfurt an der Oder gebracht, wo er dieselben Dinge wiederholte, ohne sich in irgendeiner Weise zu widersprechen; er machte sogar eine Übung mit dem Gewehr, in der er viel Geschick bewies.

In der Zwischenzeit hatte man erfahren, daß er in einem Dorf bei Crossen auf deutsche Art mit dem Dreschflegel Weizen gedroschen und eine Uhr verkauft hatte. Als er dazu befragt wurde, antwortete er, er habe zwei Uhren gehabt, eine davon dem Wächter des Roten Meeres gegeben, damit dieser ihn passieren lasse, und die andere verkauft, um seinen Lebensunterhalt zu bestreiten. Da man ihm keine weiteren Erklärungen entlocken konnte, wurde ein Bericht an den Innenminister gerichtet, der einen Polizeibeamten nach Frankfurt schickte, um ihn nach Berlin zu begleiten. Er wurde den gelehrtesten Professoren und den ersten Linguisten der Hauptstadt vorgestellt, die alle erklärten, daß dieser Mann eine Sprache sprach, die es nicht gab; schließlich kam einer von ihnen auf die Idee, die Anordnung der Buchstaben in einem der von diesem Menschen gesprochenen Wörter zu vertauschen, und fand heraus, daß dieses Wort zur wendischen Sprache gehörte. Man zweifelte nicht mehr daran, daß man es mit einem Betrüger zu tun hatte, und nahm an, daß er zur Rasse der Wenden oder Kassuben gehörte und aus Litauen, dem Land der Masuren oder Böhmen stammte. Da er auf seiner Behauptung beharrt und bislang alle Nachforschungen völlig nutzlos waren, wurde er vorläufig in die Haftanstalt eingeliefert, wo er so lange bleiben wird, bis man etwas Positives über ihn erfährt; Denn man ist versucht zu glauben, daß er ein gefährlicher Verbrecher ist, der alles zu befürchten hat, wenn er entdeckt wird, oder ein Mann, der an dem ungarischen Aufstand so aktiv teilgenommen hat, daß er lieber lebenslänglich in einer Besserungsanstalt eingesperrt werden möchte, als an Österreich ausgeliefert zu werden. (*Frankfurter Journal*.)

*Le Constitutionnel* vom 6. Oktober 1851

Teil 2

**Der Mann aus Lizba**

**-**

**Ein ähnlicher Fall aus Paris**

# Ein weiterer Fall

Im Folgenden wollen wir uns mit einem vergleichbaren Fall aus Frankreich beschäftigen. Da dieser Vorfall im Vergleich zu den Geschehnissen um den Mann aus Laxaria nicht ganz so weit zurückliegt, sind zu diesem Ereignis erfreulicherweise auch mehr Einzelheiten verfügbar. Ich habe mich daher dazu entschieden, im zweiten Teil dieses Buches, anders als im ersten Teil, den Ablauf meiner Nachforschungen weniger ausführlich zu schildern und mich stattdessen mehr auf das eigentliche Geschehen zu konzentrieren. Um dabei möglichst authentisch und dem Zeitgeist der damaligen öffentlichen Wahrnehmung entsprechend berichten zu können, greife ich nachfolgend aufgrund der Vielzahl der vorhandenen Artikel in höherem Umfang auf Zitate zurück. Der Fall aus Frankreich zeigt, daß der Mann aus Laxaria mit seiner ungewöhnlichen Geschichte in der Welt des Geheimnisvollen nicht alleine dasteht.

Wie bereits an anderer Stelle angemerkt tritt der Mann aus Laxaria in der Berichterstattung sehr häufig in Begleitung von zwei weiteren, ähnlichen Fällen in Erscheinung: dem Mann von Taured und dem Mann aus Lizbia. Der Mann aus Lizbia wird bei diesem Trio allerdings in der Regel recht stiefmütterlich behandelt. Das ist aber nicht weiter verwunderlich, denn zu diesem Fall sind nahezu keinerlei Einzelheiten bekannt. Dem möchte ich an dieser Stelle abhelfen. Und auch hier kann ich einige neue Erkenntnisse versprechen.

Wer sich ein bißchen näher mit dem Mann aus Lizbia befaßt wird nach einer Weile feststellen, daß auch in diesem Fall, wie schon bei Jophar Vorin, offenbar die Internetseite „von" Tom Slemen der Ausgangspunkt für die Verbreitung der Geschichte im Internet gewesen ist. Dies ist erkennbar an dem Umstand, daß alle weiteren Erwähnungen des Falles im Internet erst nach Slemens Seite von 2004 (die bisher letzten Änderungen dieser Seite erfolgten 2007) aufgetaucht sind und zudem darüber hinaus durchgehend auch nichts Neues zu berichten wissen. Es wird wieder einmal nur das wiedergekäut, was der eher magere Originalbericht (Slemen) vorgegeben hat. (Damit keine Mißverständnisse aufkommen: Die betreffende Internetseite „dark-stories.com" stellt lediglich die Ergebnisse von Tom Slemens Untersuchung mit dessen Erlaubnis vor, die Seite ist aber nicht von ihm persönlich gestaltet worden!)

Slemen schreibt zum Mann aus Lizbia folgendes:

„Im Jahr 1905 wurde ein junger Mann in Paris verhaftet, weil er ein Brot gestohlen hatte, und man stellte fest, daß er eine unbekannte Sprache sprach, und nach einem langen Verhör konnte er mitteilen, daß er aus einem Ort namens Lizbia stammte. In der Annahme, er meine Lissabon, wurde dem Mann eine Karte Portugals gezeigt, und ein portugiesischer Dolmetscher wurde hinzugezogen, um mit dem jungen Straftäter zu sprechen, aber es wurde bald festgestellt, daß der Mann nicht aus Lissabon stammte. Die Sprache, die der Jugendliche sprach, war auch kein erfundenes Gebrabbel, sondern wies alle konsistenten syntaktischen Regeln einer Sprache ähnlich dem Esperanto auf. Schließlich wurde der seltsam sprechende Mann freigelassen - und nie wieder gesehen."[1]

Und das war es dann auch schon, mehr wird man zu diesem Fall erst einmal nicht finden. Das sind noch weniger Informationen als beim Mann aus Laxaria - keine Angaben zu seinem Heimatland Lizbia, keine Nennung seines Namens, nichts... Wenn man es genau nimmt erfahren wir noch nicht einmal, ob Lizbia überhaupt der Name eines Landes ist, denn die Rede ist hier nur von einem „Ort" (im Original „place"), das kann also auch etwas anderes sein. Da der Mann aus Lizbia aber nun einmal immer wieder zusammen mit den Besuchern aus Laxaria und Taured erwähnt wird und es sich bei diesen beiden Örtlichkeiten um Länder handelt, wird den Lesern durch diese Kombination (trotz der Erwähnung von Lissabon, also einer Stadt) indirekt suggeriert, daß es sich auch bei Lizbia um ein Land handelt. Es gibt tatsächlich Internetseiten, auf denen Lizbia sogar ganz direkt als „Land" („country") bezeichnet wird, so beispielsweise auf „mysteriousuniverse.org".[2] Dem ist jedoch nicht so, doch darauf komme ich noch zurück.

Wir treffen hier ebenfalls wieder auf ein Problem bei der Namensgebung, wie wir es schon von Jophar Vorin her kennen. Anders als bei Vorin wird uns hier jedoch nur ein einziger Name, „Lizbia", präsentiert. Und der ist, wie sich zeigen wird, falsch. Kein Wunder also, daß auch zu diesem Fall erst einmal nicht viel zu finden ist, denn Nachforschungen auf Basis der bekannten Schreibweise laufen ins Leere, da sie nicht dem Original entspricht.

Doch auch hier habe ich bei meiner Suche Glück gehabt, denn im Rahmen meiner Nachforschungen zum Mann aus Laxaria bin ich auf die „Époque Times" gestoßen, eine französischen Quelle, die den richtigen Namen Lizbias nennt.[3] Dieser Glücksfall resultiert daraus, daß die Männer aus Laxaria, Taured und Lizbia auch hier wieder im Dreierpack auftauchen. Gerade dieser Umstand hat mich auf die richtige Spur gebracht und meine weiteren Nachforschungen überhaupt erst ermöglicht. Der Mann aus „Lizbia" wird in diesem Bericht nämlich quasi eingerahmt von den Besuchern aus Laxaria und Taured und kommt tatsächlich aus *„Lisbian"* - kein großer Unterschied, aber eine für den Sucherfolg wissenswerte Abweichung. Später wird sich der Name bei den Originalquellen zu diesem Fall noch einmal auf „Lispian" abändern, was dann die endgültig korrekte Bezeichnung ist. (Ich behalte aber im weiteren Verlauf des Buches aus Gründen der Übersichtlichkeit, wie auch schon im Fall Jophar Vorin, den bekannteren Namen „Lizbia" bei, Originalzitate ausgenommen.)

Aber die „Époque Times" hatte noch mehr zu bieten, denn sie führte mich bei meiner Suche nach dem Mann aus Lizbia auch ein gutes Stück weiter in die Vergangenheit. Als Quelle wird an dieser Stelle das Buch „The Directory of Possibilities" von Colin Wilson und James Grant aus dem Jahr 1981 genannt. Dieses Buch wird hier ebenfalls als Quelle für die Berichte über Laxaria und Taured angegeben. Wir können also davon ausgehen, daß der „Internet-Multiplikator" Thomas (Tom) Slemen seine Angaben im Internet zunächst aus seinem eigenen Buch „Strange But True - Mysterious and Bizarre People" (wo er bereits 1999 entsprechend berichtet hatte) und dort vermutlich von Wilson und Grant übernommen hat. Damit geht die im Internet so weit verbreitete Verbindung dieser an sich voneinander vollkommen unabhängigen Fälle als Dreier-Kombi auf eine mehrere Jahrzehnte alte gedruckte Quelle zurück.

Die Spur der Berichterstattung läßt sich darüber hinaus noch weiter in die Vergangenheit verfolgen, zu dem Buch „Flying Saucers Uncensored" von Harold T. Wilkins von 1955 (im Kapitel „Unseen Worlds without End"):

„18. September [1905, Jahresangabe übernommen aus dem dort zuvor zitierten Fall]: ‚Le Matin' aus Paris berichtet, daß ein junger Mann, der auf einer Pariser Straße verhaftet und wegen Landstreicherei angeklagt wurde, eine Sprache spricht, die kein Linguist versteht. Vergeblich haben Orientalisten und Experten für europäische oder afrikanische Sprachen mit ihm gesprochen; aber durch die Zeichensprache hat er bekannt gemacht, daß er aus ‚Lisbian' stammt. Er sagt, das lisbische Wort für Stuhl sei ‚eisar'; Tisch, ‚lotoba' und ‚sonar' bedeute Nase; Gott sei ‚Odir', Haus sei ‚sacar'."[4]

Mit der Pariser Zeitung „Le Matin" vom 18. September 1905 haben wir nun endlich eine konkrete zeitgenössische Quelle für den Bericht über den Mann aus Lizbia. Bevor wir uns nun der (ausführlichen) Berichterstattung des Jahres 1905 zuwenden, wollen wir zunächst noch den Weg dorthin abschließend weiter zurückverfolgen.

Sechs Jahre vor Wilkins stellte Vincent H. Gaddis in den „Amazing Stories" Volume 23 Nr. 1 vom Januar 1949 schon einen Bezug zum Mann aus Laxaria her. Viel zu berichten wußte er aber zu beiden Fällen nicht:

„1851 wurde ein mysteriöser Fremder in der Nähe von Frankfurt (Deutschland) aufgefunden, der seinen Herkunftsort mit Laxaria oder Sakria angab. Und 1905 wurde ein junger Mann von der Polizei in Paris als Landstreicher aufgegriffen, der in einer unbekannten Sprache sprach und sagte, er stamme aus Lisbian."[5]

In den „Astounding Stories" Volume 13 Nr. 6 vom August 1934[6] finden wir in einem Bericht von Charles Fort endlich einmal umfangreiche Informationen zu diesem Fall, ungewöhnlicherweise sogar wesentlich mehr als zum Mann aus Laxaria, den Fort hier ebenfalls mit erwähnt (wieder mit dem falschen Namen „Joseph Vorin"). Der Titel des Artikels, „LO!", geht auf sein gleichnamiges Buch von 1931 zurück, in dem er ebenfalls bereits - hier erstmals in der Literatur vereint - über Laxaria und Lizbia berichtet hat.[7]

Weitere Veröffentlichungen zu diesem Fall nach 1905 (bzw. 1906) habe ich nicht finden können (was natürlich nicht heißt, daß nicht welche existieren können), so daß wir uns nunmehr der originalen Berichterstattung in den französischen Zeitungen des Jahres 1905 zuwenden können, aus denen alle nachfolgenden Autoren diesen Fall übernommen haben.

# Ein Nickerchen am falschen Ort zur falschen Zeit

Die Berichterstattung hat am 18. September 1905 begonnen und zwar in mindestens sechs französischen Zeitungen, darunter auch, wie von Harold T. Wilkins 1955 in seinem Buch erwähnt, „Le Matin". Und auch im deutschen Sprachraum wurde im September 1905 bereits über den seltsamen Vagabunden berichtet.

Kurioserweise kann man zum Mann aus Lizbia wesentlich mehr Details zum eigentlichen Geschehen ausfindig machen als zum Laxarier, wenngleich dies natürlich aufgrund der größeren zeitlichen Nähe zur Gegenwart erstmal nicht weiter verwunderlich ist. Kurios ist es aber dennoch, weil man trotz aller vorhandenen Details zum Thema Lizbia heute stets nur noch einen wenige Zeilen umfassenden Kurztext geboten bekommt, wohingegen der Laxarier bei einer wesentlich dünneren Quellenlage erheblich mehr Aufmerksamkeit erhält. Bei meiner Schilderung der Erlebnisse des Unbekannten werde ich die Ereignisse auf Basis einer ausführlichen Auswertung der damaligen französischen Zeitungsartikel umfassend und chronologisch darstellen. Welche Zeitungen im Einzelnen Artikel gebracht haben ist, wie auch bereits beim Mann aus Laxaria, in einer Übersicht am Ende des Buches in Form einer Auswahl aufgeführt (ohne Anspruch auf Vollständigkeit). Bei meinen Zitaten werde ich aufgrund des Umfangs sowohl der Quellenlage als auch der entsprechenden Einbringung im Text stellenweise auf die Nennung der Namen der Zeitungen und des jeweiligen Datums verzichten, um den Text dadurch flüssiger und leichter lesbar zu gestalten. Selbstverständlich sind aber alle Zitate durch Anführungszeichen gekennzeichnet und können durch ihre Nummerierung über die Quellenübersicht am Ende des Buches eindeutig zugeordnet werden.

Was also hat es mit dem Mann aus Lizbia nun tatsächlich auf sich?

Einer der frühen Berichte ist in der Zeitung „La Politique coloniale" vom 18. September 1905 erschienen. Er beginnt mit dem Hinweis auf einen sehr verlegenen Richter im Gerichtsgebäude von Paris mit dem Namen Roty und erläutert dann die Gründe für seinen Zustand näher:

In der Nacht vom 28. auf den 29. August (die Berichte beginnen also mit dreiwöchiger Verspätung) wurde in Paris (genauer gesagt in Nanterre[8], einem am Ufer der Seine gelegenen westlichen Vorort von Paris) während einer Razzia ein krank aussehender junger Mann, der mit Lumpen bedeckt war und tief und fest auf einer Bank in den Champs-Elysées mit geballten Fäusten schlief, wegen Landstreicherei festgenommen und ins Depot gebracht. Der Landstreicher erschien am nächsten Tag vor Roty und der Untersuchungsrichter versuchte ihn zu verhören. Es war jedoch vergebens. Roty verwendete „schöne Sätze" und gönnte sich auch eine ausdrucksstarke Pantomime, doch all das war nutzlos. Der Gefangene lächelte nur und sah den Richter selig an. Mit zusammengezogenem Gesicht antwortete er dann, indem er schnelle und gebrochene Sätze in einer harten Sprache plapperte, die wenig harmonisch und vollkommen unverständlich war.[9]

Obwohl er also durchaus sehr gesprächig war, war er einfach nicht zu verstehen.

„Dennoch mußte die Identität des jungen Mannes festgestellt werden... Es wurden Dolmetscher hinzugezogen. Die Herren - etwa zwanzig an der Zahl [!] - marschierten ernst in das Kabinett des Magistrats. Sie setzten ihre ganze Gelehrsamkeit ein und verwendeten die verschiedensten Sprachen: Englisch, Deutsch, Türkisch, Arabisch, Persisch und sogar Javanesisch wurden für die Fragen verwendet."[10]

Aber auch praktische Übungen erbrachten nichts:

Dem Landstreicher „[...] wurde eine Bibel gezeigt, die in sehr vielen Sprachen gedruckt worden war: Er erkannte seine eigene nicht."[11]

All die Mühe war letzten Endes vergebens:

„Der Unbekannte verstand nichts.

Als ihm die Argumente ausgingen, nahm er schließlich einen ‚Titamar‘ (Bleistift) und schrieb ‚agrach‘ auf ein Blatt Papier... Der Landstreicher sprach ‚agrach‘!

Diese Enthüllung löste Herrn Rotys Verlegenheit keineswegs auf, im Gegenteil... Das ‚Agrach‘ ist völlig ungeläufig und niemand kennt dieses Idiom.

Der Magistrat zeigte dem Unbekannten einige Gegenstände und konnte so einen spärlichen Wortschatz zusammenstellen, von dem hier ein Auszug zu sehen ist:

Haus, ‚sacar'; Baum, ‚walbé'; Tisch, ‚lotava'; Stuhl, ‚diaser'; Nase, ‚sonor'; Zunge, ‚gualinr'; Gott, ‚Odoir'."[12]

„Einige weitere Wörter dienten dazu, zu erraten, was der geheimnisvolle Gefangene sagen wollte.

Man glaubte zu wissen, daß er Amord Ritard hieß und zwanzig Jahre alt war."[13]

In anderen Berichten hingegen, wie z.B. im „L'Éclair" vom 18. September 1905, ist die Altersangabe schon etwas ungenauer:

„Er scheint zwischen siebzehn und zwanzig Jahre alt zu sein [...]."[14]

Wirklich gesichert scheint also nur wenig zu sein, aber immerhin gibt es erste Erfolge, wenngleich auch nur kleine:

„Die einzigen Informationen, die man ihm durch Gesten entlocken konnte, sind diese, die er selbst geschrieben hat: Er soll Ritard Amord heißen, in ‚Lispian' in der Nähe von Boston (Amerika) gewohnt haben, was er Américh schreibt, und eine Schwester haben, Hian Ritard, die in Paris mit einem gewissen Loedovich zusammenlebt."[15]

Im „Le Phare de la Loire" vom 20. September 1905 erfahren wir ein wenig mehr über Lispian:

„Ritard würde aus Lispian kommen, einer Stadt, die seiner Meinung nach vier Tagesmärsche von Boston (Amerika) entfernt sei - er schrieb ‚Americh'."[16]

Was die geographischen Angaben zu Lispian angehen, so weichen diese in den verschiedenen Berichten teilweise erheblich voneinander ab: So soll Lispian mal zwei, mal drei und bisweilen auch vier Tagesmärsche zu Fuß von Boston entfernt liegen. Bei derart exakten geographischen Kenntnissen dürfen wir wohl getrost davon ausgehen, daß der Unbekannte zumindest nicht den Beruf eines Kartographen ausübt - immerhin eine erste gesicherte Erkenntnis...

Zusammenfassend kann man festhalten:

„Amord Ritard redete lange und machte große Gesten des Bedauerns, aber trotz seines guten Willens blieb er unverstanden."[17]

Das vorläufige Ergebnis der Strapazen:

„Herr Roty ließ ihn entmutigt in seine Zelle zurückgehen und sucht einen Dolmetscher, der ‚agrach' versteht."[18]

Und er geht noch einen Schritt weiter - er schaltet die Medien ein:

„In seiner Verzweiflung wandte sich der Richter an den Polizeipräfekten und über ihn an die Pariser Zeitungen. Er hofft, daß ein Wissenschaftler das Problem lösen kann."[19]

Auch Fotos des Unbekannten ließ Roty „La Dépêche" vom 18. September 1905 zufolge den Zeitungen zukommen, ebenso auch dem Sicherheitsdienst (die Sûreté), den er gleichfalls miteinbezogen hat.[20]

Eines scheint allen sprachlichen Barrieren zum Trotz jedenfalls schon jetzt unumstößlich festzustehen:

„Herr Roty beendete seine Mitteilung an den Polizeipräfekten mit der Bemerkung, daß er den Unbekannten nicht für verrückt halte."[21]

Und mit dieser Meinung steht er nicht alleine da:

„Zunächst einmal ist *Ritard Armor* nicht verrückt und kein Simulant. Er wurde von Herrn Doktor Roubinovitch untersucht, der in diesem Punkt kategorisch war. Er ist zu unintelligent, um die Wörter für die Gegenstände, die man ihm zeigt, nach und nach zu erfinden."[22]

Was sollte man nur mit diesem seltsamen Vagabunden anfangen...?

## Eine abenteuerliche Reise

Roty saß also einem Unbekannten gegenüber, dessen Sprache er nicht verstand und schon gar nicht sprechen konnte und hatte die recht undankbare Aufgabe, diesem seltsamen „Gast" brauchbare Informationen zu entlocken. Doch wie sollte man dies in einer derart ungewöhnlichen und schwierigen Situation bewerkstelligen?

Einschüchtern läßt sich Roty von dieser Aufgabe jedoch nicht:

„Herr Roty glaubt, daß er mit viel Geduld den Weg nachvollziehen kann, den Amor Ritard seit seiner Flucht aus seinem Heimatland zurückgelegt hat."[23]

Und zumindest sein Heimatland scheint festzustehen:

„Er schlug sich auf die Brust und wiederholte häufig das Wort *America* [...]"[24]

Das generelle Problem:

„Was täuscht, ist seine Aussprache, man schreibt falsch, was er ausspricht, die von ihm geschriebenen Wörter sind unübersetzbar [...]"[25]

Da helfen tatsächlich nur noch einfachste Mittel...

„L'Écho de Paris" beschreibt am 21. September 1905 detailliert, wie es schließlich doch noch zu einer (wenn auch recht groben) Verständigung zwischen Roty und dem Unbekannten gekommen ist:

„Der Junge unternimmt in der Tat die verdienstvollsten Anstrengungen, um sich verständlich zu machen, und gestern hatte er einen wahren Geniestreich vollbracht. Als der Richter ihn unter Bilder den Namen schreiben ließ, den er jedem abgebildeten Gegenstand gibt, bemerkte er, daß man so seine Worte verstehen konnte, und dachte, daß er sich vielleicht besser verständlich machen könnte, wenn er die Gegenstände, die er bezeichnen wollte, selbst zeichnete.

Auf diese geniale Weise gelang es ihm, dem Richter einen echten Bericht über seine Reise von seinem Heimatland nach Paris zu geben. Natürlich sind die Zeichnungen dieses armen Teufels vor allem von gutem Willen geprägt, und die Ausführung erinnert genau an die naiven Skizzen, die Kinder alle an den Wänden anbringen."[26]

Anhand dieser Mischung aus Zeichnungen, Gesten und unverständlichen Wörtern einer fremden Sprache entfaltet sich nun langsam und mühevoll die faszinierende Geschichte des Fremden. Diese läßt sich mithilfe von Zitaten aus der damaligen Berichterstattung in den französischen Zeitungen wie folgt rekonstruieren:

„Der Unbekannte nahm ein großes Blatt weißes Papier und zeichnete ein Haus - wobei er darauf achtete, daneben *sacar* zu schreiben, und bekanntlich nennt er Häuser so; dann wies er durch wiederholte Gesten darauf hin, daß dieses Haus sein eigenes sei. Nachdem er eine doppelte Linie gezogen hatte, die einen Weg darstellte, gab er zu verstehen, daß er ihm gefolgt war. Der Weg führte durch dicht gedrängte Bäume, wahrscheinlich ein Wald: Die Skizze deutet an, daß sich zwischen den Bäumen wilde Tiere versteckten. Hier ist es schwierig, genau zu sagen, auf welches Tier sich die Zeichnung bezieht: Es könnte sich um einen Tiger, einen Panther oder einen Leoparden handeln."[27]

„Das Haus seiner Eltern liegt abgeschieden inmitten eines riesigen Waldes, den das Kind ‚Tigerwald‘ nennt, in der Nähe eines Flusses, dem ‚Zamon‘."[28]

„Im Wald platzierte der ‚Künstler‘ zwei weitere Häuser und deutete mit Gesten an, daß sie von Negern bewohnt werden."[29]

„Am Straßenrand erholte er sich in einer Hütte, die von einem Neger bewohnt wurde, von seinen Strapazen. Dann machte er deutlich, daß dieser Schwarze - und er deutete auf einen Federhalter dieser Farbe - ihn viel besser verstanden habe als die um ihn versammelten vornehmen Gelehrten. Für ihn schreibt sich ein Neger ‚derman rovan‘ [an anderer Stelle *dermann roval*[30]] und wird ‚derni rov‘ ausgesprochen."[31]

Und der junge Mann scheint zu wissen, wovon er spricht:

„Das Kind kennt die Wilden übrigens, er hat sie gesehen; auf den Bildern, die man ihm gezeigt hat, bezeichnet er sie als ‚Arapovez‘."[32]

„Der Weg biegt dann ab und erreicht einen Punkt, den der Unbekannte Lispian nennt. Ein Stück weiter ist Boston, dessen Namen er richtig schreibt. Ein Dampfschiff zeigt dann, daß die Reise auf dem Seeweg fortgesetzt wurde."[33]

Zu Lispian gibt es im „L'Éclair" vom 21. September 1905 eine interessante Aussage:

„Er und seine Mutter reisten anschließend in eine Stadt, die *im Ausland* als Lispian bezeichnet wird."[34] (Hervorhebung durch den Autor)

Diese Aussage habe ich nur an dieser Stelle gefunden. Wenn die Stadt im Ausland Lispian heißt - soll das dann heißen, daß sie von den Einheimischen anders genannt wird? Wenn ja, warum benutzt der einheimische Vagabund dann eine ausländische Bezeichnung für eine Stadt seiner Heimat, die sich noch dazu in unmittelbarer Nähe seines Zuhauses befindet? Den Franzosen war dieser Name jedenfalls nicht bekannt und somit auch nicht behilflich.

Doch wenden wir uns wieder der beschwerlichen Reise unseres jungen Freundes zu:

„Als Ritard mit seiner Mutter aufbrach, durchquerte er den Wald und kam nach zwei Tagen Fußmarsch in Lispian an. Auf ihrem Weg waren sie nur auf zwei Häuser gestoßen, die von Wilden bewohnt wurden und ihnen Gastfreundschaft gewährten. Von Lispian aus ging es weiter in Richtung einer Stadt, von der man annimmt, daß es sich dabei um Boston handelt, wo sie nach einem weiteren Tagesmarsch ankamen.

[...]

Unter diesen Umständen [bezogen auf die zurückgelegte Strecke] wird angenommen, daß sich Ritards Haus östlich von Boston in einem Umkreis von 50 Kilometern befindet, aber das ist nur eine Hypothese."[35]

Der Fremde erklärte, daß „er von Boston aus mit der Eisenbahn nach New York gefahren war".[36]

„Am nächsten Tag schifften sich Ritard und seine Mutter in New York auf der Reede (rader) auf einem Schiff mit zwei Schornsteinen (batez) ein."[37] [Eine Reede ist ein Ankerplatz vor z.B. einem Hafen, wo Schiffe warten können.]

„L'Écho de Paris" vom 22. September 1905 nennt uns Angaben zur Dauer der Reise:

„Er konnte genauere Angaben zur Dauer [der Reise] machen: vierzehn Tage, davon acht Tage auf See und sechs Stunden in Le Havre, - denn er meinte ganz klar *Hâver*."[38]

Le Havre ist jedenfalls die aus dieser Bezeichnung abgeleitete Interpretation des Richters.[39]

„Nachdem er in einer Stadt gelandet ist, die man für Le Havre hält, nimmt der Unbekannte, der immer noch von seiner Mutter begleitet wird, die Eisenbahn [nach Paris]: Eine Zeichnung soll eine Lokomotive darstellen, die er *forwier* nennt."[40]

„Ein amerikanischer Journalist, der bei diesem seltsamen Gespräch anwesend war [der Befragung von Ritard Amord], glaubte zu wissen, daß der mysteriöse Vagabund für die Reise 100 Dollar, also 500 Francs, ausgegeben hatte [bzw. seine Mutter] und [...] in Paris eine Schwester habe, die mit einem ‚Dermain' (Mann) namens Lodovich verheiratet sei."[41]

„Der Unbekannte erklärt durch Zeichen, daß er in Paris von seiner Mutter verlassen wurde und sich auf die Suche nach seiner vermeintlichen Schwester machte, die er Ilian Ritard, Ehefrau von *derman* (Herrn) Lodowich, nennt."[42]

Hier finden sich in der Berichterstattung einige Ungenauigkeiten. Mal wird seine Schwester Iliare genannt, mal abweichend auch als Ilian oder Hian angegeben. Der Mann, mit dem sie zusammenlebt, wird abwechselnd „Lodowich", „Lodovich", „Loedovich", „Lodovitch" oder „Lodio Vich" genannt. Zu diesem „Lodowich" heißt es stellenweise nur, daß sie mit ihm (nur?) zusammenleben würde, mal wird er aber auch konkret als Ehemann der Schwester bezeichnet. Wie heißt es doch so schön: Nichts genaues weiß man nicht...

Wie dem auch sei, die umfangreichen Bemühungen Rotys haben Früchte getragen, wenn auch noch ohne den ersehnten großen Durchbruch:

„Wie man sieht, scheinen diese pantomimischen und gezeichneten Erklärungen die Vermutung zu bestätigen, die uns der Untersuchungsrichter vorgestern selbst gegeben hat. Der Unbekannte soll aus Nordamerika stammen, von einem Ort, der weit von jedem größeren Zentrum entfernt ist, da es dort noch wilde Tiere gibt. Andererseits enthält die Sprache, die er spricht, zwar italienische Wörter wie sacar, aber auch andere, die aus dem Französischen wie *batez* (bateau [Boot]) oder aus dem Englischen zu stammen scheinen: Der Begriff *forwier*, Lokomotive, erinnert sehr an den *four-wheeler*, ein vierrädriges Auto, aus der englischen Sprache."[43]

Die Idee mit den Zeichnungen hat also Erfolg gehabt. Übrigens wird diese Idee seltsamerweise vom „L'Éclair" als eigene Idee präsentiert:

„Wir [also die Redaktion des „L'Éclair"] haben versucht, die Person dazu zu bringen, ihren Reiseplan zu zeichnen. Man breitete vor ihm ein Blatt Papier aus, das er auf die Art und Weise ausfüllte, die wir in dem Faksimile sehen, das wir hier zeigen."[44]

Das dürfte aber wohl so nicht ganz stimmen, denn in allen anderen Berichten wird stets deutlich, daß diese Idee dem gemeinsamen Ringen um Verständigung zwischen Roty und dem Fremden entsprungen ist. Aber vielleicht hat der „L'Éclair" sich ja auch nur eine zweite, eigene Zeichnung von Rotys Gast anfertigen lassen.

Bei all dem Ringen um sprachliche Verständigung gibt es für Rotys Gast aber bisweilen auch durchaus angenehme Momente:

„Sagen wir, er scheint die Gesellschaft der Damen recht zu genießen. Eine von ihnen, eine sehr hübsche, die sich im Kabinett des Magistrats befand, war das Objekt einiger delikater Aufmerksamkeiten von seiner Seite."[45]

Und über einen Mangel an Aufmerksamkeit kann er sich wirklich nicht beklagen:

„Im Palais ist er der Held des Tages. Anwälte, Gerichtsreporter und sogar städtische Bedienstete üben sich gerne in der ,Agrach'-Sprache."[46]

Ja, er hat sogar schon einen Spitznamen:

„Ein Sprachwissenschaftler hat herausgefunden, daß Amort Ritard eine Abwandlung von ,Amorikar' ist, dem Begriff, mit dem die Sioux diejenigen Sioux bezeichnen, die ihren Stamm verlassen, um ihr Glück bei den Yankees zu suchen. Das wäre also nicht der Name des geheimnisvollen Häftlings mit der unverständlichen Sprache. Daher wird er umgangssprachlich auch ,Macache' genannt."[47]

„Macache" ist ein ursprünglich aus dem Arabischen stammender Begriff, der bedeutet, daß es nichts mehr gibt. Wenn der Begriff verwendet wird, gibt es keine Hoffnung mehr, daß noch etwas hinzugefügt werden kann. Es schneidet jede Diskussion oder jeden Vorschlag ab.[48] Als Spitzname verwendet dürfte es wohl ein heimliches Eingeständnis der französischen Justiz sein, daß man mit dem Latein am Ende war und inzwischen überhaupt nicht mehr wußte, was man mit dem seltsamen Fremden anfangen sollte...

Letzten Endes bleiben jedoch entscheidende Fragen ungeklärt:

„Aber wer hat die Eltern von Ritard dazu gebracht, ihr Kind mitten in Paris abzuladen? Der Richter verliert sich in Mutmaßungen und glaubt, daß es sich hier um ein Familiendrama handelt, dessen Fäden man wohl nie kennen wird."[49]

Eines stand jedoch dennoch unumstößlich fest:

„Der Chemineau [dt.: Landstreicher] konnte nicht eine Sekunde lang für einen Simulanten gehalten werden."[50]

Man hatte keinen Zweifel an der Aufrichtigkeit des seltsamen Gastes.

## Aufgegeben wird nicht!

Roty gibt nicht auf und engagiert sich mehr und mehr in dieser Sache. Tatsächlich unternimmt er so einiges, um den Fall zu klären:

„Der Richter unternahm im Laufe des gestrigen Tages mehrere Schritte bei der Botschaft der Vereinigten Staaten und dem Generalkonsulat von Kanada, um Nachforschungen in diesen Ländern zu veranlassen."[51]

Sein konkretes Ziel:

„[...] der Richter besuchte gestern die Botschaft der Vereinigten Staaten und die kanadische Gesandtschaft, um, falls möglich, einige Hinweise auf die Sprache zu erhalten, die Amor Ritard spricht. Leider führten diese Bemühungen zu keinem Ergebnis [...]"[52]

Ganz vergebens waren diese Besuche jedoch nicht:

„Der Untersuchungsrichter rechnet in diesen Tagen mit dem Besuch von Missionaren, die ihm vom kanadischen Generalkommissar in Paris angekündigt wurden, und hofft, durch ihre Vermittlung endlich eine Verständigung mit seinem Gefangenen erzielen zu können."[53]

Aber viel wichtiger noch als die großen Bemühungen von Roty sind seine vielen kleinen im täglichen Umgang mit dem unbekannten Vagabunden:

„Gestern zeigte der Richter dem jungen Mann weiterhin Stiche, die verschiedene Tiere oder Gegenstände darstellten, und Ritard schrieb - mit einer sehr festen und gut geformten Handschrift - die Namen auf, die in seiner Heimat diesen Tieren oder Gegenständen gegeben werden. So nannte er den Ochsen ‚ochsé', die Kuh ‚ochsa' und die Kohle ‚sarban'. Man zeigte ihm eine 20-Franc-Münze; Ritard nannte sie ‚Pfund Sterling', deutete aber an, daß die englische Münze etwas größer sei; er kennt auch den Dollar.

Der Richter versuchte, die Religion des jungen Wilden zu ermitteln, und zeigte ihm nacheinander einen Christus, einen Halbmond und einen Papst; aber Ritard blieb stumm. Durch Zeichen wurde er gefragt, ob es ein höheres Wesen, einen Gott gebe, und Ritard bejahte dies. Man fragte ihn, ob es mehrere gebe; er antwortete: ‚Nur einen.' Der Richter konnte so feststellen, daß Ritard weder Christ, noch Muslim, noch Jude war; aber er glaubte an die Existenz eines einzigen Gottes. Gehört er zu einem der Völker im Zentrum von Nordamerika, die die Sonne anbeten? Für den jungen Mann heißt Gott ‚Odir‘, und die Sonne wird in diesen Gefilden ‚odoir‘ genannt."[54]

(Zur Übersetzung: Im Original heißt es „un pope". Dieser Begriff wird eigentlich nur im Englischen, nicht aber im Französischen für den Papst verwendet. Da es jedoch eine andere Verwendung für dieses Wort im Französischen nicht gibt und es hier zudem in den Kontext paßt, ist hier offenbar der englische Lehnbegriff gemeint.)

Ja, der Fremde macht es Roty wahrlich nicht leicht, wie mehr als nur eine Zeitung deutlich zum Ausdruck bringt:

„Abschließend sei noch erwähnt, daß Herr Roty Ritard Amort einen Christus zeigte und dieser nicht zu wissen schien, was es war."[55]

„Nachdem man vor ihm das Kreuzzeichen und die verschiedenen Gesten der Anbetung gemacht hatte, durch die sich manche Religionen auszeichnen, schaute der mysteriöse Wanderer einfach nur in den Himmel.

Es ist nicht bekannt, ob er wie einige Wilde die Sonne, den Mond oder die Sterne anbetet."[56]

„[...] als er das Wort Religion erkannte, das vor ihm ausgesprochen wurde, sagte er, daß er beten könne; daraufhin wurde vor ihm das Kreuzzeichen gemacht, er antwortete mit *no* und fügte, immer noch auf sich selbst zeigend, *Salviane* hinzu. Man nimmt an, daß dieses Wort eine religiöse Sekte bezeichnet, der er angehört, zweifellos eine protestantische Sekte; *salviane* könnte von *salve* kommen und dieses Wort läßt an die Heilsarmee denken, die bekanntlich in den entlegensten Wüsten Amerikas Anhänger hat."[57]

Während Rotys Anstrengungen oftmals nur wenig oder mühsam Erfolge bringen, kommt es stellenweise aber auch zu schnellen und sehr konkreten Ergebnissen:

„Dann werden ihm mehrere Zeitungen gereicht, die er fließend liest, aber mit Sicherheit nicht versteht. Schließlich zeigt er auf einem Kalender auf den 13. Dezember, schreibt daneben die Jahreszahl 1889 und erklärt durch seine Zeichen, daß dies sein Geburtsdatum ist."[58]

Doch nicht nur Roty legt einiges an Aktivitäten an den Tag, nein, auch der Vagabund bringt sich engagiert mit ein:

„Der Richter führte den Angeklagten vor einen Spiegel und machte ihn darauf aufmerksam, daß er eine Narbe auf der Stirn trug. Sofort packte er das Pult des Gerichtsschreibers, legte es wie eine schwere Last auf seinen Rücken und stieß sodann mit dem Kopf gegen eine Wand."[59]

Ergänzend heißt es dazu an anderer Stelle:

„Nachdem der Richter ihm den Finger auf eine Narbe gelegt hat, die er auf der Stirn trägt, erklärt er mit Gesten, daß er eines Tages mit einem Kohlesack auf den Schultern gegen ein Hindernis gestoßen sei."[60]

„Dank dieser ausdrucksstarken Mimik und dem Wort ‚schwam‘, das er in einer schönen Schulschrift auf das Papier zeichnete, glaubte Herr Roty zu verstehen, daß er beim Tragen eines Kohlesacks verletzt worden war."[61]

Wie man sieht landen Roty und seine Leute immer wieder bei dieser ungewöhnlichen fremden Sprache:

„An diesem Punkt des wirklich mühsamen Verhörs bot Herr Mano-Maller, der nicht weniger als zwölf lebende Sprachen spricht, Ritard Amort eine Zigarette an. Dieser gab zu verstehen, daß er nicht rauchte. Er antwortete sogar in schlechtem Englisch ‚no cigar‘. So kam es, daß seine Erklärungen von Zeit zu Zeit mit Wörtern aus fremden Sprachen gespickt waren. Dies beweist, daß er mit Menschen verschiedener Nationalitäten in Kontakt gekommen sein muß."[62]

Was aber wohl ohnehin in der Familie liegen muß:

„Ritard gab an, daß sein Vater die geheimnisvolle Sprache, Agrasch, und Englisch spricht; seine Mutter und seine Schwester, Itian Ritard, sprechen Agrasch und Französisch."[63]

Aber eben diese unbekannte Sprache ist es, die den Fall so rätselhaft macht, denn der Vagabund widerspricht sich zu keiner Zeit. Er benennt dieselben Dinge stets mit denselben Bezeichnungen, selbst nach Tagen noch.

Und Roty hat auch dem sprachlichen Aspekt dieses ungewöhnlichen Falles angemessene Aufmerksamkeit geschenkt. Sogar eine Menge:

„[...] der Nachmittag verging damit, daß er die Namen der Gegenstände, die ihm gezeigt wurden, in ‚agrach' sagen mußte: Der Tag heißt *smoar*, die Stunde *hour*, ich *ir*, Sie *zur*. Als ihm eine Briefmarke gezeigt wurde, nannte er sie *stimber*, und als er auf einen Stock zeigte, nannte er ihn *stimbre*, um den Unterschied zwischen den beiden Begriffen zu verdeutlichen, und erklärte, daß es bei ihm zu Hause keine Briefmarken gebe und man in die Stadt, die er Lispian nannte, gehen müsse, um welche zu finden."[64]

Zwar gibt es in seltenen Fällen Abweichungen, so heißt bei „Le Matin" „zur" beispielsweise „Tag" und nicht „Sie"[65], aber in der Gesamtbetrachtung des Falles wird deutlich, daß dies weniger einem Fehler des Fremden als vielmehr einer teilweise ungenauen journalistischen Berichterstattung geschuldet ist. Aber Agrach ist bekanntlich schwer, da kann man schonmal etwas durcheinanderbringen...

Ungeachtet all der Mühen hat so ein Sprachunterricht aber auch sein Gutes wie schon „Le Petit Parisien" am 22. September 1905 feststellt:

„Weil Ritard sich die Bedeutung der französischen Wörter erklären läßt, beginnt er, einige davon ohne Schwierigkeiten auszusprechen. Wenn der Unterricht des Richters und der Experten noch einige Tage andauert, wird Ritard Französisch sprechen und Herr Roty wird sich auf ‚agrach' ausdrücken."[66]

Aber Spaß beiseite, der linguistische Teil von Rotys Untersuchung fördert durchaus auch verwendbare Erkenntnisse zu Tage, die hilfreich für weitere Nachforschungen sein könnten:

„Angesichts all dieser Tatsachen, dieser Mischung von Wörtern, die aus verschiedenen Sprachen stammen: aus dem Französischen l'agent de police, ‚polis'; aus dem Italienischen casa, ‚sacar'; aus dem Englischen ‚livre sterling'; aus dem Deutschen der Mann, ‚der mann', glaubt Herr Roty immer mehr, daß er sich in der Gegenwart eines Individuums befindet, das ein spezielles Idiom spricht, eine Art Esperanto, das in einer Region Amerikas von verschiedenen Auswanderern aus verschiedenen Ländern für ihre Bedürfnisse geschaffen wurde."[67]

Aber was immer auch Roty versucht, der ersehnte große Durchbruch will sich nicht einstellen. Der Unbekannte scheint sich zu einer wahrhaft harten Nuß für Roty zu entwickeln...

Doch nicht nur die Pariser Obrigkeit beschäftigt diese seltsame Sprache, auch die Pariser Bevölkerung ist davon sehr angetan, wie die Verwendung zahlreicher Begriffe aus dem „Agrach" in nahezu fast allen Zeitungsberichten immer wieder zeigt. Man kommt also nicht umhin, festzustellen, daß die Franzosen sich begeistert auf das Ganze eingelassen haben, wie die ständige Versorgung der Leserschaft mit neuen Wörtern des „Agrach" eindrucksvoll belegt. Schon damals haben die Menschen offensichtlich die Eigenschaft besessen, jedem neuen Hype mit Inbrunst zu folgen...

Bei all den sprachlichen Wortgefechten hat Roty aber auch das Wohl seines unfreiwilligen Gastes nicht aus den Augen verloren:

„[...]der kleine Wilde - er ist erst fünfzehneinhalb Jahre alt - weint weiterhin in seinem Gefängnis. Um ihm die Haft etwas zu versüßen, ließ der Richter ihm gestern einige Leckereien, Kleidung und Wäsche aushändigen, die er dringend benötigte."[68]

Doch all die Mühen und Aufmerksamkeiten Rotys konnten nicht darüber hinwegtäuschen, daß der Mann dringend Hilfe „von außen" brauchte. Und glücklicherweise sollte er diese auch bekommen.

Glücklicherweise?...

## Eine Armada von Helfern...

Die Menschen nehmen von Beginn an regen Anteil am Schicksal des Unbekannten. „L'Écho de Paris" schreibt z.B. am 21. September 1905:

„[...] seit drei Tagen häufen sich auf Herrn Rotys Schreibtisch Briefe in erschreckender Menge, die aus fast allen Ländern Europas stammen und alle eine Erklärung des Rätsels anbieten, die alle enthüllen wollen, was sich hinter dem Geheimnis verbirgt."[69]

Ein Gelehrter aus Genf schreibt ihm beispielsweise: „Sehen Sie nach Polynesien".[70]

Ein weiteres Beispiel:

„Herr Roty erhielt einen mit ‚Mano' unterzeichneten Brief, in dem der Unterzeichner erklärte, er habe in Budapest Menschen aus Amerika getroffen, die eine Art Dialekt sprachen, der dem ähnelte, den Ritard sprach."[71]

„Glücklicherweise" steht Roty also bei seiner Suche nach der Wahrheit nicht alleine da, denn es gibt ja immer Menschen, die ganz genau Bescheid wissen und ihre Hilfe gerne in aller Bescheidenheit (ungefragt) zur Verfügung stellen:

„Schließlich erhielten wir von einem unserer Leser den folgenden Brief, der etwas Licht in den Fall bringen könnte und der den Annahmen des Richters nicht widerspricht:

‚Monsieur,

Das Journal zitiert in seiner Ausgabe vom 18. September die Verlegenheit, in der sich der Untersuchungsrichter Roty in Bezug auf einen jungen Mann befindet, dessen Sprache verschiedenen Dolmetschern unbekannt ist.

Die langen Jahre meiner Jugend, die ich im Zentrum Nordamerikas verbracht habe, haben es mir ermöglicht, in den wenigen Wörtern, die Sie zitieren, den Dialekt zu erkennen, der von einem großen Stamm der letzten Sioux-Indianer gesprochen wird.

Der fragliche junge Mann ist wahrscheinlich im Gefolge von Buffalo-Bill, den er in den letzten Tagen verlassen haben wird, nach Frankreich gekommen, was erklärt, wie er ohne ein Wort Französisch zu können, nach Paris gelangen konnte.

‚Amor Ritard' ist nicht, wie Sie vermuten, sein Familienname: Es ist der etwas verfälschte Name (Amorikar), der den Indianern gegeben wird, die ihren Stamm verlassen haben, um ihr Glück bei den echten Amerikanern zu suchen.

Ebenso bedeutet ‚Odoir' nicht ‚Gott', sondern ‚Sonne'; ‚Iliarikar', und nicht ‚Iliare Ritard', muß nicht der Name seiner Schwester sein: Dieses Wort bedeutet ‚Reiter' und bezieht sich wahrscheinlich auf die kleine Armee von Oberst Cody, der er sich anzuschließen versucht.

Bitte verzeihen Sie mir diese bescheidene Zurschaustellung von Gelehrsamkeit, aber ich hoffe, daß sie für Herrn Roty nützlich sein kann und die Rückführung dieses unglücklichen Mannes ermöglicht.

Bitte nehmen Sie den Ausdruck meiner herzlichen Grüße entgegen.

Lucien VALAUD,

11, place des Halles,

in Buxy (Saône-et-Loire).'"[72]

So entstehen also Legenden... Ein weiteres Beispiel dafür bietet „La Tribune de l'Aube" vom 21. September 1905:

„Nach Angaben des jungen geheimnisvollen Wanderers ist die Hauptstadt des Landes Agrach Lispian, eine Stadt, die vier Tagesmärsche von Boston (USA) entfernt liegt."[73]

Lispian ist nun auf einmal nicht mehr irgendeine Stadt, nein, sie ist jetzt sogar die Hauptstadt, und zwar von dem Land „Agrach"!... In einem einzigen Satz verändern die Qualitätsjournalisten also mal eben den Status der Stadt (eine Aussage, die Ritard so mit Sicherheit nicht gemacht hat und die auch nirgendwo sonst auftaucht). Mehr noch: Sie verlegen diese auch mal eben in ein anderes Land, das sich dann wohl mitten im Territorium der USA neu gebildet haben muß (bisher war Agrach ja nur die Sprache des Fremden)... Macht aber nichts, wir haben ja alle im Geschichtsunterricht unserer Schulzeit von den blutigen Unabhängigkeitskämpfen gehört, durch die sich Agrach von den USA abgespalten hat...

Und manche Helfer kommen sogar persönlich vorbei:

„Der Magistrat wird wahrscheinlich heute von den Missionaren besucht, die ihm vom Generalkommissar von Kanada geschickt werden [die sich zu dieser Zeit gerade in Paris aufhielten[74]]. Diese Priester haben die Menschen in diesem Land besucht und können vielleicht eine nützliche Auskunft geben."[75]

Genauer gesagt:

„Vielleicht können sie dank ihrer Reisen durch alle Länder der Welt sagen, welchem Stamm der junge Mann angehört. Er gehört jedenfalls nicht zu denjenigen, die kürzlich bei Buffalo-Bill vorgeführt wurden."[76]

Aber nicht nur Roty, sondern auch die Redaktionen der berichterstattenden Zeitungen werden mit allerlei „klugen" Hinweisen beglückt, z.B. der „L'Éclair":

„Unsere Leser wenden sich in dem Bestreben, das Geheimnis zu lüften, mit sehr aufschlußreichen Fragen an uns. Dr. Dagron sagte: ‚Handelt es sich nicht um ein Kind aus einem Stamm der Paniez oder Irokesen, dessen Eltern in einer Barnum-Show aufgetreten sind?' Dr. Gillot glaubt an einen ‚degenerierten Semiten, der aus Russland ausgewandert ist'. Dr. Pruche glaubt, daß es sich um ‚einen Italiener mit einer Gehirnkrankheit handelt, die sich in der Transposition von Silben äußert'."[77]

Und auch in den Redaktionen selber macht man sich so seine Gedanken:

„Einem Korrespondenten des *Journal* zufolge, Herrn Vallaud aus Buxy, der viele Jahre in Nordamerika verbracht hat, ist Macache ein junger Sioux, der wahrscheinlich mit der Truppe von Buffalo kam."[78]

Zum Glück gibt es aber auch echte Hilfe für Roty:

„Herr Roty verbrachte den Nachmittag wieder in der Gesellschaft von Ritard-Amor, - so wird der gefangene ‚Agrach' vorläufig genannt. Zwei weitere Personen befanden sich in der Kammer des Richters, die Herren Kleptal [korrekt: Klépal] und Mano Maller, die als Übersetzer und Polyglotten bekannt sind; allein der zweite dieser Herren spricht zwölf lebende Sprachen. In ihrer Gegenwart nahm der geheimnisvolle Wanderer die Erzählung wieder auf, die er am Vorabend von seiner Reise nach Paris gemacht hatte."[79]

Und unser unbekannter Freund weiß den Dolmetschern dabei wirklich etwas zu bieten, denn seinerseits wird das Ganze begleitet von „Gesten des Schmerzes, der Freude oder des Schreckens".[80]

Die Dolmetscher können sogar einiges an Hintergrundwissen zu ihrem Fachbereich aufbieten:

„Einer der hinzugezogenen Sachverständigen, Herr Mano Maller, erzählte dem Richter, daß er auf einer Reise nach Budapest Emigranten getroffen hatte, die aus Amerika zurückgekehrt waren. Diese Leute hatten ihm erzählt, daß sie, da sie in Gruppen mit Italienern, Deutschen und Iren lebten, eine Mischsprache zusammengestellt hatten, die die einzige Sprache war, die unter ihnen gesprochen wurde.

Der gelehrte Polyglott hält daher die von uns aufgestellte Hypothese für wahrscheinlich, daß Ritard-Amor in einer ähnlichen Kolonie aufgewachsen ist und nur den dort üblichen Jargon gelernt hat. Er muß übrigens ein Ausnahmefall gewesen sein, denn er gab zu verstehen, daß seine Mutter Französisch sprach."[81]

Damit hatte man zumindest erstmal eine nachvollziehbare Hypothese von fachlicher Seite. Inwieweit diese aber auch zutreffend oder zumindest hilfreich sein würde, mußte zunächst noch offen bleiben.

Welchen Eindruck macht der Unbekannte mit seiner mysteriösen Sprache eigentlich auf sprachkundige Menschen? „L'Éclair" kann uns dazu am 21. September 1905 nähere Angaben machen:

„Ein Polyglott, der den geheimnisvollen Wanderer im Kabinett des Richters besuchte, faßte seine Eindrücke folgendermaßen zusammen:

Der Fremde fasziniert weiterhin den Herrn Untersuchungsrichter Roty; er provoziert Aufsätze und Hypothesen bei den Gelehrten, den Alienisten [= Facharzt für Psychiatrie], Psychiatern oder Philologen, gilt [dahingegen jedoch] bei den anderen als ausgezeichneter Mystifikator.

Nach den meisten Pressemitteilungen tendiert man zu dieser letzteren Ansicht, und der ‚Schlüssel' zur geheimnisvollen Sprache soll in der Umkehrung spanischer oder italienischer Silben und dem Anhängen eines r liegen. Ich hatte selbst an dieses System gedacht, als ich am vergangenen Montag zum ersten Mal in Herrn Rotys Büro erschien.

Aber ich habe aus beiden Besuchen den Eindruck gewonnen, daß das Problem als Ganzes nicht so einfach zu lösen ist, wie man es sich vorstellt.

Zunächst einmal ist *Ritard Amor* weder verrückt noch ein Simulant. Er wurde von Herrn Dr. Roubinovitch untersucht, der in diesem Punkt kategorisch war. Er ist zu unintelligent, um sich nach und nach Wörter für die Gegenstände auszudenken, die man ihm zeigt. Wenn man ihn später noch einmal nach diesen Wörtern fragt, wiederholt er sie, ohne sich zu irren.

Herr Roty, der gerade sein ,Subjekt' in seiner Praxis hatte, war so freundlich, die Tatsache feststellen zu lassen. Dies beantwortet bereits die Frage, die Herr Dr. Bérillon in ,*L'Eclair*' gestellt hatte. Ja, Ritard ,gibt den gleichen Namen für die gleichen Dinge'.

Dieser junge Mann sieht sanft und leidend aus, hat kurze Augenlider, eine große Stupsnase und eine halb geöffnete Lippe und scheint nicht zu versuchen, nicht zu antworten. Wenn man mit ihm spricht, sieht man, daß er versucht, den Sinn der Frage zu erfassen. Wenn er nicht versteht, schüttelt er sanft den Kopf und sagt: *Iser* oder etwas Ähnliches. Wenn er antworten kann, sagt er ein Wort und schreibt es auf eine Geste des Richters hin langsam, aber gut, mit ziemlich eng aneinanderliegenden Buchstaben.

Während meines Besuchs tauchen Engländer auf, von denen einer durch Kanada gereist ist - wo Ritard angeblich herkommt - und der andere ein sehr geschickter Zeichner ist, wie ich finde. Dank des Letzteren ist der Wortschatz, der sich jeden Tag allmählich zusammensetzt, um einige Wörter reicher geworden.

Vor dem Bild eines Ochsen sagt und schreibt Ritard: *Ochze*. Das ist also ein *englisches* oder *deutsches* Wort, das phonetisch geschrieben wird! Ich schlage vor, das Tier mit Eutern zu versehen, und mit zwei Bleistiftstrichen ist es eine Kuh. *Ochza* schreibt der ,Patient'.

[Es folgen nun allerlei Sprachbeispiele, die Wortentlehnungen aus dem Französischen, dem Deutschen und dem Italienischen andeuten.]

Mein Eindruck ist, daß es sich hier offensichtlich um eine künstliche Sprache handelt, ein *rückwärts gerichtetes* ,Esperanto', das nicht dafür gedacht ist, von allen verstanden zu werden, sondern nur von einigen wenigen, von denen wahrscheinlich Untersuchungsrichter und Gendarmen ausgeschlossen werden sollen!

Ich neige jedoch dazu, zu glauben, daß der junge Häftling, wenn er wirklich ein schwacher Geist ist, eher ein Opfer als ein Täter ist. Angenommen, er ist in einem zweifelhaften und gefährlichen Umfeld aufgewachsen - an italienischen Einrichtungen dieser Kategorie mangelt es in Amerika nicht! - und daß man in seiner Umgebung, vielleicht als Vorsichtsmaßnahme gegen ihn selbst, nur ein seltsames Idiom gesprochen hat. Das ist der Grund, warum er, obwohl er nicht stumm ist, nur ‚agrach' sprechen würde!"[82]

Damit erhält man schon recht genaue Einsichten in das Verhalten und die sprachliche Gewandtheit des Vagabunden.

Tatsache ist bei all den Unklarheiten in Bezug auf den rätselhaften Vagabunden jedenfalls, daß mehr und mehr wilde Theorien über ihn ins Kraut schießen je mehr Zeit vergeht:

„Warum sollte seine Mutter 100 Dollar ausgeben, um ihn in Paris zu verlieren? Er gehört also nicht zu einer dieser armen Familien aus den abgelegenen Ländern Amerikas. Es ist gut möglich, daß jemand dafür bezahlt hat, ihn loszuwerden, und auch die Annahme, daß er eingesperrt wurde, und dies der Ausgangspunkt seiner Reise war, ist zulässig. Entweder wurde er eingesperrt oder verheimlicht."[83]

In einer Hinsicht gibt es jedoch, anders als bei Jophar Vorin, keine Unklarheiten: Wir wissen bei dem Mann aus Lizbia genau, wie er aussieht, denn es wurden sowohl Fotos von ihm veröffentlicht, als auch eine Zeichnung. Fotos wurden im „L'Éclair"[84], im „Le Journal"[85], im „Le Petit Parisien"[86] und im „Le Petit Journal"[87] und die Zeichnung in der „Illustrierten Kronen-Zeitung"[88] abgedruckt.

„L'Autorité" beschreibt seinen Lesern den berühmten Vagabunden am 29. September 1905 als „groß, schlank, rank und wortgewandt. Intelligenz spiegelt sich in seinem Gesicht wider, besonders wenn er spricht."[89]

Henri Petitjean ergänzt im „Le Petit Parisien" vom 29. September 1905:

„Und sofort stellen wir fest, daß das Foto, das im vergangenen Monat von der anthropometrischen Abteilung aufgenommen wurde, dem

Original verblüffend ähnlich sieht. Der ‚Agrachist' ist ein langer Lulatsch, stark blond, mit lebhaften, spöttischen Augen und einem feinen, intelligenten und sympathischen Gesicht."[90]

Man kann unumwunden sagen, daß die Geschichte in sehr kurzer Zeit rasant an Fahrt aufgenommen hat...

## Der Zirkus ist in der Stadt...

Ja, die französische Justiz ist durch den Mann aus Lizbia zu einem regelrechten Zirkus geworden.

„Le Petit Troyen" nennt am 25. September 1905 Beispiele:

„Es gibt Briefe in der Akte, die ebenfalls eine besondere Erwähnung verdienen, da sie aufgrund ihrer Originalität und ihrer... Einfachheit amüsant sind.

Jemand, wahrscheinlich ein Witzbold, schlägt dem Untersuchungsrichter vor, den Angeklagten vor die wilden Tiere eines Tierparks zu führen. ‚Er sagte: ‚Lassen Sie ihn vor den Tieren in seiner ‚Agrach'-Sprache sprechen. Vielleicht zeigen die Tiere Freude oder Zorn, wenn sie einen Wüstenbewohner erkennen.'

Ein Mitglied der Heilsarmee aus Boston behauptet, er habe in Neukaledonien Agrachisten getroffen, und er macht sich stark, den Mystifikator [damit] zu verblüffen, wenn man ihm die Fahrtkosten nach Paris bezahlt.

Auf der Seite der Gelehrten sind die Episoden nicht weniger erbaulich.

Einer von ihnen schrieb: ‚Nach dem Wort agrach ‚Odir' (Gott) zu urteilen, habe ich wohl herausgefunden, daß Ritard Armort zu einem sibirischen Volk namens Duchoborzen gehört. Das sind Individuen, die zwar unter der Herrschaft Russlands stehen, sich diesem aber nicht unterwerfen wollen, um den Beruf des Militärs [nicht] ausüben [zu müssen].'

Der Rektor der Universität einer großen Stadt im Zentrum sagt, daß er die betreffende Sprache kennt. ‚Benennen Sie mir Gegenstände', schrieb er an den Richter, ‚und ich werde Ihnen ihre Namen in ‚Agrach' liefern.'"[91]

Doch das ist noch nicht alles. Unser glückloser Freund aus der Fremde bereichert sein aufmerksames Publikum auch in Form von unterhaltsamem Bildmaterial!

So präsentiert „Le Figaro" seinen Lesern am 25. September 1905 den aktuellen Erkenntnisstand von Rotys Bemühungen um die Entmystifizierung des Unbekannten in Form einer humorvollen Comicgeschichte. Die pfiffige Bildfolge von 16 Zeichnungen des Zeichners Caran d'Ache nimmt ungefähr 2/3 der Zeitungsseite (!) ein und macht recht gut deutlich, wie intensiv sich Roty um ein Verständnis mit seinem Gast bemüht, zeigt aber schlußendlich auch, wie sehr er sich und die französische Justiz dabei zum Gespött der Leute macht.[92]

„Le Rire" legt am 7. Oktober 1905 in Form einer ganzseitigen „Würdigung" der sich stets erweiternden linguistischen Fähigkeiten Rotys durch den Zeichner Grandjouan nach, die damit endet, daß Ritard Amort als Herausgeber eines Wörterbuches des Agrach gezeigt wird, durchgesehen und korrekturgelesen von einem sichtlich stolzen Roty...[93]

Sogar auf Postkarten ziehen die Franzosen die Behörden gebührend durch den Kakao, wie „La Lampiro" (eine Zeitung über die Kunstsprache Esperanto) in seiner Ausgabe 142 von 2016 zeigt.[94] Die hier präsentierte Postkarte jener Zeit zeigt neben einem begleitenden Spottgedicht einen staunenden Amort, der im Beisein von musizierenden Polizisten einen älteren Mann - zweifelsohne Roty - begutachtet, der ihnen im Baströckchen Tänze der lokalen Bevölkerung aus der Heimat des Agrachisten vorführt, fraglos zu Verständigungszwecken. Das Ganze wird übertitelt mit der Überschrift „Der Agrachist oder Der letzte Wilde".

Aber auch im realen Leben muß der bedauernswerte Roty seine Erfahrungen machen. „Gil Blas" schildert seinen Lesern dazu am 26. September 1905 folgende Anekdote:

„Es ist noch hinzuzufügen, daß der unglückliche Untersuchungsrichter derzeit als Zielscheibe für Witzbolde dient. Als er gestern in sein Büro kam, fand er an der Tür ein handgeschriebenes Schild vor:

*Hier spricht man Agrach!*

Er ließ es lächelnd entfernen. Zwei Stunden später, als er vom Mittagessen zurückkam, fand er ein zweites. Er ließ es wieder entfernen, aber er lächelte nicht mehr. Und Herr Roty fragt sich bang, ob dieser Scherz noch lange anhalten wird!"[95]

Doch Roty sollte Glück haben. Dem Spektakel sollte schon bald ein Ende bereitet werden...

# Das Ende einer Komödie

Ein deutsches Sprichwort sagt: „Es ist nichts so fein gesponnen, es kommt doch ans Licht der Sonnen", und so sollte auch der Ruhm des Mannes aus Lizbia schließlich seinem Ende entgegen gehen.

Am 23. September 1905 berichtet „Le Figaro" wie folgt:

„Gestern hatte Herr Roty neben den bereits erwähnten Dolmetschern Klepal und Maller - die das Raten mittels der 18 Sprachen, die sie bis in die kleinsten Feinheiten beherrschen, aufgegeben hatten - noch einen Missionar, der Nordamerika bereist hatte, und einen jungen Mann, der den Dialekt der nach Kalifornien ausgewanderten Chinesen beherrschte, hinzugezogen. (Oh, was für ein schönes Bild für die Folies-Bergère: die Parade der Sprachen!) [„Les Folies Bergère" ist ein Konzertsaal, Varieté-theater und Kabarett in Paris, das in den Jahren zwischen 1890 und Mitte der 1930er Jahre seine größte Popularität hatte.]

Amort Ritard sollte sich den Fragen dieser Polyglotten stellen. Es wurde vereinbart, daß er, wenn diese Prüfung nicht erfolgreich war, am nächsten Tag der Pferdeprüfung unterzogen werden sollte. In einer nahegelegenen Reithalle sollte er einige Runden im Schritt, Trab, Galopp, Volte, halbe Volte usw. drehen, wobei einige erfahrene Stall-meister anwesend sein sollten, um zu entscheiden, ob er nicht zufällig ein Indianer war, der mit Buffalo-Bill nach Paris gekommen war.

Die Aufregung in den Gängen der Untersuchungsabteilung war auf dem Höhepunkt... als man Herrn Bertillon, den Leiter des anthropome-trischen Dienstes, der dringend mit Herrn Roty sprechen wollte, etwas blaß, aber in seinen schwarzen Bart lächelnd, ankommen sah.

Herr Bertillon wurde hereingelassen.

‚Herr Untersuchungsrichter, ich bringe Ihnen [Angaben zum] Perso-nenstand von Rinaldo Agostini', sagte Herr Bertillon.

‚Wer ist Agostini? Ich muß Ihnen gestehen, daß ich mich im Moment nicht mit dieser Angelegenheit beschäftige...'

‚Entschuldigen Sie, Herr Untersuchungsrichter. Der Mann, den Sie Amort Ritard nennen, ist Agostini. Hier ist seine Karteikarte.'

Und Herr Bertillon zeigte die Fotografie des Unbekannten, der seinen Namen nicht nannte und der ihn... nur im Agrach verbarg!

‚Diese Karteikarte ist eine meiner Karteikarten aus der Provinz', fuhr Bertillon fort. ‚Der Angeklagte heißt Rinaldo Agostini. Er wurde am 9. November 1885 [lt. „La Croix" vom 24. September 1905[96] am 16. November 1885] in Cles, im österreichischen Tirol, geboren. Er ist der Sohn von Baptiste Agostini und Oliva Monaumi. Er wurde am 4. August [1905] in Versailles unter dem Vorwurf der Landstreicherei verhaftet und verhört. Er war bereits im Mai 1904 wegen desselben Vergehens in Semur verhaftet worden.'

Der Agrach-Roman war zu Ende. Herr Roty ließ den jungen Landstreicher sofort herein und teilte ihm das Ergebnis der Nachforschungen von Herrn Bertillon mit. Der Gefangene, der wußte, daß es kein Agrach gibt - das war sogar das Einzige, was er darüber wußte -, zeigte keine Verwunderung oder gar Verärgerung über Herrn Bertillons Enthüllung. Es gibt keinen Witz der so gut ist, daß er den Spaßvogel am Ende nicht selbst langweilt...

‚Das mußte ja so kommen', murmelte er. ‚Das ist alles wahr. Mein Name ist Rinaldo Agostini. Ich habe schon mehrmals in Paris gewohnt und war auf dem Weg nach Dijon, um dort den Beruf des Tischlers auszuüben.

Als ich bei einer Razzia auf den Champs-Elysées aufgegriffen wurde, hatte ich Angst, aus Frankreich ausgewiesen zu werden und beschloß sofort, um mir diesen Ärger zu ersparen, mich zu verstellen. Ich war noch nie in Amerika und spreche keine wilde Sprache."[97]

„La Croix" ergänzt dazu am 24./25. September 1905:

Als seine List aufflog, weinte der falsche Amerikaner zunächst und bekam dann einen regelrechten Lachanfall. Als er sich beruhigt hatte, erklärte er, daß er, um eine erneute Verurteilung zu vermeiden, das, was er über Italienisch wußte, auf eine ähnliche Weise verfälscht hatte, wie die Metzger in La Villette ihren eigenen Slang bilden."[98]

Doch lassen wir den Mann aus Lizbia selbst zu Wort kommen. Denn tatsächlich hat er (anders als sein berühmter Vorgänger aus Laxaria) sich hierzu in einem Interview, das durch das Entgegenkommen seines Rechtsanwalts de Moro-Giafferi stattfinden konnte, selbst geäußert:

‚„Wie wurden Sie entdeckt?'

‚Von einem Herrn, von dem mir gesagt wurde, er sei Herr Bertillon.'

‚Sagen Sie mir, was zwischen Ihnen beiden in dem Moment geschah, als Sie erkannt wurden?'

‚Ich wurde zu Herrn Bertillon gebracht; dort sprach ich weiter ‚agrach', dann sagte er plötzlich auf Deutsch zu mir:

‚Sie heißen nicht Ritar Amor, Sie heißen Rinaldo Agostini, Sie sind in Cles in Tirol geboren, Sie sind in Semur und in Versailles verhaftet worden, gegen Sie liegt ein Ausweisungsbefehl vor.'

Ich antwortete nicht; dann sagte Herr Bertillon zu mir:

‚Obwohl Sie jung sind, haben Sie also viele Verbrechen begangen?'

Auf dieses Wort ‚Verbrechen' antwortete ich auf Deutsch: ‚Nein, mein Herr, ich habe kein Verbrechen begangen; mein Paß liegt in dem Heuhaufen, in dessen Nähe mich die Gendarmen in Nanterre festgenommen haben, und Sie werden sehen, daß ich kein Verbrechen begangen habe.“

‚Was denken Sie über die französische Justiz?'

‚Mein ‚Verbrechen' ist nicht groß: Ich habe einen Richter getäuscht; alles in allem ist die französische Justiz ein wenig naiv.'

‚Sie haben nicht nur einen Richter getäuscht, sondern auch Wissenschaftler.'

Ritar Amor hatte eine gute Erwiderung:

‚Warum sind sie [auch so] EITEL?'“[99]

„L'Indépendant rémois" bringt es dann auf den Punkt:

„‚Was war Ihr Eindruck, als Herr Bertillon Ihre Karteikarte vorzeigte?'

‚Ich rief aus: ‚Ich habe verloren!', ganz einfach. Und ich habe mich damit abgefunden. [...]'“[100]

Nachdem Bertillon dem Spuk ein Ende bereitet hatte blieb nur noch eine Frage zu klären: Wie konnte es überhaupt dazu kommen, daß die französische Justiz auf den ganzen Mummenschanz hereingefallen ist?

Auch dieses Rätsel klärt sich nun dank Bertillons Auftritt endlich:

„Wir haben bereits berichtet, daß Herr Bertillon, der Leiter der anthropometrischen Abteilung, [...] die Täuschung aufgedeckt hat, die der junge Tiroler angewandt hatte, um seine Identität zu verschleiern. Am 31. August, dem Tag nach seiner Verhaftung, wurde er zusammen mit den anderen verhafteten Landstreichern zu Herrn Bertillon gebracht. Seine Angestellten suchten in den Pariser Karteikarten, die immer auf dem neuesten Stand gehalten werden, nach seinem Namen. Diese Ermittlungen blieben ohne Ergebnis. Die Karteikarten der Provinzen sind nur nach Quartalen geordnet, was in der Ferienzeit aufgrund des Personalmangels noch länger dauert. Die Provinzblätter des letzten Quartals wurden nicht eingesehen und Rinaldo Agostini wurde unter dem Namen Amar Ritar, den er angenommen hatte, an den Richter verwiesen.

In der anthropometrischen Abteilung hatte er weiterhin das ‚Agrach' gesprochen, das er nach seiner Festnahme den verblüfften Gendarmen vorgespielt hatte. Man betrachtete den jungen Landstreicher mit Neugier und sogar Sympathie, denn sein einziges Vergehen, wenn es denn eines war, bestand darin, daß er kein Geld hatte. Nachdem der Richter alle Kenntnisse der Dolmetscher, die sich mit dem ‚Agrach' befaßten, ausgeschöpft hatte, bat er Herrn Bertillon, ihm seine Meinung zu diesem außergewöhnlichen Fall mitzuteilen. Der Leiter des anthropometrischen Dienstes machte sich selbst an die Arbeit und entdeckte in den 20.000 Provinzkarten des letzten Quartals, die er untersuchte, bald eine Beschreibung, die genau auf den jungen Landstreicher zutraf."[101]

Abschließend folgte man noch dem bereits erwähnten Hinweis von Agostini:

„[Bertillon sagte] auf Deutsch, das er fließend sprach: ‚Haben Sie nicht ein Verbrechen begangen, das Sie verbergen wollen, indem Sie so viel Sorgfalt darauf verwenden, Ihren wahren Namen zu verbergen?'.

Der andere überlegte kurz und antwortete dann eingeschüchtert: ‚Nein, Sir, ich bin Rinaldo Agostini und habe noch nie ein Verbrechen begangen. Ich werde Ihnen den Beweis liefern. Man wird meinen Paß in dem Heuhaufen finden, in dem mich die Gendarmen in der Nähe des Mont-Valérien verhaftet haben. Dann wird man sehen, daß man mir nichts Ernstes vorzuwerfen hat.'

Auf diesen Hinweis hin schickte Herr Roty Inspektoren der Sûreté zu dem von Rinaldo Agostini angegebenen Ort und tatsächlich wurde der Paß entdeckt."[102]

„Le Petit Parisien" schildert am 29. September 1905 Agostinis weitere Eindrücke seiner Situation:

„An seine lange Haftzeit hat er keine schlechten Erinnerungen. Er wurde, wie er sagte, im Gefängnis so gut wie möglich behandelt. Man nahm viel Rücksicht auf einen geheimnisvollen Gefangenen, der ein Idiom sprach, das den meisten Sterblichen unbekannt war. Es fiel ihm zum Beispiel schwer, ernst zu bleiben, als seine Wärter, die fest davon überzeugt waren, daß er sie nicht verstand, ihn in einer ziemlich... schmutzigen Sprache ansprachen. Der ‚Agrachist' ist voller Dankbarkeit für Herrn Lépine, der einwilligte, ihn nicht abzuschieben, und auch für Herrn Roty, der ihm nicht nachtragend war:

‚Der Richter war sehr gut und sehr freundlich zu mir', sagt Agostini Rinaldo, auf dessen Lippen das ewige Lächeln, das sein kräftiges, sehr weißes Gebiß hervorbringt, zum Stereotyp zu werden scheint. ‚Er ist ein sehr tapferer Mann. Er tat alles, was er konnte, um mich zu verstehen, und das gelang ihm allmählich ganz gut. Das Einzige, was mich störte, war, daß er mich zum Reiten bringen wollte. Er wollte es unbedingt und ich habe mich nie auf einen Sattel gesetzt. Was wäre dann passiert?'"[103]

Der Mann aus Lizbia scheint zunächst wirklich mit einer wohlwollenden Umgebung gesegnet zu sein:

„Es ist bekannt, daß der Untersuchungsrichter seinem Mystifikator nicht nachtragend war. Er wollte ihm weder das Vergehen der Landstreicherei noch das der Beleidigung der Richterschaft anlasten. Herr Lepine ließ sich von der gleichen lächelnden Großzügigkeit inspirieren, lächelte und verlangte nicht, daß er als Ausländer ausgewiesen werden sollte."[104]

Auch Herr Bertillon, der des Rätsels Lösung geliefert hatte, wurde zu diesem Fall befragt. „Le Temps" schreibt am 27. September 1905:

„Wir haben Herrn Bertillon zu diesem amüsanten Fall gesehen:

‚Seine Identität zu verschleiern, indem man angibt, in Amerika geboren zu sein', sagte uns der Leiter der anthropometrischen Abteilung, ‚das ist die klassische List. Agostini fügte dem noch die Erfindung einer Sprache hinzu. Darin liegt seine Originalität.

Die Verhafteten, die uns einen falschen Namen geben, werden von uns sofort mit tausend Fragen gelöchert: Wo sind Sie zur Schule gegangen? Wie lange wohnen Sie schon in Paris? Was ist Ihr Beruf? Wer waren Ihr Vater und Ihre Mutter? usw. usw. Durch die vielen Fragen, die wir stellen, bringen wir sie immer dazu, sich selbst zu widersprechen, und können so feststellen, daß die Identität wirklich verborgen ist. Die Karteikarten geben uns dann Auskunft über den wahren Namen, wenn die von uns befragten Personen vermessen worden sind. Aber wie sollte man Agostini befragen? Er wich allen Antworten aus, indem er auf ‚Agrach‘ antwortete, und er spielte seine Rolle wunderbar. Agostini täuschte uns drei Wochen lang mit einem ingeniösen Gesichtsausdruck, auf den man nur schwerlich nicht hereinfallen konnte.

Ist er unbedingt verantwortlich, dieser zwanzigjährige Tiroler? Um diese Frage zu beantworten, muß man sich daran erinnern, daß es ein österreichisches Sprichwort gibt, das besagt, daß die Tiroler erst mit 40 Jahren einen gesunden Menschenverstand haben.‘

Dies waren die letzten Worte von Herrn Bertillon. Man sollte bedenken, daß die Tiroler da noch Glück haben, denn so viele Menschen haben dieses Glück in ihrem ganzen Leben nicht.“[105]

Und Roty? Roty hatte die Sorbonne, das Collège de France, die Bibliothéque nationale und die Ecole des chartes um Hilfe gebeten, er hatte ein Rundschreiben, in dem das Foto des Vagabunden und die erläuternden Zeichnungen, die er zu seiner imaginären Reise durch die Wälder Amerikas geliefert hatte, abdruckt waren, an alle Botschaften geschickt[106] - kurzum, der Mann hatte richtig Arbeit mit dem kuriosen Landstreicher! Es wäre menschlich nur allzu verständlich, wenn er nun richtig sauer auf seinen unfreiwilligen Gast gewesen wäre.

So ganz traut Roty all dem jedenfalls nicht, Agostinis Lob zum Trotz, denn „Le Petit Troyen“ teilt am 25. September 1905 mit, „daß Herr H. Roty Zweifel an der Nationalität und Identität von Rinaldo Agostini äußert. Der Richter wäre nicht überrascht, wenn der junge Mann bei seiner ersten Festnahme in Frankreich falsche Angaben zu seinem Personenstand gemacht hätte. Dies würde erneut erklären, daß er kein reines Gewissen hat.“[107]

Für Agostini kam nun zunächst, was allen schönen Worten zum Trotz unvermeidbar kommen mußte:

„Der Untersuchungsrichter ließ Agostini nicht frei. Er ordnete Nachforschungen an, um herauszufinden, ob der vagabundierende Schaumschläger eine schwere Untat begangen hatte. Dem Magistrat schien es, daß jemand, der es wagte, die Justiz so zu täuschen, große Verbrechen zu verbergen haben mußte."[108]

„Le Petit Troyen" vom 25. September[109] zufolge verläßt der ehemalige Amort Ritard, der jetzt nur noch Agostini ist, das Depot und wird bis zum Abschluß der Ermittlungen in die Santé (eines der bekanntesten Gefängnisse Frankreichs) gebracht. Hier soll er laut „Le Figaro"[110] bleiben, bis man eine schwere Anklage gegen ihn gefunden hat, die noch schwerer wiegt als die Landstreicherei. Ganz so groß scheint das Wohlwollen der französischen Justiz dann also letzten Endes doch nicht gewesen zu sein - welch ein gewaltiger Absturz für einen „Besucher aus einer Parallelwelt"...

Aus „Le Petit Troyen" erfahren wir, daß Agostini dort „wie ein gewöhnlicher Landstreicher eingesperrt [wurde]. Seine Wärter betrachten ihn zwar mit einer gewissen Neugier, aber... das ist alles.

In seiner Zelle angekommen gab der mystifizierende ‚Agrachist' sogleich bekannt, daß er sich einen Anwalt nehmen wolle. Man legte ihm umgehend einige Namen von Mitgliedern der Anwaltskammer vor, und er entschied sich für Rechtsanwalt Moro Giafferi.

Daraufhin begab sich der junge und angesehene Verteidiger zur Staatsanwaltschaft, um Einsicht in die von Herrn H. Roty übersandte Akte zu nehmen."[111]

„Le Temps" schreibt am 27. September 1905:

„Gestern Abend unterzeichnete Herr Roty eine Einstellungsverfügung zugunsten von Agostini, aber der Erfinder des Agrach wurde deswegen nicht auf freien Fuß gesetzt. Er wechselte lediglich das Gefängnis. Von der Santé wurde er zurück ins Depot gebracht, da die Verwaltungsbehörde einen Ausweisungsbeschluß gegen ihn erlassen will."[112]

Das Glück sollte dem ungewöhnlichen Gast der Pariser Justiz dann aber offenbar doch hold bleiben, denn allem Anschein nach hatte er sich für einen fähigen Verteidiger entschieden. So verkündet Henri Bibert am 29. September 1905 in „L'Autorité" schließlich:

„Rinaldo Agostini, alias Ritar Amor, ist frei. Herr Lépine wollte sich nicht der Lächerlichkeit preisgeben, indem er ihn, der den Untersuchungsrichter Roty so gut getäuscht hatte, sowie zahlreiche literarische und wissenschaftliche Persönlichkeiten und nicht zu vergessen an die 15 Polyglotten, des Landes verwies.

Gestern um 1.30 Uhr teilte Rechtsanwalt de Moro-Giafferi, der angesehene Anwalt des Mannes mit dem ‚Agrach‘, seinem Mandanten mit, daß er auf freien Fuß gesetzt worden sei.

Nachdem die Formalitäten erledigt waren, begaben sich der Anwalt und Rinaldo Agostini zum Polizeipräsidium. Der Erfinder des ‚Agrach‘ bat Herrn Lépines Sekretär in einem reinem Französisch, dem Polizeipräfekten in seinem Namen zu danken, und es wurden auf beiden Seiten Hände geschüttelt.

Rechtsanwalt de Moro-Giafferi verbarg seine Freude darüber nicht, daß er seinen Mandanten der Ausweisung entzogen hatte.

Blitzschnell verbreitete sich im Palast das Gerücht, daß Ritar Amor an der Anrichte des Justizpalastes stand. Sofort eilten Anwälte, Klienten, Mandanten und Journalisten herbei, um den Mann mit dem ‚Agrach‘ zu sehen. Ein Handschlag folgte auf den anderen."[113]

Man interessierte sich offenbar unvermindert für Agostini. Wer also war der Mann aus Lizbia wirklich? Jedenfalls kein Besucher aus einer Parallelwelt, das sollte nun klar sein. „Le Petit Parisien" hat ihn zu seiner tatsächlichen Herkunft befragt und dabei folgendes erfahren:

„Daraufhin erzählte mir Rinaldo in wenigen Worten seine Geschichte. Sie ist sehr einfach. Sein Vater und seine beiden Brüder üben in der Heimat denselben Beruf aus wie er. Sie sind ebenfalls Tischler. Von seinen beiden Schwestern ist eine noch sehr jung, die andere arbeitet in einem Bekleidungsgeschäft.

Rinaldo verließ seine Familie vor etwa zwei Jahren mit der Absicht, Deutsch und Französisch zu lernen. Unser Polyglott sprach damals nur seine Muttersprache Italienisch. Also machte er sich eines Morgens auf den Weg, voller guter Vorsätze, aber mit einem schmalen Geldbeutel. Nacheinander arbeitete er in Insbruck, in Posen und in Mühlhausen, wobei er sich manchmal kurz in seinem Heimatdorf wieder blicken ließ. Aber er wurde von dem Wunsch geplagt, Frankreich zu sehen. Vor drei Monaten hielt er es nicht mehr aus. Er ließ sein ‚Gepäck‘ im Elsass zurück - von wo aus man sich darum kümmern wird, es zurückzusenden

- und nahm den Zug nach Dijon. Aus dieser Zeit stammen seine seltsamen Abenteuer. Der *Petit Parisien* hat sie zusammenfassend erwähnt.

Ohne Arbeit und ohne Geld wanderte Rinaldo zu Fuß nach Paris, das ihn wie eine Fata Morgana anzog. Er schlief in Scheunen und verdingte sich manchmal als Aushilfsarbeiter. In einem kleinen Ort, der 60 oder 70 Kilometer von Paris entfernt war und dessen Namen er nicht nennen konnte, arbeitete er eine Zeit lang bei einem Schneider, der ihn kaum ernährte...“[114]

Auf die Frage eines Reporters, warum er ausgerechnet in Frankreich leben wollte antwortete Agostini: „„Weil man bei Ihnen glücklicher ist als anderswo und weil man dort mehr Geld verdient.“‘[115] Damit kann man wohl mit Fug und Recht sagen, daß der Mann aus Lizbia sich die Naivität eines Kindes bewahrt hat...

Und was ist mit dem „Agrach“? Wie ist er darauf gekommen und wie hatte er diese Gaukelei so lange und so konsequent aufrecht erhalten können? Auch dazu hat Agostini sich geäußert:

„„Aber das Agrach, Rinaldo, lassen Sie uns über das Agrach sprechen. Sagen Sie, wie sind Sie auf die Idee gekommen, das Agrach zu erfinden?...‘

Diesmal lachte der junge Tiroler Tränen, und seine beiden Arbeitskollegen teilten diese Heiterkeit.

‚Dieser Gedanke kam mir sofort‘, antwortete er, ‚als auf dem Feld in der Nähe des Mont Valérien, wo ich mich ausruhte, die Hand eines Gendarmen auf mir lag. Verhaftet! Ich war erneut wegen Landstreicherei verhaftet worden. Wie mir der Präsident des Gerichts von Versailles, vor dem ich zuvor wegen derselben Sache angeklagt worden war, mitgeteilt hatte, sollte ich aus Frankreich vertrieben und in mein Land zurückgeschickt werden. Welch ein Unglück! Welch eine Schande für mich!...

‚Hast du Papiere, einen Wohnsitz? Wie heißt du?‘, fragte mich der Gendarm schroff.

‚Agrach...‘ antwortete ich unter dem Einfluß einer plötzlichen Eingebung.

Ich hatte dieses Wort gesagt, so wie ich irgendein anderes ausgesprochen hätte.

Und so kam es, daß ich eine Rolle spielen mußte, die manchmal schwierig, aber immer sehr amüsant war und niemandem schadete, was die Hauptsache war.'

Wir entgegneten:

‚Sie sind zweifellos ein ausgezeichneter Junge, Rinaldo. Außerdem haben Sie ein gutes Gedächtnis. Es hat Sie sicher viel Mühe gekostet, sich an das Kauderwelsch zu erinnern, das Sie sich für Ihre Situation ausgedacht haben.'

‚Ja', sagte der Agrachist bescheiden, ‚ich habe tatsächlich ein gutes Gedächtnis. Es ermöglichte mir, mir ohne große Mühe die etwa hundert Worte zu merken, die ich vor dem Richter oder den Sachverständigen gesagt hatte, und sie anschließend treu und gleichlautend zu wiederholen, wenn es nötig war, das heißt, wenn die Herren versuchten, mich in Widerspruch zu mir selbst zu bringen. Das ist ihnen nie gelungen.'"[116]

An anderer Stelle ergänzt Agostini:

„‚Warum, Rinaldo, haben Sie diese Sprache auf den Namen Agrach getauft?'

‚Das Wort fiel mir spontan ein, wie die meisten anderen auch, als Antwort auf die fragenden Gesten des Richters, und ich sprach es aus, wie ich jedes andere barbarische Wort ausgesprochen hätte. Danach konzentrierte ich mich darauf, mir die Worte zu merken, die ich einmal ausgesprochen hatte. Ich lieferte auf diese Weise über hundert Wörter, die ich dann zehn- und zwanzigmal vor den Experten und dem Richter in gleicher Weise wiederholte. Ich habe in der Tat ein ausgezeichnetes Gedächtnis.'

‚Sagen Sie mir also, Rinaldo, welcher Gedanke Sie zu dieser außergewöhnlichen Taktik inspiriert hat?'

‚Nun gut. Ich habe das Dach meiner Heimat verlassen, um mein Glück zu versuchen. In das elende, besiegte Land zurückzukehren, wäre für mich eine schreckliche Demütigung gewesen. Um nichts in der Welt wollte ich sie erleiden. Als ich verhaftet wurde, hatte ich nur eine Angst: daß ich abgeschoben und in mein Dorf in Tirol zurückgebracht werden würde.'"[117]

Und „L'Autorité" zufolge hatte Agostini für seine Inszenierung offenbar die besten Voraussetzungen:

„‚Warum haben Sie sich diese Sprache ausgedacht, die niemand kennt?'

‚Sehen Sie, mein Traum ist es, mehrere Sprachen zu können; mein Vater kann vier Sprachen, einer meiner Brüder sechs, und sie verdienen Geld als Dolmetscher. Wenn ich dem Richter, der sehr gut zu mir war, gesagt hätte, daß ich in Tirol wohne, wäre ich sofort ausgewiesen worden und meine liebe Familie wäre entehrt worden. Ich habe immer verschwiegen, daß ich keine Arbeit hatte. Indem ich deutlich machte, daß ich von sehr weit her kam, würde man mich nicht abschieben, und ich dachte mir das ‚Agrach' aus.'"[118]

Abgesehen von „Agrach" spricht Agostini Italienisch, Deutsch und Rumänisch.[119] Was seine französischen Sprachkenntnisse angeht trifft man hier eher auf widersprüchliche Angaben, bisweilen sogar innerhalb desselben Artikels. „Le Petit Parisien" bezeichnet so z.B. sein Französisch am 29. September 1905 zu Beginn seiner Berichterstattung noch als „ausreichend", nennt es dann aber nur wenige Absätze später auf einmal „recht fließend".[120] Anderen Quellen zufolge zufolge ist sein Französisch nur „sehr ausreichend"[121] - offensichtlich gibt es in dieser Hinsicht also einige Unterschiede in der Wahrnehmung. Insgesamt scheint Agostini linguistisch aber durchaus einiges auf dem Kasten zu haben. Eine solche Sprachbegabung gepaart mit einem außergewöhnlich guten Gedächtnis dürfte der französischen Justiz ohne Bertillons rettende Entdeckung wohl noch einiges an Kopfzerbrechen bereitet haben...

Damit ist seine Vergangenheit geklärt. Was aber ist mit seiner Zukunft? Diese sollte für den kreativen Sprachenerfinder zunächst einmal gar nicht so schlecht aussehen, wie man angesichts seines Intermezzos mit der Polizei meinen sollte...

## Nach großer Not in Lohn und Brot

Reporter des „L'Indépendant rémois" werden unmittelbar Zeuge von der glücklichen Wendung, die das Leben von Agostini nun nehmen sollte:

„Durch einen glücklichen Zufall trafen wir gestern Abend den jungen ‚Agrachisten' in der Kanzlei seines Anwalts, als dieser ihn in die Hände von Herrn Liebmann, seinem neuen Chef, übergab.

‚Haben Sie Ihren Mandanten zufällig als Ofensetzer vermittelt', fragten wir den Anwalt, der uns die Nachricht übermittelte.

[Im Original „fumiste", womit zwar der Beruf des Ofensetzers gemeint ist, umgangssprachlich steht es aber auch für „Nichtsnutz" bzw. „Schaumschläger". Mit dieser Doppelbedeutung wird hier ein wenig gespielt.]

Rinaido Agostini, der das gehört hatte, hob den Kopf und grinste breit. Es schien uns, daß der junge Mann mit einigen Nuancen der französischen Sprache vertraut war. Er selbst antwortete:

‚Ich habe einen Beruf, mein Herr, und als Tischler werde ich morgen in die Werkstatt von Herrn Liebmann, dem Ebenisten, eintreten.'

[Ebenist ist die Berufsbezeichnung für einen Kunsttischler. Der betreffende Tischler hatte seinen Betrieb in Faubourg Saint-Antoine[122], im elften Arrondissement. Faubourg Saint-Antoine ist der Name einer der traditionellen Vorstädte von Paris, die östlich der Bastille rund um die Abtei Saint-Antoine-des-Champs beginnen und entlang der Rue du Faubourg Saint-Antoine verlaufen.]

Um ehrlich zu sein, sagt Rinaldo dies in einem weniger korrekten Satz. Er drückt sich in einem zweifelhaften Französisch aus, das aber unvergleichlich klarer ist als die außergewöhnliche Sprache, deren Erfinder er ist."[123]

Henri Petitjean schildert im „Le Petit Parisien" am 29. September 1905, wie es dem ungewöhnlichen Vagabunden weiter erging:

„Seit gestern Morgen gibt es in Paris einen Mann, der vollkommen glücklich ist. Es ist Agostini Rinaldo, der fröhliche Erfinder des ‚Agrach'. Rinaldos größter Wunsch ging in Erfüllung; nach vielen Abenteuern war es ihm endlich vergönnt, das Ziel zu erreichen, das er so lange vergeblich verfolgt hatte. Dank des Wohlwollens seines Richters, Herrn Roty, und der Großzügigkeit seines hervorragenden Verteidigers, Rechtsanwalt de Moro-Giafferi, hatte er in der Hauptstadt Frankreichs Bürgerrecht erlangt und Arbeit gefunden.

Arbeit in Paris! War das nicht der Traum, von dem der junge Tiroler kaum zu träumen wagte?

‚Wollen Sie am Montag anfangen?‘, fragte ihn vorgestern sein Chef, Herr Liebmann, Tischler, 79, Avenue Ledru-Rollin, als auf Drängen von Rechtsanwalt de Moro-Giafferi die Anweisung gegeben wurde, ihn freizulassen.

‚Aber keineswegs‘, antwortete er, nicht in ‚Agrach‘, sondern in einem ausreichenden Französisch. ‚Warum bis Montag warten? Ich werde morgen früh bei Ihnen sein.‘

Und er hielt sein Wort. Mit 10 Francs, die ihm sein Anwalt großzügig überreichte, mietete er ein kleines möbliertes Zimmer im Hotel du Mont-Saint-Bernard in der Rue de Charenton und kaufte sich anschließend die Latzschürze seines Berufsstandes. Agostini Rinaldo ist, wie wir wissen, von Beruf Tischler.

Wir fanden ihn gestern Nachmittag in der Werkstatt, die Mütze auf dem Ohr, die Schürze über ein blau-weiß kariertes Flanellhemd gezogen, die Ärmel bis zum Ellbogen hochgekrempelt, den Hobel in der Hand, über die Werkbank gebeugt und damit beschäftigt, ein langes Brett zu ebnen.

‚Hey, Agrachist! Hier sind ein paar Leute für dich!‘, rief einer seiner Kollegen, der uns gerade im Nebenraum empfangen hatte.

Der ‚Agrachist‘! Das ist der Neologismus, mit dem man ihn von nun an bezeichnen wird. Dieser volkstümliche Spitzname wird ihm auf unbestimmte Zeit erhalten bleiben.

Auf diese Weise angesprochen, bleibt Agostini Rinaldo stehen, hebt den Kopf und begrüßt uns lächelnd.

[...]

Diese Zeit der Prüfungen ist nun abgeschlossen. Zumindest rechnet der ‚Agrachist‘ damit. Seine Kameraden, die ihn bereits ins Herz geschlossen haben, spenden ihm Trost und Ermutigung.

Der Vorarbeiter, Herr Costermans, sagte uns:

‚Der ‚Agrachist' hat heute den Fuß in der Tür. Es liegt an ihm, seinen Weg in unserem Beruf zu machen. Ich habe mich seit heute Morgen davon überzeugen können, daß er ein guter Arbeiter und sehr geschickt ist. Seine Arbeit ist gut gemacht. Wenn er sich ruhig verhalten will, ist sein Brot gebacken. Er wird sich bei uns wohlfühlen.'"[124]

Agostini bringt seine Gedanken gegenüber den Reportern so zum Ausdruck:

„[...] Jetzt, wo sich das Schicksal so gut für mich gewendet hat, bin ich glücklich, glücklicher als ich es Ihnen sagen kann.'"[125]

Ende gut, alles gut, sollte man meinen. Doch leider nein, denn der Mann aus Lizbia ist von eher unstetem Wesen...

## Alles auf Anfang

Hat der Mann aus Lizbia mit seiner Komödie letzten Endes tatsächlich sein Glück machen können? Man sollte es zunächst meinen, doch Anfang Dezember 1906 hörte man in Paris unerwarteterweise Neues von einem alten Bekannten:

„Dank seines Verteidigers, Rechtsanwalt de Morro-Giafferri, wurde Rinaldo Agostini nicht behelligt, sondern in die Freiheit entlassen, und zu diesem Zeitpunkt hatte er die Genugtuung, seine Zukunft als gesichert zu betrachten, denn in allen Jahresabschlußrevuen der letzten Saison hatte der ‚Agrach' seine Szene.

Sein Anwalt, der sich ständig um ihn gekümmert hatte, verschaffte ihm eine Anstellung, und der ‚Agrach' geriet in Vergessenheit...

Was war aus ihm geworden?

Alles deutet darauf hin, daß Rinaldo kein Glück hatte, denn gestern Abend wurde er bei einer Razzia auf dem Place du Châtelet auf einer Bank schlafend festgenommen."[126]

„L'Humanité" schreibt am 6. Dezember 1906, daß Agostini bereits „von Beamten verhaftet [wurde], als er gerade dabei war, eine Bank in ein Feldbett zu verwandeln"[127], also demnach noch nicht geschlafen hatte.

„Erneut wurde er wegen Landstreicherei verhaftet. Diesmal sprach er Französisch, aber nur, um den Namen zu verschleiern, unter dem er zum ersten Mal ins Depot eingeliefert worden war. Er gab an, Ramursurir zu heißen."[128]

„Auf der Polizeiwache gab er einen neuen Personenstand an und behauptete, Louis-Jean Ramusierer [in anderen Berichten Ramursurir, auch Ramusierich oder Ramusienich] zu heißen."[129]

Offensichtlich hatte man das Drama um den „Agrachisten" noch im Hinterkopf (wenngleich man ihn aber anscheinend nicht gleich als solchen erkannt hat) und so „führten ihn [die Wachen] zur anthropometrischen Abteilung. Nach einigen Minuten der Suche wurde Rinaldo in den Besitz seiner Karteikarte gebracht."[130]

„[...] Er hatte die Rechnung ohne Herrn Bertillon gemacht, der in seinen erkennungsdienstlichen Karteikarten nachforschte und feststellte, daß der falsche Ramursurir seiner Abteilung bereits unter den Namen Amor und Agostini Rinaldo untergekommen war."[131]

„Dann stimmte [Agostini] zu, zu verstehen, was ihm gesagt wurde, und Geständnisse abzulegen, die zwar vollständig, aber [deshalb] nicht [unbedingt] weniger angenehm anzuhören waren."[132]

Damit hatte Bertillon ihn bereits erneut und zudem recht früh identifiziert, erheblich schneller als beim ersten Durchgang. Somit konnte Rinaldo Agostini, der nun erneut wegen Landstreicherei angeklagt war, nicht wieder anfangen, sich über die Richter lustig zu machen.

„Das Depot hat ihm seine Türen weit geöffnet. Wir können davon ausgehen, daß der Meister-Ofensetzer diesmal für seine Verfehlungen teuer bezahlen wird. Die Richter sind bereit, ihn für die vielen Streiche, die er ihnen gespielt hat, auf einen Schlag bezahlen zu lassen."[133]

Warum Agostini seine Anstellung wieder aufgegeben hat? Er verabscheut Arbeit vermittelt „L'Éclair" am 6. Dezember 1906[134] seinen Lesern als Grund für Agostinis Rückfall. „L'Humanité" schreibt etwas freundlicher, daß Agostini „wenig Freude an der Arbeit [hatte]; sein Traum war es, auf Wanderschaft zu gehen. Bald verließ er die Werkstatt, um seine Wanderungen durch Paris und seine Vororte fortzusetzen."[135]

Das klingt so gar nicht nach den guten Absichten, die Agostini nach seiner ersten „Vorstellung" gegenüber „L'Autorité" noch geäußert hatte:

„,Sie sind sicher froh, daß Sie wieder auf freiem Fuß sind?'

,Ja, mein Herr, umso mehr, da ich eine Stelle habe; ich werde gut arbeiten, um meinen Gönner, Herrn Lippmann, zufriedenzustellen und meinen Schwindel vergessen zu machen.'"[136]

Was immer auch Agostini tatsächlich zurück auf die Straße getrieben hat wird sich wohl nach so langer Zeit nicht mehr eindeutig klären lassen.

Diesmal jedenfalls war das Interesse am Fall Agostini wesentlich geringer, nicht zuletzt auch durch seine zügige Enttarnung. Nach den ersten Berichten vom 6. Dezember 1906 über seine erneute Festnahme wegen Landstreicherei kamen nur noch einige recht kurze und wiederholt inhaltlich und zum Teil sogar Wort für Wort identische Artikel in den

Zeitungen. Nach einem letzten Artikel am 10. Dezember 1906 war der Fall Agostini dann endgültig durch.

Neues hörte man danach nicht mehr von Agostini. Erst mit dem Eintritt des „Mannes von Lizbia" als Besucher einer Parallelwelt in die Annalen des Paranormalen sollte das jahrzehntelange Schweigen enden. Doch selbst dann war sein Fall den Interessierten nur noch eine wenige Zeilen umfassende Randnotiz wert, stets stand er im Schatten seiner berühmten „Brüder" aus Laxaria und Taured. Diese magere Berichterstattung mag aber weniger an einem Mangel an Interesse als vielmehr dem bisher noch nicht wiederentdeckten Quellenmaterial gelegen haben, das in diesem Buch erstmals umfassend präsentiert wird.

Diese Entwicklung zeigt übrigens auch der Google Books Ngram Viewer. Zu dem Begriff „Lizbia" lassen sich hier beispielsweise bisher gar keine Eintragungen finden. Da dieser Begriff neuerer Prägung ist (weil Agostinis Stadt ursprünglich ja eigentlich mal „Lispian" hieß) verwundert einen dies für das 19. Jahrhundert und den Beginn des 20. Jahrhunderts nicht, aber es müßten eigentlich zumindest ab der zweiten Hälfte des 20. Jahrhunderts ein paar Erwähnungen auftauchen. Offenbar wird Agostinis Geschichte im Vergleich zum Mann aus Laxaria aber derart wenig Aufmerksamkeit geschenkt, daß es für den Google Books Ngram Viewer nicht ausreicht. Doch halt - es gibt ja in diesem Fall noch eine andere Möglichkeit, denn anfangs war dieser Fall ja nicht wie heute mit dem Begriff „Lizbia" verbunden, sondern mit dem Begriff „Agrach"! Und siehe da, hier gibt es ein Ergebnis.[137] Ein Ergebnis, das weitgehend unseren Eindruck bestätigt, das jedoch auch Überraschendes bereit hält: eine deutliche Präsenz Anfang des 20. Jahrhunderts, gefolgt von einer langen Durststrecke, die Anfang der 60er Jahre durch einen kleinen Huckel unterbrochen wird. Überraschung 1 ist jedoch, daß es einen ansehnlichen Ausschlag in den 1820er Jahren gibt - rund 80 Jahre vor dem eigentlichen Ereignis! Handelt es sich bei Agostini etwa nicht um einen Besucher aus einer Parallelwelt, sondern eventuell um einen Zeitreisenden? Nun, das wohl kaum. Offenbar wurde der Begriff „Agrach" in dieser Zeit schon einmal verwendet, wenngleich auch mit einer anderen, uns heute unbekannten und zudem sehr kurzlebigen Bedeutung. Ein Kuriosum also, dem wir im Zusammenhang mit unserem Fall nicht allzuviel Beachtung schenken brauchen. Überraschung 2 ist da schon von einem ganz anderen Kaliber, denn nachdem es für eine lange Zeit kaum Veränderungen gegeben hat, folgt im Zeitraum 2005 bis 2015 eine nahezu gigantische Kurve! Und das zu einem Zeitpunkt, zu dem der Begriff „Agrach" eigentlich mit dieser Geschichte nahezu gar nicht mehr in Verbindung gebracht wird! Erklären kann ich mir dieses Phänomen derzeit leider noch nicht, denn die Geschichte um den Mann aus Lizbia ist in dieser Zeit auch nicht unbedingt bekannter gewesen als davor oder danach. Ein vermehrtes Interesse gibt es zwar in der Gegenwart, eine echte Renaissance kann man es aber noch lange nicht nennen. Für den Moment müssen wir dieses Rätsel also zunächst wohl noch als solches akzeptieren...

Es hat sich am Ende sogar gezeigt, daß das Wenige, was uns nach Agostinis „Wiederentdeckung" an Informationen präsentiert wurde, tatsächlich auch noch fehlerhafter Natur war. Wenn wir uns an die eingangs vorgestellte Internetseite „dark-stories.com" mit den Ergebnissen von Tom Slemens Untersuchung erinnern[138] und sie nun mit dem vergleichen, was wir jetzt wissen, stellen wir fest, daß gar keine Rede davon sein kann, daß der Mann aus Lizbia ein Brot gestohlen hat und deswegen verhaftet wurde. Auch die dortige Zusicherung an die Leser, daß der Mann „kein erfundenes Gebrabbel" gesprochen hat, ist nicht richtig. Tatsächlich wurde Agostini schlafend auf einer Bank entdeckt und wegen Landstreicherei, nicht wegen Diebstahls, festgenommen, und es wurde am Ende sehr wohl festgestellt, daß sein „Gebrabbel" erfunden war, wenngleich auch wirklich gut. Nicht einmal der Hinweis, daß der Mann nach seiner Freilassung nie wieder gesehen wurde, stimmt, wie wir in diesem Kapitel anhand von Agostinis fehlgeschlagener zweiter „Bühnenshow" vom Dezember 1906 nachweisen konnten. Ähnlich wie bereits an anderer Stelle fühle ich mich auch hier wieder ein wenig an das Spiel „Stille Post" erinnert, bei dem am Ende der Informationskette etwas ganz anderes herauskommt, als ursprünglich hineingegeben worden ist...

Der Mann aus Lizbia hat es jedenfalls zweifelsohne verdient, daß seine Eulenspiegelei wieder den Stellenwert in der Berichterstattung bekommt, der ihr aufgrund ihrer Kuriosität eigentlich zustehen sollte.

Man darf wohl durchaus vermuten, daß es einem Schlitzohr wie Agostini sehr gefallen haben dürfte, hätte er noch zu seinen Lebzeiten von seiner späten Karriere in den unergründlichen Weiten des Paranormalen erfahren...

Anhang zu Teil 2

# Abschriften einiger
# Original-Zeitungsartikel
# zum Fall Lizbia

Auf den nachfolgenden Seiten präsentiere ich Ihnen vollständige Abschriften von einigen Zeitungsartikeln über den Mann aus Lizbia. Da ich in diesem Fall aber bereits in meiner Schilderung des Geschehens in erheblichem Umfang aus den zahlreichen französischen Originalartikeln zitiert habe, möchte ich mich an dieser Stelle auf einige Beispiele der weniger häufigen zeitgenössischen Berichte aus dem deutschsprachigen Raum konzentrieren.

**[Kaspar Hauser redivivus.]** Selten ist ein Mensch ohne eigenes Verdienst zu solcher Berühmtheit gelangt, wie Kaspar Hauser, dessen dunkles Schicksal in einer politisch versumpften, trägen Zeit ganz Deutschland in Spannung erhielt und zu den abenteuerlichsten Vermutungen führte. Dieser Tage ist nun dem geheimnisvollen Nürnberger Findling in Paris ein Nachfolger erstanden. Die Polizei hat einen jugendlichen Vagabunden aufgegriffen, dessen Sprache bis jetzt kein Dolmetscher enträtselt hat, obschon er sehr mitteilsam ist und viel schwatzt. Er hat einen Begriff von Lesen und Schreiben, konnte aber in einer ihm vorgelegten vielsprachigen Bibel seine Sprache nicht entdecken. Er nennt sich selbst Ritard Amort und seine Sprache agrach. Man glaubte seinem Geplapper zu entnehmen, daß er früher in einem Orte lipsian gelebt habe, der nahe bei Boston liege. Für einzelne ihm gezeigte Gegenstände gab er folgende Bezeichnungen: Haus sacar, Baum rvable, Tisch lotava, Stuhl diaser, Bleistift tetamer, Nase sonar, Zunge gualinr, Gott Odir, sprechen sprer. Ohne uns selbst in naheliegende Kombinationen zu vertiefen, geben wir die von einer Zeitung veröffentlichte Ansicht eines Sprachgelehrten wieder. Er übersetzt: sacar = casa, diaser = sedia, sonar = naso, gualinr = lingua, odir = dio, danach sind die Wörter, wenn man das Schluß-r streicht, aus dem Lateinischen genommen und nur die Silben umgestellt. Die Umdrehung erinnert ein wenig an die Spiegelschrift nervenleidender Personen. Der Gelehrte schließt, daß der Vagabund diese Sprechweise, die auch im Pariser Argot auftritt: loucher bem statt boucher, linvé statt vingt, vielleicht zuerst aus Spielerei angenommen habe und sie jetzt infolge krankhafter Störungen des Geistes nicht mehr los werde. Wie der Vagabund zu der lateinischen Sprache kommt, wäre dadurch freilich noch nicht erklärt. Ein Nervenarzt meint, es handle sich um einen Geistesschwachen, der sinnloses Geplapper mit irgendeinem wenig bekannten Patois mische und bei dem sich die Benennungen für einzelne Gegenstände stets verschöben. Die in den Blättern veröffentlichte Photographie des 18- bis 20jährigen Burschen zeigt ein hageres Gesicht mit semitischen Zügen, deren Bildung auf einen Armenier schließen läßt.

*Kölnische Zeitung* vom 22. September 1905

**[Kaspar Hauser redivivus.]** Unter dieser Spitzmarke hatten wir über einen in Paris aufgegriffenen jungen Landstreicher namens „Ritard Amort" berichtet, dessen Sprache, das „Agrach", niemand recht verstand. Die Zeitungen brachten täglich Mitteilungen über die mysteriöse Persönlichkeit nebst kleinen Lexiken des Agrach. Im Justizpalast fand die Sprache lebhaften Beifall; ein Anwalt entlieh vom andern nicht einen crayon, sondern einen tetamer, der Gerichtsdiener setzte sich nicht auf eine chaise, sondern auf einen diaser, in vertraulichem Zirkel hingen die Richter nicht ihren chapeau, sondern ihren colta an den Nagel. An der Tür seines Zimmers fand ein Untersuchungsrichter eines Morgens ein Schild mit der Aufschrift: Ici on parle agrach. Mehrere Blätter veröffentlichten eine Zeichnung Amorts die einige Aehnlichkeit mit der Bilderschrift der Indianer auf Büffelhäuten hatte und durch ein Dampfboot und eine Lokomotive die Reise von „Lipsian" bei Boston, dem rätselhaften Geburtsorte Amorts nach Paris darstellte. Einige Gelehrte verfochten hitzig die Ansicht, es handle sich um einen verschollenen Balkandialekt; andere behaupteten steif und fest, Amort spreche ein verdorbenes Italienisch oder Spanisch; ein Philologe, der lange in Amerika geweilt hat, teilt dem Untersuchungsrichter mit, er entdecke in dem Agrach unzweifelhafte Elemente der Siouxsprache, Amort sei wahrscheinlich ein von Buffalo Bill zurückgelassener nordamerikanischer Wildling; ein ausländischer Sprachforscher telegraphierte, das Agrach sei aller Voraussicht nach ein polynesisches Idiom; ein Professor riet auf einen ostsibirischen Dialekt. Es fehlte eigentlich nur noch, daß die Marsbewohner mittelst der Telegraphie ohne Draht Ritard Amort als einen der Ihrigen erklärten und sich darüber beklagten, daß selbst in der Berlitz-Schule kein Lehrer ihr Agrach verstehe. Amtliche Anfragen bei allen gelehrten Körperschaften, bei der amerikanischen Botschaft und dem Gesandten Kanadas waren ohne Erfolg; ein des Irokesischen kundiger Dolmetscher und ein Mann, der das Patois der Chinesen im westlichen Amerika spricht, versuchten vergebens ihre Kunst. Das Rätsel löste endlich Herr Bertillon, der Chef des anthropometrischen Dienstes. Er spielte bei einer Unterhaltung anscheinend harmlos dem Landstreicher ein präpariertes Blatt Papier in die Hand und trug es fort mit einem Abdruck seiner Finger. Bald darauf erschien Bertillon wieder und hielt mittels eines deutschen Dolmetschers ungefähr folgende Anrede an den neuen Kaspar Hauser: „Du heißt Agostini Rinaldo und bist am 9. November in Cles in Tirol geboren. Im Jahre 1904 bist du in Sémur als Vagabund verhaftet worden, ebenso am 4. August des vergangenen Jahres in Versailles." Auf eine so bestimmte Anrede senkte der Tiroler - auf der Alm da gibt's ka Sünd - das schuldige Haupt und gab sich gefangen. Er bekannte, das Agrach und die ganze Schwindelgeschichte erfunden zu haben, um nicht bei einer nochmaligen Verhaftung wegen Landstreicherei ausgewiesen zu werden. Viele Leute, die sich Hoffnung auf eine menschliche Parallele zu dem berühmten Aturenpapagei gemacht hatten, beklagen den raschen Bankrott des Agrachs; manche Sprachgelehrte und Psychiater werden im stillen Kämmerlein denken: Si tacuisses... Merkwürdig bleibt es, daß ein junger Schwindler, dessen geistige Minderwertigkeit und blöder Gesichtsausdruck von Nervenärzten hervorgehoben wurden, so lange die Behörden und ihre weisen Helfer an der Nase herumgeführt hat. In den Singspielhallen wird das Agrach jedenfalls noch lange weiterleben.

*Kölnische Zeitung* vom 26. September 1905

# Ein neuer Kasper Hauser.

Karl Eugen Schmidt - Paris im Berliner Lokalanzeiger.

Ja, so nannte man ihn, und vier Wochen lang waren die Pariser Zeitungen angefüllt von Berichten über ihn. Er sah geheimnisvoll aus, sprach eine Sprache, die kein Mensch verstand, wußte nicht woher er gekommen, noch wohin er gehörte, und schaute die Fragenden mit großen, etwas ängstlichen Sphinxaugen an.

Er war am Fuße des Mont Valerien, des Bullerian, wie ihn die deutschen Soldaten während der Belagerung von Paris nannten, von den Gendarmen aufgegriffen worden, und diese gemeiniglich so hartherzigen Gesellen von der Heiligen Brüderschaft waren durch seine Hilflosigkeit so gerührt worden, daß sie den Aermsten aus reiner Nächstenliebe mitnahmen, warm kleideten, fütterten und trösteten und schließlich einem menschenfreundlichen Beamten, der zugleich einer der kundigsten Thevaner des französischen Spitzbubenwesens ist, dem Untersuchungsrichter Roty nämlich, vorführten. Herr Roty bemühte sich mit väterlicher Freundlichkeit, aus dem geheimnisvollen Menschenkinde klug zu werden. Alles aber, was er feststellen konnte, war, daß der Bursche zwischen 18 und 20 Jahre alt war, braune Haare und Augen hatte und eine Sprache sprach, die er, der Richter, nicht verstand.

Ein Pariser Untersuchungsrichter ist nicht verpflichtet, mehr als Französisch und vielleicht noch Provencalisch, im besten Fall auch noch den Argot von Montmartre zu sprechen. Der neue Kaspar Hauser sprach weder das eine noch das andere. Also wandte sich der Richter an die professionellen Sprachgelehrten und Dolmetscher, die im Pariser Justizpalast an die Ausländer gehetzt werden. Man redete mit dem geheimnisvollen Jüngling Englisch, Deutsch, Russisch, Dänisch, Schwedisch, Finnisch, Italienisch, Spanisch, Rumänisch, Ungarisch, Türkisch. Als das nichts half, versuchte man es mit Kroatisch, Tschechisch, Persisch, Chinesisch, Baskisch, Arabisch, Hindostanisch.

Es nützte nichts, der Unbekannte verstand kein Wort. Dann machte man sich daran, die Sprache des Fremden zu erforschen. Man zeigte ihm den Tisch, und er sprach: latavor, die Nase: sonar, Stuhl: diaser,

Haus: sacar, Zunge: gualinr und einige dreißig oder vierzig Worte mehr. Damit fertigte der Untersuchungsrichter ein kleines Lexikon an, das er an alle fremden Gesandtschaften und Legationen, an die Sorbonne, an das College de France, an die Ecole des Chartes, an die Bibliotheque nationale und an die vornehmsten Universitäten der Provinz schickte. Und die Gelehrten erhoben sich wie ein Mann, zerbrachen sich die Köpfe und mühten sich ab, um zu zeigen, daß sie auch in praktischen Dingen von Nutzen sein können.

Sie kamen mit Hebräisch und Malabarisch, mit der Sprache der Pharaonen und der Assyrier. Sanskrit und Altpersisch wurden hervorgesucht. Andere brachten herbei, was sie von den Dialekten der amerikanischen Indianer wußten, die Sprache der Eskimos und der Feuerländer wurde durchforscht, die Australneger und die Kaffern, die Philippiner und die Samoaner wurden berücksichtigt, und nichts, was seit der Zerstörung des Turmes von Babel unter Menschen zur Mitteilung von Gedanken und Gefühlen gedient hat, blieb vergessen. Nach den berufenen Dolmetschern und nach den gelehrten Häusern der Universitäten mischten sich die Zeitungen ein, und das Publikum nahm teil an der Lösung des Rätsels. Jeden Tag brachten die Pariser Blätter spaltenlange Zuschriften von scharfsinnigen und sprachkundigen Leuten, die der Lösung nahe schienen und die Redaktion baten, von dem Untersuchungsrichter die Erlaubnis einer Unterredung mit dem mysteriösen Menschen zu erlangen. Der Untersuchungsrichter gab die Erlaubnis, aber nach fruchtlosen Bemühungen mußten die Forscher sich gestehen, daß ihre Lösung noch nicht die richtige sei.

Indessen gelang es doch allmählich, aus dem Fremdling einiges herauszubringen. Als alle Sprachen nichts nützten, fiel dem Richter ein, daß in den Anfängen der Kultur selbst die primitivsten Völker ein Mittel besaßen, dem Fremdling verständlich zu werden. Dies Mittel war die Bilderschrift, womit uns der australische Eingeborene, der nie einen Europäer gesehen hat, mitteilen kann, woher er kommt, wohin er geht, und was er erlebt und gesehen hat. Herr Roty griff zu diesem Mittel, und freudig leuchteten die Augen des fremden Jünglings. Alsbald zeichnete er auf woher er gekommen, und was ihm begegnet war. Aus einem Hause war er gekommen, durch einen Wald war er gegangen, eine Frau hatte ihn begleitet, in eine Stadt waren sie gelangt, eine Lokomotive hatte sie fortgeschleppt, bis an eine andere Stadt, da hatten sie ein Dampfschiff mit zwei Schornsteinen bestiegen, waren über das Meer gefahren, wieder in eine Stadt gekommen, wieder mit der Eisenbahn weitergefahren, in die große Stadt gekommen, wo der Aermste sich jetzt noch befand, und hier hatte die Frau ihn verlassen, und der Unglückliche war herumgeirrt wie ein herrenloser Hund, bis ihn die menschenfreundlichen Gendarmen gefunden hatten.

Daraus machte sich der Untersuchungsrichter den Vers, daß der Fremdling, der sich inzwischen als Ritard Amort benamst hatte, von Amerika komme und entweder einen indianischen Dialekt oder aber ein von osteuropäischen Einwanderern erfundenes Rotwelsch spreche, daß er mit seiner Mutter nach Paris gekommen und hier von der Treulosen schmählich verlassen worden sei. Und Dolmetscher und Polizisten machten sich an die durch Paris kommenden, nach Le Havre gehenden östlichen Europäer und forschten sie aus nach diesem mysteriösen Rotwelsch. Aus Kanada telegraphierte ein Indianer-Missionar eine teure Depesche und machte sich anheischig, die Sprache des Fremden zu enträtseln, und verlangte freie Reise und Unkosten.

In Paris selbst hatte das geheimnisvolle Menschenkind inzwischen nicht nur die Sprachgelehrten und die gewöhnlichen Neugierigen interssiert. Die zur Verteidigung der Menschenrechte während des Dreyfusrummels gegründete Liga erschien auf dem Plane. Sie sagte und fragte, mit welchem Rechte der Untersuchungsrichter den armen jungen Mann, der keinem Menschen etwas zuleide getan hatte, und dessen einziges Verbrechen darin bestand, daß er keine Papiere bei sich trug die seine Identität beweisen konnten, mit welchem Rechte man also diesen armen Teufel nun schon einen vollen Monat im Gefängnis festhielt. Und sie setzte einen geharnischten Protest auf und sandte ihn sowohl an Herrn Roty als auch an den Justizminister.

Die Sache fing an brenzlich zu werden. Einige oppositionelle Blätter schlugen den entrüsteten Biederton an, die nach Interpellationen lüsternen Deputierten spreizten sich schon im Hintergrunde, die Regierung blickte angstvoll nach der neuen Gefahr um; da erschien der Retter in der Not. Das war Herr Bertillon, der sozusagen als offizieller Oedipus und Rätselrater angestellt ist. Der Vater Bertillons hat das vorzügliche System ersonnen, wonach man jeden Spitzbuben, der schon einmal in den Händen der Heiligen Brüderschaft gewesen ist, unfehlbar wiedererkennt, und der Sohn hat dieses System noch vervollkommt. Als Chef des sogenannten anthropometrischen Amtes der Pariser Polizei photographiert und mißt er alle Leute, die hier verhaftet werden. Die erhaltenen Photographien und Zahlen werden nach einem trefflich ausgedachten, übersichtlichen System geordnet, so daß man sie leicht wiederfinden kann. Sowie ein Mensch verhaftet wird, mißt man ihn wieder aus und sucht dann, falls über seine Identität Zweifel bestehen, in den vorhandenen Photographien nach, wo man sehr oft den Geheimnisvollen findet.

Also ist es auch mit dem mysteriösen Ritard Amort geschehen. Daß man seine Identität nicht früher feststellte, liegt daran, daß Herr Bertillon in Ferien weilte und somit seine Sammlung nicht durchsuchen konnte. Sobald er aber zurück war, fand er, was er suchte. Der arme Untersuchungsrichter fiel fast auf den Rücken, als ihm gesagt wurde, sein Kaspar Hauser sei ganz einfach ein gewöhnlicher Vagabund, der seine mysteriöse Sprache aus freier Hand erfunden habe. Herr Roty wollte das nicht glauben. Wie sollte es möglich sein, daß ein Bursche von 20 Jahren ihn einen vollen Monat lang an der Nase herumgeführt hatte, den scharfsinnigsten und schlauesten aller Untersuchungsrichter? Leider mußte er sich den Tatsachen fügen.

Der neue Kaspar Hauser ist ein junger Bursche aus Tirol. Seine Sprache ist weiter nichts als italienisch, die Silben sind umstellt, und dann hat der Halunke ein „r" angehängt. Und Herr Roty geht in Sack und Asche, die Gelehrten, die pompöse Briefe an die Blätter geschrieben und sich als die Kenner der neuen Sprache aufgespielt haben, schämen sich, und wir anderen lachen grausam. Auch Herr Rinaldo Agostini, so heißt der Uebeltäter mit seinem wirklichen Namen, lacht, obschon er sich etwas vor der beleidigten Justiz fürchten sollte. Aber die beleidigte Justiz wird ihn wohl kaum verfolgen. In der Verhandlung würde man gar zu sehr über den Herrn Untersuchungsrichter lachen. Nun sucht die Dame Themis, nachdem die Binde von den Augen etwas herabgerutscht ist, ob dieser Rinaldo am Ende nicht etwas angestellt hat, wofür man ihn belangen könnte. Leider scheint das nicht der Fall zu sein. Er hat weder gestohlen noch gemordet, sondern sich damit begnügt dem Untersuchungsrichter und den Gendarmen, den Dolmetschern und den Professoren, der Presse und dem gesamten Publikum einen famosen Bären aufzubinden. Ist das strafbar? Ich glaube es nicht. Aber vermutlich wird man ihn doch, um ihn Mores zu lehren, als unliebsamen Ausländer des Landes verweisen. Die deutschen und österreichischen Untersuchungsrichter mögen sich vorsehen.

*General-Anzeiger für Dortmund und die Provinz Westfalen* v. 30. Sept. 1905

# Feuilleton.

## Pariser Brief.

(V o n   u n s e r e m   K o r r e s p o n d e n t e n.)

P a r i s, den 27. September 1905.

Bei den Parisern ist Alles leicht, auch der Glaube! So kühn diese Behauptung auch klingen mag, so leicht läßt sie sich durch Beispiele und Beweise aus dem täglichen Leben, wie aus größeren Ereignissen stützen. Gerade der bei dem Pariser besonders stark entwickelte Skeptizismus des Weltstädters macht ihn zur Aufnahme des Unglaublichsten oder doch wenigstens des Zweifelhaftesten hervorragend geeignet, weil er wegen dieser Eigenschaft sich über ruhige und sachliche Prüfungen hoch erhaben glaubt. Deshalb ist auch der Schriftsteller, bei dem der spezifisch Pariserische Esprit, nicht der des internationalen Boulevards, sondern der dem Vorstadt-Gavroche angeborene, besonders typisch hervortritt, der bekannte Pamphletär Henri Rochefort, als das „Urbild des Leichtgläubigen" berüchtigt. Die handgreiflichen Unwahrheiten, die er in seinem „Intransigeant" seit Jahren mit ungeschwächtem Erfolge verbreitet, sind eben gerade deshalb so gefährlich, weil sie als Ausflüsse einer wirklichen echten Ueberzeugung erscheinen und durch die ganz eigenartige Würze der Pariser Dialektik und Logik wirklich annehmbar gestaltet werden.

Diese Pariser Leichtgläubigkeit ist in einem besonders amüsanten Falle, der das Interesse der Pariser Wochen lang fesselte, hervorragend plastisch in Erscheinung getreten. Einem österreichischen Strolche ist das leichte Kunststück prächtig geglückt, die Bewohner der „Weltleuchte" mit der Justiz zusammen an der Nase herumzuführen und ihnen einen ungeheuerlichen Bären aufzubinden. Und dieser Bär hieß „Agrach". - Agrach? - Jeder Pariser kennt jetzt die Bedeutung dieses Ausdruckes, der allzu Wahrscheinlichkeit nach sich in die Umgangssprache einbürgern wird.

Und das ist so gekommen: In einer vorgerückten Nachtstunde bemerkten die scharfen Augen einiger Polizisten, die nach den energischen Anweisungen des Präfekten Lepine die Straßen von allem Gesindel rein zu halten haben, einen Jüngling auf einer Bank der Großen Boulevards fest eingeschlummert. Sie rüttelten ihn aus diesem reglementswidrigen Schlafe auf und bekundeten ihre Teilnahme für den sich verstört die Augen Reibenden durch eine Reihe eindringlicher Fragen nach seinem Stamm, seiner Herkunft, seiner Sippe. Erst erfolgte gar keine Antwort, dann entrangen sich allmählich den Lippen des Fremdlings mit den interessanten, scharf geschnittenen Zügen seltsame Laute, aus denen die Wächter der öffentlichen Ordnung sich nichts zurechtzulegen vermochten. Sie faßten schließlich mit dem auch der „demokratischen" Polizei in Frankreich eigenen Schneid den traumumfangenen Jüngling bei den Armen und leiteten ihn zur nächsten Polizeiwache, damit er dort ein curriculum vitae mit den erforderlichen Beweisstücken liefern. - Dort begann nun eine ergötzliche Komödie: nachdem die französische Sprache sich bei dem Verhöre des Aufgegriffenen als völlig unbrauchbar erwiesen hatte, da der Jüngling den Kommissär und seinen Sekretär auf ihre Fragen verständnislos anglotzte und ihnen in abgerissenen Silben ohne jeden Sinn für französische Ohren antwortete, versuchten die Beamten es mit ihren wohl nur sehr bescheidenen Kenntnissen fremdländischer Zungen. Aber auch die deutschen, englischen, italienischen und spanischen Brocken glitten machtlos an den geheimnisvollen Unbekannten ab.

„Also auf's Depot! Dort wird man schon Mittel und Wege finden, sich mit ihm zu verständigen!" ordnete der Kommissär an. Und fort gings im „grünen Wagen" mit einigen anderen interessanten „Findlingen" der Sicherheitsbeamten zusammen nach der Polizeipräfektur. Dem Fremden schien die Sache nicht sehr behaglich zu sein, denn er ließ einige knurrende und brummende Töne vernehmen. Das nützt aber bekanntlich bei keiner Polizei der Welt etwas, - im Gegenteil! Dem „Mysteriösen" wurde es also auch bald fühlbar, daß Schweigen in solchen Fällen sogar noch wertvoller als Gold ist. Er schwieg also. Er setzte das indessen zu lange fort; auch, als er am nächsten Morgen vor den Polizeirichter gestellt wurde, blieb sein Mund fest geschlossen. Man redete ihm zu, man drohte ihm, man las ihm Gesetzesartikel vor, - er brach sein Schweigen nicht. Darauf begann man auf's Neue mit dem Sprachenprobieren; auf der Pariser Polizeipräfektur ist man in fremden Idiomen sehr beschlagen, wie man auch sonst über die Sprachenkenntnisse der Franzosen denken mag. Nach Erspähung der europäischen Sprachen kamen asiatische, afrikanische an die Reihe und nach diesen die verschiedenartigen Dialekte. Den Jüngling schienen diese Experimente zu interessieren, denn er begann seltsame Laute von sich zu geben, die aber mit all den an ihm probierten Sprachen keine Beziehungen hatten. Ueber all das vergingen natürlich Tage und während dieser wurde dem Unergründlichen eine vorzügliche Behandlung zuteil. Ein Mensch, der keine bekannte Sprache versteht und spricht, verdient doch gewiß ein Ausnahme-Regime.

(Schluß folgt.)

*Czernowitzer Allgemeine Zeitung* vom 3. Oktober 1905

# Feuilleton.

## Pariser Brief.

(V o n  u n s e r e m  K o r r e s p o n d e n t e n.)

P a r i s, den 27. September 1905.

(Schluß.)

Nun begann sich aber auch die Presse des Falles zu bemächtigen. Man erging sich in Kombinationen über den geheimnisvollen Fremden und dichtete bereits eine Kaspar-Hauser-Legende über ihn zusammen. Andererseits versuchten Sprachforscher und Gelehrte, die Lösung dieses Rätsels zu finden, und veröffentlichten ganze Abhandlungen mit philologischen und linguistischen Forschungen und Spitzfindigkeiten über die Sache. Das wurde aber zu einem wahren Sporte, als die von dem geehrten Gaste der Polizeipräfektur ausgestoßenen Silben und Worte in die Oeffentlichkeit drangen und als man erfuhr, er habe nach unendlich mühsamen Verständigungsversuchen sich herausholen lassen, er spreche „Agrach", sei aus „Lispian", drei Tagereisen von Boston, nach Europa mit einer Verwandten gekommen und von dieser in Paris in Stich gelassen worden. Die Worte, die für verschiedene Gegenstände (casar = Haus u. s. w.) von ihm nach sehr unbeholfenen, natürlich in allen Zeitungen wiedergegebenen Zeichnungen angegeben wurden, waren bald in Aller Munde. „Agrach" war auf dem besten Wege, Modesprache zu werden und der seit dem Kongresse von Boulogne-sur-mer aufgekommenen Begeisterung für das „Esperanto" erheblich Abbruch zu tun. Es wurden tatsächlich schon Grammatiken und Wörterbücher für die neue Sprache vorbereitet und vielleicht keimte auch bereits der Gedanke einer Zeitung oder Zeitschrift in der „Agrach"-Sprache im Kopfe unternehmender Verleger empor.

Freilich behaupteten einige jener stets ungläubigen Spötter, die angeblichen „Agrach"-Worte erinnerten stark an Rotwälsch oder an Schülerscherze, an Umstellen der Silben, Einschaltungen von Buchstaben, Anagrammen u. s. w. Man zuckte höhnisch über diese „Weisheiten" die Achseln oder wurde selbst über die „Frechlinge" wütend, die ohne jede Bildung und Kenntnisse wahren verdienten Gelehrten sich entgegenzustellen wagten. Und man berief sich auf den mit der Untersuchung des Falles betrauten Richter Roty, der mit dem ganzen Gewichte seines Namens und seiner Stellung dafür eintrat, man habe es mit einem Mitgliede einer bisher unbekannten, irgendwo in den Vereinigten Staaten hausenden Gemeinschaft zu tun, die wahrscheinlich aus Angehörigen verschiedener Nationen und selbst verschiedener Rassen zusammengesetzt sei und sich aus allen möglichen Sprachen ein eigenes Idiom gebildet habe.

Der Himmel weiß, wie lange diese Geschichte sich noch hingezogen und welchen Umfang sie angenommen hätte, wenn nicht der schreckliche Bertillon mit seinem anthropometrischen Systeme den Spaß, den er nun einmal nicht versteht, gestört hätte. Dieser griesgrämige „Stubenhocker", der schlimmste Feind aller derer, die mit den Gesetzen und Vorschriften das harmonische Einvernehmen nicht zu erzielen vermögen, hatte nämlich in seinen gräulichen „fiches" Umschau gehalten und in diesen eine entdeckt, deren Maßangaben auf den Agrach-Bürger, wie ein Ei in seine Schale paßten. Eines Morgens trat er also zu diesem und ersuchte ihn in liebenswürdig familiärem Tone, ihm zu sagen, ob er nicht einen gewissen bereits vorbestraften Rinaldo aus Cres in Oesterreich (Tirol) kenne. Obgleich Herr Bertillon nicht „Agrach" sprach, verstand der Fremdling nach einigem Sträuben, was der „Fiches"-Sammler ihm sagte. Und - Wunder über Wunder - plötzlich konnte er selbst französisch und deutsch antworten, freilich in einem nicht sehr zuversichtlichen Tone. Denn er konnte sich nicht verhehlen, daß die schönen Tage der Agrach-Herrlichkeit damit vorläufig zu Ende sind.

Er kann aber sicher sein, daß ihm, wenn er die Strafe für diese Mystifizierung der Behörden verbüßt haben wird, - es ist übrigens garnicht leicht, ihm etwas anzuhaben, da für sein Vergehen eigentlich gar keine gesetzlichen Bestimmungen in Frankreich existieren, da er sich sogar darauf berufen kann, als Verfolgter das Verteidigungssystem gewählt zu haben, das ihm als erfolgreichstes erschienen wäre, - die

lockendsten Anerbietungen gemacht werden. Der Erfinder des „Agrach",
der Mann, der drei Wochen lang Publikum, Presse, und Justiz des geist-
reichsten Volkes hineinzulegen verstanden hat, kann in unserer Zeit der
intensiven Reklame nicht brodlos werden. Ein Barnum wird gewiß nicht
ausbleiben, der ihn für eine „show" gewinnen will. Und die Pariser
werden vielleicht die sein, die einer zu solchen Schaustellung sich am
zahlreichsten einfinden würden. Denn neben der Leichtgläubigkeit
haben sie auch gute Charakterzüge, vor Allem den, sich über einen
geschickten Scherz, selbst wenn sie dabei eine Rolle der Uebertölpelten
spielen mußten, nie zu ärgern.

*Czernowitzer Allgemeine Zeitung* vom 5. Oktober 1905

# Aus Paris.

Von sich reden machen! Dieses Ideal aller Hysteriker hat auch Rinaldo Agostini erreicht. Wegen Vagabundierens aufgegriffen und vor den Untersuchungsrichter geführt, gab er durch Zeichen zu verstehen, daß er die französische Sprache nicht kenne. Man stellte ihn Dolmetschern gegenüber, die etwa ein Dutzend verschiedener Sprachen sprechen, aber der angebliche „Amort Ritar" kannte keine derselben und antwortete immer nur „agrach". Vergeblich bemühte man sich herauszubekommen, wo diese Sprache zu Hause ist. Andächtig hörte man zu, wie der zwanzigjährige „Agrachist" einen Tisch „lotava", ein Haus „sacar", einen Stuhl „diasar" benannte. Wohl tauchte der Verdacht auf, daß es sich um einen Simulanten handelte, aber der ihn untersuchende Arzt hielt ihn „für zu wenig intelligent, um die Sprache zu erfinden, deren er sich bediente." Außerdem sah er sanft und leidend aus, und man konnte also nur annehmen, daß er aus fernen Landen kam und von seinen Angehörigen ausgesetzt worden war. Ungefähr drei Wochen lang erfreute er sich denn auch der rücksichtsvollsten Behandlung und größten Aufmerksamkeit seitens des Untersuchungsrichters und der anderen ihn umgebenden Persönlichkeiten. Aber eines Tages kam Herr Bertillon, entdeckte im Erkennungsdienst den für „Amort Ritar" reservierten Zettel und sagte ihm auf den Kopf zu, daß er Rinaldo Agostini aus Tirol sei. Da konnte der Jüngling plötzlich französisch verstehen und sprechen und gab kleinlaut zu, daß er Komödie gespielt habe. Er war bereits zweimal wegen Vagabundierens aufgegriffen worden, und man hatte ihm gesagt, daß er beim nächsten Male aus Frankreich ausgewiesen werden würde. Da er aber in Frankreich bleiben wollte, spielte er den „Agrachisten". An dem Tage, an dem Herr Bertillon das Rätsel löste, soll es im Justizpalast verschiedene sehr - erstaunte Gesichter gegeben haben. Dem Untersuchungsrichter lag jedenfalls nicht daran, daß noch lange Tamtam geschlagen wurde, und so entließ er Rinaldo Agostini, die Verwaltungsbehörde verzichtete dank der Fürsprache des Verteidigers auf die Ausweisung, der Anwalt besorgte seinem Klienten sogar Arbeit bei einem Pariser Tischler, und Rinaldo kann nun aus voller Überzeugung singen: „Der Tiroler ist lustig, der Tiroler ist froh" und - sich ausfragen und photographieren lassen. Interessant an ihm ist eigentlich nur sein vorzügliches Gedächtnis, denn, wie er sagt, hat er das „Agrach" erst im Augenblick erfunden, als man ihn gefangen nahm, trotzdem aber sich nicht ein einziges Mal in der Anwendung der von ihm ausgesprochenen Worte, etwa hundert an der Zahl, geirrt.

*Haaner Volks-Zeitung* vom 12. Oktober 1905

**Die Zeitungsartikel**
**-**
**Eine Übersicht**

## Teil 1 - Der Mann aus Laxaria

01. - 31. März 1851

*Abendblatt der Wiener Zeitung* Nr. 74, Seite 295 (linke Spalte, unten),

https://anno.onb.ac.at/cgi-content/anno?
aid=wrz&datum=18510331&seite=3&zoom=33&query="Jophar"%2B"Vorin"&ref
=anno-search

02. - 1. April 1851

*Bohemia* Nr. 52, Prag, Seite [2] (linke Spalte, unten),

https://www.google.de/books/edition/Bohemia/_JCAsxLtUfcC?hl=de&gbpv=1

(Aufruf Seite mit Suchbegriff „Jophar Vorin", direkter Seitenzugriff nicht möglich)

03. - 1. April 1851

*Magdeburgische Zeitung* Nr. 77, Seite [6] (linke Spalte, unteres Drittel),

https://www.digitale-sammlungen.de/de/view/bsb10487662_00005_u001?
page=6

(= Seite 2 der „Ersten Beylage" zu der o.g. Ausgabe der Zeitung)

04. - 1. April 1851

*Ruhr- und Duisburger Zeitung* Nr. 78, Seite [3] (rechte Spalte, Mitte),

https://zeitpunkt.nrw/ulbbn/periodical/zoom/4853881?query=Laxarien

05. - 4. April 1851

*Aachener Zeitung* Nr. 94, Seite [2] (mittlere Spalte, ganz unten),

https://zeitpunkt.nrw/ulbbn/periodical/zoom/6353238?query=ispatische

06. - 4. April 1851

*Bothe für Tirol und Vorarlberg* Nr. 77,

Seite 392 (rechte Spalte, ganz unten) und Seite 393 (linke Spalte, oberes Drittel),

https://www.europeana.eu/de/item/9200333/
BibliographicResource_3000059026040

07. - 5. April 1851

*The Athenaeum* Nr. 1223, Großbritannien, Seite 384
(linke Spalte, mittleres und unteres Drittel),

https://babel.hathitrust.org/cgi/pt?
id=uc1.c3470615&view=1up&seq=268&skin=2021&q1=Jophar%20Vorin

08. - 5. April 1851

*The Manchester Guardian*, Großbritannien, Seite 7
(zweite Spalte von links, im oberen Drittel),

https://www.newspapers.com/clip/13066694/jophar/

(Bitte auf den Ausschnitt klicken um die ganze Seite einsehen zu können.)

09. - 7. April 1851

*Eidgenössische Zeitung* Nr. 97, Seite 386 (rechte Spalte, unten)
und 387 (linke Spalte, oberes Drittel),

https://www.e-newspaperarchives.ch/?a=d&d=EIZE18510407-
01.2.4&srpos=1&e=-------de-20--1--txt-txIN-%22Jophar+Vorin%22-------0-----

10. - 12. April 1851

*Illustrirte Zeitung* Nr. 406, Seite 231
(linke Spalte, Mitte, Absatz 6 der Rubrik „Rechtspflege"),

https://anno.onb.ac.at/cgi-content/anno?
aid=izl&datum=18510412&seite=3&zoom=33&query=%22Jophar%22%2B
%22Vorin%22&ref=anno-search

11. - 12. April 1851

*The Leader* Nr. 55, Großbritannien, Seite 339 (mittlere Spalte, obere Hälfte),

https://archive.org/details/sim_saturday-analyst-and-leader_1851-04-12_2_55/
page/338/mode/2up?q=%22Jophar+Vorin%22

12. - 13. April 1851

*Lloyd's Weekly London Newspaper*, Großbritannien, Seite 10
(zweite Spalte von links, unteres Drittel),

https://www.newspapers.com/clip/32011572/jophar-vorin/

(Bitte auf den Ausschnitt klicken um die ganze Seite und damit auch den vollständigen Artikel zur markierten Überschrift einsehen zu können.)

13. - 13. April 1851

*Reynolds's Newspaper*, Großbritannien, Seite 13
(zweite Spalte von rechts, unteres Drittel),

https://www.newspapers.com/clip/44510372/jophar-vorin/

(Bitte auf den Ausschnitt klicken um die ganze Seite einsehen zu können.)

14. - 14. April 1851

*Journal des Débats Politiques et Littéraires* (ohne Nummerierung), Frankreich,
Seite [3] (erste Spalte von links, Mitte),

https://gallica.bnf.fr/ark:/12148/bpt6k449067z/f3.item.r=Jophar%20Vorin.zoom

15. - 15. April 1851

*Le Constitutionnel, Journal Politique, Littéraire, Universel* Nr. 105; Frankreich,
Seite [2] (zweite Spalte von rechts, oberes Drittel),

https://gallica.bnf.fr/ark:/12148/bpt6k6692616/f2.image.r=%22Jophar%20Vorin
%22?rk=21459;2

16. - 15. April 1851

*The Critic: London Literary Journal* Nr. 241, Großbritannien, Seite 189
(rechte Spalte, obere Hälfte)

https://archive.org/details/sim_critic_1851-04-15_10_241/page/188/mode/2up?
q=%22Jophar+Vorin%22

17. - 17. April 1851

*Dresdner Journal und Anzeiger* Nr. 107, Seite 856 (rechte Spalte, ganz unten)
und 857 (linke Spalte, oben),

https://digital.slub-dresden.de/werkansicht/dlf/547195/4?tx_dlf[highlight_word]=
%22Jophar%20Vorin%22

18. - 17. April 1851

*Journal de Toulouse - Politique et Littéraire* Nr. 106, Frankreich, Seite [2]
(erste Spalte von rechts, oberes Drittel),

https://gallica.bnf.fr/ark:/12148/bpt6k5366455k/f2.item.r=Vorin.zoom

19. - 20. April 1851

*Le Moniteur Belge - Journal Officiel* Nr.110, Belgien, Seite 974
(linke Spalte, mittleres Drittel),

https://www.digitale-sammlungen.de/de/view/bsb10502954?
q=Laxarien&page=1066,1067

20. - 24. April 1851

*The New York Herald* Nr. 6758, USA, Seite [3]
(erste Spalte von links, unterstes Viertel),

https://www.loc.gov/resource/sn83030313/1851-04-24/ed-1/?sp=3&q=%22Jo-
phar+Vorin%22

21. - 26. April 1851

*The Family Herald - A Domestic Magazine of Useful Information and
Amusement* Bände 8 - 9 Nr. 416, Großbritannien, Seite 831
(linke Spalte, unten),

https://www.google.de/books/edition/The_Family_Herald/unBPAQAAMAAJ?
hl=de&gbpv=1&dq=%22Jophar+Vorin%22&pg=PA831&printsec=frontcover

(Sammelband von 1850, beinhaltet die Bände 8 - 9, den Artikel bitte über den
Suchbegriff „Jophar Vorin" heraussuchen)

22. - Mai 1851

*The Eclectic Magazine of Foreign Literature, Science, and Art*
(ohne Nummerierung); Großbritannien, Seite 135 (unten quer),

https://babel.hathitrust.org/cgi/pt?
id=uc1.b2871229&view=1up&seq=151&skin=2021&q1=Jophar%20Vorin

(monatliche Erscheinungsweise)

23. - 1. Mai 1851

*Alexandria Gazette* Nr. 103, USA, Seite [2]
(vierte Spalte von links, unteres Drittel),

https://virginiachronicle.com/?a=d&d=AG18510501.1.2&srpos=1&e=01-05-1851-01-05-1851--en-20--1---txIN-%22Laxaria%22-------

24. - 3. Mai 1851

*Republik der Arbeiter* (ohne Nummerierung), USA, Seite 23 bzw. 71 aufgrund
doppelter Zählung (linke Spalte, zweites Viertel von oben),

https://babel.hathitrust.org/cgi/pt?
id=mdp.39015046399716&view=1up&seq=339&q1

(Zeitung der deutschsprachigen Minderheit in den USA)

25. - 8. Mai 1851

*L'Ami de la Religion* Nr. 5211, Frankreich, Seite 332 (untere Hälfte),

https://www.digitale-sammlungen.de/de/view/bsb10029066?
q=Laxarien&page=352,353

26. - 9. Mai 1851

*The True Witness and Catholic Chronicle* Nr. 39, Kanada, Seite 7
(zweite Spalte von links, unteres Drittel),

https://www.canadiana.ca/view/oocihm.8_06526_39/8

27. - 13. oder 17. Mai 1851

*The Literary World* Nr. 224, USA, Seite 395
(mittlere Spalte, mittleres und unteres Drittel),

https://archive.org/details/sim_literary-world_1851-05-17_8_224/page/394/
mode/2up?q=%22Jophar+Vorin%22

(Die Titelseite gibt den 13. Mai an, alle Innenseiten jedoch den 17. Mai.)

28. - 17. Mai 1851

*Gazette of the Union, Golden Rule & Odd Fellows' Family Companion*
Volume 14 Nr. 20 bzw. insgesamt Nr. 358 (beides angegeben, unterschiedliche
parallele Zählweisen); USA, Seite 321 (mittlere Spalte, mittleres und unteres
Drittel),

https://babel.hathitrust.org/cgi/pt?
id=umn.31951000900665y&view=1up&seq=327&q1

29. - 22. Mai 1851

*National Anti-Slavery Standard* Volume 11 Nr. 52 bzw. insgesamt Nr. 572 (beides angegeben, unterschiedliche parallele Zählweise), USA, Seite 208
(zweite Spalte von rechts, unteres Drittel),

https://archive.org/details/af62b816-07fb-4ade-b1a9-3a26d2aa979a/page/n3/
mode/2up?q=%22Jophar+Vorin%22

30. - 24. Mai 1851

*Portland Transcript* Nr. 6, USA, Seite 45 (erste Spalte von links, obere Hälfte),

https://www.google.de/books/edition/Portland_Transcript/kJ4LktYWCgkC?
gbpv=1

(Band 14, von 1850-1851, den Artikel bitte über den Suchbegriff „Jophar Vorin"
heraussuchen)

31. - 29. Mai 1851

*Burlington Hawk-Eye* Nr. 2, USA, Seite [1]
(vierte Spalte von links, unteres Drittel),

https://chroniclingamerica.loc.gov/lccn/sn82014327/1851-05-29/ed-1/seq-1/
#date1=1851&index=1&rows=20&words=Jophar+Vorin&searchType=basic&sequence=0&state=&date2=1851&proxtext=Jophar+Vorin&y=13&x=13&dateFilterType=yearRange&page=1

32. - 29. Mai 1851

*The Primitive Republican* Volume 9 Nr. 26 (alte Serie) bzw. Volume 2 Nr. 9
(neue Serie), USA, Seite [1] (zweite Spalte von rechts, oberes Drittel),

https://chroniclingamerica.loc.gov/lccn/sn87065038/1851-05-29/ed-1/seq-1/
#date1=1851&index=2&rows=20&words=Jophar+Vorin&searchType=basic&sequence=0&state=&date2=1851&proxtext=%22Jophar+Vorin
%22&y=0&x=0&dateFilterType=yearRange&page=1

33. - 7. Juni 1851

*The Planters' Banner* Nr. 21, USA, Seite [3] (dritte Spalte von links, Mitte),

https://chroniclingamerica.loc.gov/lccn/sn86053688/1851-06-07/ed-1/seq-3/
#date1=1851&index=0&rows=20&words=Laxaria&searchType=basic&sequence=0&state=&date2=1851&proxtext=Laxaria&y=0&x=0&dateFilterType=yearRange&page=1

34. - 7. Juni 1851

*The Wesleyan* Volume 2, Nr. 48 bzw. insgesamt Nr. 100 (beides angegeben, unterschiedliche parallele Zählweise), Kanada, Seite 381 (zweite Spalte von rechts, oberes Drittel),

https://www.canadiana.ca/view/oocihm.8_06913_152/5

35. - 20. Juni 1851

*Der Wächter* Nr. 45, Seite [2] bis [4],

https://digital.staatsbibliothek-berlin.de/werkansicht?PPN=PPN747097062&PHY-SID=PHYS_0197&view=overview-toc&DMDID=DMDLOG_0001

36. - 26. Juli 1851

*The (Hobart Town) Courier* Nr. 1701, Australien, Seite [4]
(erste Spalte von links, unteres Drittel),

https://trove.nla.gov.au/newspaper/article/2960497?searchTerm=burgomaster+
++Laxaria

37. - 20. August 1851

*Supplement to The Sydney Morning Herald* (ohne Nummerierung), Australien, Seite [4] (zweite Spalte von links, Mitte),

https://trove.nla.gov.au/newspaper/article/12929597/1509068

38. - 23. August 1851

*The Goulburn Herald, and County of Argyle Advertiser* Nr. 165; Australien, Seite 2 (erste Spalte von rechts, obere Hälfte),

https://trove.nla.gov.au/newspaper/article/101736212?searchTerm=burgomas-ter+++Laxaria

39. - 28. August 1851

*The Freeman's Journal* Nr. 62, Australien, Seite 3
(erste Spalte von rechts, obere Hälfte),

https://trove.nla.gov.au/newspaper/article/115765728?searchTerm=burgomas-ter+++Laxaria

40. - 2. September 1851

*The Geelong Advertiser* Nr. 1559, Australien, Seite [2] (erste Spalte von rechts, ganz unten) und Seite [3] (erste Spalte von links, ganz oben),

https://www.myheritage.de/research/collection-10450/australische-zeitungen?itemId=30473517&snippet=44a557827dd57ad81fd8e1d72e318f03&action=showRecord&recordTitle=Geelong+Advertiser+%28VIC%29#fullscreen

41. - 30. September 1851

*Königlich privilegirte Berlinische Zeitung von Staats- und gelehrten Sachen* (auch: *Vossische Zeitung*) Nr. 228, Seite 6 (rechte Spalte, unteres Drittel) und Seite 7 (linke Spalte, oberstes Viertel),

https://dfg-viewer.de/show?tx_dlf[double]=0&tx_dlf[id]=https%3A%2F%2Fcontent.staatsbibliothek-berlin.de%2Fzefys%2FSNP24353991-18510930-0-0-0-0.xml&tx_dlf[page]=6&cHash=0430e08a0bd38ed3133973d8f90d580b

42. - 1. Oktober 1851

*Aachener Zeitung* Nr. 273, zweite Ausgabe (dieses Tages), Seite [2] (mittlere Spalte, ab dem zweiten Drittel),

https://zeitpunkt.nrw/ulbbn/periodical/zoom/6354235?query=Laxarien

43. - 1. Oktober 1851

*Allgemeine Gerichts-Zeitung* Nr. 80, Seite 641 und 642,

https://digital.staatsbibliothek-berlin.de/werkansicht?PPN=PPN74624133X&PHYSID=PHYS_0637&DMDID=DMDLOG_0001&view=picture-download

44. - 2. Oktober 1851

*Kölnische Zeitung* Nr. 236, Seite[1] (rechte Spalte, unteres Drittel),

https://zeitpunkt.nrw/ulbbn/periodical/zoom/8640869?query=Laxarien

45. - 3. Oktober 1851

*Wiener allgemeine Zeitung für Theater, Musik, Kunst, Literatur, geselliges Leben, Conversation und Mode* (auch: *Wiener Theater-Zeitung* oder *Bäuerles Theaterzeitung*) Nr. 229; Seite [2] (mittlere Spalte, Mitte),

https://anno.onb.ac.at/cgi-content/anno?aid=thz&datum=18511003&seite=2&zoom=33

46. - 4. Oktober 1851

*Plauderstübchen. Beiblatt zum Boten für Stadt und Land.* Nr. 79, Seite 316 (rechte Spalte),

https://reader.digitale-sammlungen.de/de/fs1/object/display/
bsb10532034_00316.html?contextSort=score
%2Cdescending&contextType=scan&contextRows=10&context=Jophar+Vorin

47. - 4. Oktober 1851

*Vesna* Nr. 115 (tschechisch), Seite 467 (linke Spalte, unten),

https://www.digitale-sammlungen.de/de/view/bsb10532763?page=468,469&q=
%22Jofar+Forrien

48. - 5. Oktober 1851

*Schwäbischer Merkur* Nr. 238, Seite 1336 (rechte Spalte, unteres Drittel) und Seite 1337 (linke Spalte, oberes Drittel),

https://digital.wlb-stuttgart.de/sammlungen/sammlungsliste/werksansicht?tx_dlf
%5Bid%5D=83548&tx_dlf%5Border%5D=title&tx_dlf%5Bpage
%5D=2&cHash=621742a99c8718bdde7bec6c9ae51b99

49. - 5. Oktober 1851

*Westfälischer Merkur* Nr. 237, Seite [1] (linke Spalte, obere Hälfte),

https://zeitpunkt.nrw/ulbms/periodical/zoom/8365128?query=%22Iwan%20For-
rin%22

50. - 6. Oktober 1851

*Le Constitutionnel, Journal Politique, Littéraire, Universel* Nr. 279; Frankreich, Seite [2] (dritte Spalte von rechts, ab dem zweiten Drittel),

https://www.retronews.fr/journal/le-constitutionnel/6-octobre-
1851/22/741803/2?from=%2Fsearch%23allTerms%3DEuplar%26sort%3Dscore
%26publishedStart%3D1851-01-01%26publishedEnd%3D1851-12-31%26publis-
hedBounds%3Dfrom%26indexedBounds%3Dfrom%26page%3D1%26searchIn
%3Dall%26total%3D6&index=1

51. - 7. Oktober 1851

*Neue Zürcher Zeitung* Nr. 280, Seite 1211 (linke Spalte, oben),

https://www.e-newspaperarchives.ch/?a=d&d=NZZ18511007-
01.2.3&srpos=1&e=-------de-20--1--txt-txIN-%22Jophar+Forrien%22-------0-----

52. - 8. Oktober 1851

*Kreis Jülicher Correspondenz- und Wochenblatt* Nr. 81, Seite [2] (rechte Spalte, mittleres Drittel),

https://zeitpunkt.nrw/ulbbn/periodical/zoom/3499408?query=Laxarien

53. - 8. Oktober 1851

*Wiener Zeitung* Nr. 240, Seite 2919 (mittlere Spalte, Mitte),

https://anno.onb.ac.at/cgi-content/anno?
aid=wrz&datum=18511008&seite=5&zoom=33&query="Wüste-
Kunersdorf"&ref=anno-search

54. - 8. Oktober 1851

*Würzburger Abendblatt* Nr. 240, Seite 1008 (linke Spalte, unten),

https://www.google.de/books/edition/W%C3%BCrzburger_Abendblatt/bJ1-
MAAAAcAAJ?hl=de&gbpv=1&dq=%22ledernes+Geld
%22&pg=PA1008&printsec=frontcover

55. - 9. Oktober 1851

*UnterhaltungsBlatt (Beilage zum Schwarzwälder Boten vom 9. Oktober 1851.)* Nr. 80, Seite 324 (linke Spalte, ab dem unteren Drittel),

https://www.deutsche-digitale-bibliothek.de/newspaper/item/NX6C-
CB3R4Q572BTZPXBQWK2JVPWDBONE?
query=Dastor&fromDay=1&fromMonth=1&fromYear=1851&toDay=1&toMonth=
8&toYear=1852&hit=1&issuepage=4

56. - 9. Oktober 1851

*Lumir* Nr. 36 (tschechisch), Seite 864 (linke Spalte, Mitte),

https://www.digitale-sammlungen.de/de/view/bsb10613382?
page=248,249&q=Laskarie

57. - 11. Oktober 1851

*Illustrirte Zeitung* Nr. 432, Seite 314
(rechte Spalte, vierter Absatz der Rubrik „Rechtsleben"),

https://anno.onb.ac.at/cgi-content/anno?
aid=izl&datum=18511011&seite=10&zoom=33&query=%22ispathischen
%22&ref=anno-search

58. - 14. Oktober 1851

*Didaskalia* Nr. 245, Seite [3] (rechte Spalte, untere Hälfte),

https://www.digitale-sammlungen.de/de/view/bsb10531070_00049_u001?q=
%28Jophar+forien%29&page=2,3

59. - 15. Oktober 1851

*Eidgenössische Zeitung* Nr. 285, Seite 1142 (rechte Spalte)
und Seite 1143 (linke Spalte),

https://www.e-newspaperarchives.ch/?a=d&d=EIZE18511015-
01.2.3.1&srpos=2&e=------185-de-20--1--img-txIN-aslar-------0-----

60. - 18. Oktober 1851

*Cochemer Anzeiger* Nr. 84, Seite [3] (linke Spalte, ab dem mittleren Drittel),

https://zeitpunkt.nrw/ulbbn/periodical/zoom/2810738?query=Laxarien

61. - 18. Oktober 1851

*Dresdner Journal* Nr. 274, Seite 2131 (rechte Spalte, untere Hälfte)
und Seite 2132 (oben quer),

https://digital.slub-dresden.de/werkansicht/dlf/460760/3?tx_dlf
%5Bhighlight_word%5D=%22Ivar%20Forien
%22&cHash=486c7d97212461a6e7ce96d0a6af91c8

62. - 19. Oktober 1851

*Conversations-Blatt (Beiblatt zum Regensburger Tagblatt.)* Nr. 126, Seite [4]
(linke Spalte, ganz unten),

https://www.digitale-sammlungen.de/de/view/bsb10531003_00037_u001?q=Jo-
phar+Vorin&page=4

63. - 19. Oktober 1851

*Die Fama. Beilage zum 42. Stück des Mindener Sonntagsblatts.* [Nr. 42],
Seite 216 (linke Spalte, obere Hälfte),

https://zeitpunkt.nrw/ulbms/periodical/zoom/15249376?query=Laxarien

64. - 24. Oktober 1851

*Freiberger Anzeiger und Tageblatt* Nr. 248, Seite [3]
(rechte Spalte, ganz oben),

https://www.deutsche-digitale-bibliothek.de/newspaper/item/4DVXR4AE424XPA-
TRSYZ6VIR247QHIPJJ?
query=Jophar&sort=sort.publication_date+asc&fromDay=1&fromMonth=4&from
Year=1851&toDay=1&toMonth=1&toYear=1920&hit=9&issuepage=3

65. - 31. Oktober 1851

*The Perth Gazette, and Independent Journal of Politics and News* Nr. 203,
Australien, Seite [3] (erste Spalte von rechts, unterstes Viertel)
und [4] (erste Spalte von links, oberstes Viertel),

https://trove.nla.gov.au/newspaper/article/3172832?searchTerm=Jophar+Vorin+
++burgomaster

66. - 14. November 1851

*Wochenblatt für Pulsnitz, Radeberg, Königsbrück, Radeburg, Moritzburg und*
*deren Umgegend* Nr. 46; Seite 363 (rechte Spalte, ganz unten)
und Seite 364 (ab der linken Spalte, oben),

https://www.deutsche-digitale-bibliothek.de/newspaper/item/XTA4LAZNGWTT-
F7PAYNYFBWACMMNTKYPJ?
fromDay=1&toYear=1852&fromYear=1851&toDay=1&toMonth=8&fromMonth=1
&query=Ivar+Forien&hit=2&issuepage=4

67.- 12. Januar 1852

*Staats- und Gelehrte Zeitung des Hamburgischen unpartheiischen*
*Correspondenten* Nr. 10, Seite [4] (erste Spalte von links, Mitte),

https://www.deutsche-digitale-bibliothek.de/newspaper/item/SNS2CG2XOZYUK-
KLQU7ZIERBC5MYYVRHH?query=Laxarien&fromDay=1&fromMonth=1&fromYe-
ar=1852&toDay=1&toMonth=5&toYear=1852&hit=1&issuepage=4

68. - 15. Januar 1852

*Donau-Zeitung* Nr. 15, Seite [2] (rechte Spalte, ganz unten)
und Seite [3] (linke Spalte, ganz unten),

https://www.digitale-sammlungen.de/de/view/bsb10502605?page=66,67&q=La-
rarien

69. - 21. Januar 1852

*Echo der Gegenwart* Nr. 18, Seite [2] (linke Spalte, mittleres Drittel),

https://www.deutsche-digitale-bibliothek.de/newspaper/item/UAXLPJ7CFQLD7L-JTLRWUSP6AIF5G4U4Z?query=Lararien&hit=3&issuepage=2

70. - 7. Juli 1852

*Magdeburgische Zeitung* Nr. 156, Seite [6] (linke Spalte, Mitte),

https://digipress.digitale-sammlungen.de/view/bsb10487666_00055_u001/6?cq=Laxarien

71. - 8. Juli 1852

*Deutsche Allgemeine Zeitung* Nr. 308, Seite 1298 (linke Spalte, oberes Drittel),

https://anno.onb.ac.at/cgi-content/anno?aid=dea&datum=18520708&seite=2&zoom=33

72. - 8. Juli 1852

*Dresdner Journal* Nr. 161, Seite 686 (linke Spalte, oberes Drittel),

https://digital.slub-dresden.de/werkansicht/dlf/462246/4

73. - 9. Juli 1852

*Augsburger Postzeitung* Nr. 186, Seite 738 (linke Spalte, Mitte),

https://www.digitale-sammlungen.de/de/view/bsb10505248_00077_u001?q=Lararien&page=2,3

74. - 9. Juli 1852

*Bayreuther Zeitung* Nr. 189, Seite 708 (linke Spalte, ab dem mittleren Drittel),

https://digipress.digitale-sammlungen.de/view/bsb10505416_00035_u001/2?cq=Jovan

75. - 9. Juli 1852

*Bonner Zeitung* Nr. 158, Seite [2], (linke Spalte, Mitte),

https://zeitpunkt.nrw/ulbbn/periodical/zoom/2711795?query=Laxarien

76. - 9. Juli 1852

*Didaskalia* Nr. 163, Seite [3] (rechte Spalte, untere Hälfte),

https://digipress.digitale-sammlungen.de/view/bsb10531072_00035_u001/3?cq=Jovan

77. - 9. Juli 1852

*Fremden-Blatt* Nr. 162, Seite [4] (linke Spalte, unten und rechte Spalte, oben),

https://anno.onb.ac.at/cgi-content/anno?aid=fdb&datum=18520709&seite=4&zoom=33&query=%22Jovan%22%2B%22Forin%22&ref=anno-search

78. - 9. Juli 1852

*Humorist* Nr. 160, Seite 647 (rechte Spalte, oben),

https://anno.onb.ac.at/cgi-content/anno?aid=hum&datum=18520709&seite=3&zoom=33&query=%22Jovan%22%2B%22Forin%22&ref=anno-search

79. - 9. Juli 1852

*Leipziger Zeitung* Nr. 164, Seite 3267 (rechte Spalte, obere Hälfte),

https://anno.onb.ac.at/cgi-content/anno?aid=lzg&datum=18520709&seite=7&zoom=33&query=%22Jovan%22%2B%22Forin%22&ref=anno-search

80. - 10. Juli 1852

*Düsseldorfer Journal und Kreisblatt* Nr. 164, Seite [2] (mittlere Spalte, untere Hälfte),

https://www.deutsche-digitale-bibliothek.de/newspaper/item/TRAHMEOHPHAYKGXOLWWUDYVYEJVW6WFL?fromDay=1&toYear=1852&fromYear=1851&toDay=1&toMonth=8&fromMonth=1&query=Jovan&hit=1&issuepage=2

81. - 10. Juli 1852

*Kölnische Zeitung* Nr. 166, Seite [3] (zweite Spalte von rechts, oberes Drittel),

https://zeitpunkt.nrw/ulbbn/periodical/zoom/8809047?query=Laxarien

82. - 10. Juli 1852

*Neue Münchener Zeitung* Nr. 163, Seite 1306
(rechte Spalte, zweites Viertel von oben),

https://digipress.digitale-sammlungen.de/view/bsb10505788_00069_u001/2?
cq=Jovan

83. - 10. Juli 1852

*Oesterreichisch-Kaiserliche Wiener Zeitung* Nr. 164, Seite 1902
(rechte Spalte, mittleres Drittel),

https://anno.onb.ac.at/cgi-content/anno?
aid=wrz&datum=18520710&seite=6&zoom=33&query=%22Laxarier
%22&ref=anno-search

84. - 10. Juli 1852

*Preßburger Zeitung* Nr. 160, Seite 633 (rechte Spalte, zweites Viertel von oben),

https://www.difmoe.eu/view/uuid:4ad3b4ac-a9a2-452b-9cf9-7d57323fb988?
page=uuid:3df4f789-b390-4b5d-a74d-90b09c497b5d&fulltext=Laxarien

85. - 10. Juli 1852

*Regensburger Tagblatt* Nr. 188, Seite 858 (linke Spalte, untere Hälfte),

https://digipress.digitale-sammlungen.de/view/bsb10486557_00047_u001/2?
cq=Forin

86. - 10. Juli 1852

*Schwäbischer Merkur* Nr. 162, Seite 782 (mittlere Spalte, unteres Drittel),

https://www.deutsche-digitale-bibliothek.de/newspaper/item/A4YIINRCM-
WJUP4EIUVYM4IQNAWZNX6HE?
query=Lararien&page=1&sort=sort.publication_date+asc&hit=7&issuepage=2

87. - 11. Juli 1852

*Kladderadatsch* Nr. 28, Seite 111 (rechte Spalte, Mitte),

https://digipress.digitale-sammlungen.de/view/bsb10498487_00119_u001/3?
cq=Laxarier

88. - 13. Juli 1852

*Eidgenössische Zeitung* Nr. 193, Seite 772 (rechte Spalte, obere Hälfte),

https://www.e-newspaperarchives.ch/?a=d&d=EIZE18520713-01.2.3.3&srpos=1&e=-------de-20--1--txt-txIN-Laxarien-------0-----

89. - 16. Juli 1852

*Nürnberger Kurier* Nr. 198, Seite [3]
(unterer Querabschnitt, untere linke Spalte und obere rechte Spalte),

https://www.digitale-sammlungen.de/de/view/bsb10485486_00057_u001?q=Jovan+Forin&page=2,3

90. - 4. August 1852

*Täglicher Anzeiger für Berg und Mark* Nr. 183, Seite [2]
(rechte Spalte, zweites Viertel von oben)

https://zeitpunkt.nrw/ulbbn/periodical/zoom/3087880?query=Laxarien


Anmerkung:

Nicht mit aufgeführt sind noch nicht wiederentdeckte Zeitungen wie z.B. die *Constitutionelle Correspondenz* von (vermutlich) Ende März 1851.

**Teil 2 - Der Mann aus Lizbia**

01. - 18. September 1905

*La Dépêche* Nr. 13601, Seite 3
(zweite Spalte von links, zweites Viertel von oben),

https://www.retronews.fr/journal/la-depeche-toulouse/18-septembre-1905/2549/3982291/3?from=%2Fsearch%23allTerms%3DLispian%26sort%3Dscore%26publishedBounds%3Dfrom%26indexedBounds%3Dfrom%26page%3D2%26searchIn%3Dall%26total%3D42&index=28

02. - 18. September 1905

*L'Éclair* Nr. 6139, Seite 3 (zweite Spalte von links, Mitte),

https://www.retronews.fr/journal/l-eclair/18-septembre-1905/2539/3251671/3?from=%2Fsearch%23allTerms%3DLispian%26sort%3Dscore%26publishedBounds%3Dfrom%26indexedBounds%3Dfrom%26page%3D2%26searchIn%3Dall%26total%3D42&index=41

(mit Foto)

03. - 18. September 1905

*Le Journal* Nr. 4736, Seite 3 (erste Spalte von rechts, untere Hälfte),

https://www.retronews.fr/journal/le-journal/18-septembre-1905/129/247725/3?from=%2Fsearch%23allTerms%3DLispian%26sort%3Dscore%26publishedBounds%3Dfrom%26indexedBounds%3Dfrom%26page%3D2%26searchIn%3Dall%26total%3D42&index=29

(mit Foto)

04. - 18. September 1905

*Le Matin* Nr. 7876, Seite 4 (erste Spalte von links, oberstes Viertel),

https://gallica.bnf.fr/ark:/12148/bpt6k567729n/f4.image.r=agrach

05. - 18. September 1905

*Le Petit Provençal* Nr. 10464, Seite [2]
(zweite Spalte von rechts, im oberen Drittel),

https://www.retronews.fr/journal/le-petit-provencal/18-septembre-1905/677/3159533/2?from=%2Fsearch%23allTerms%3DLispian%26sort%3Dscore%26publishedBounds%3Dfrom%26indexedBounds%3Dfrom%26page%3D2%26searchIn%3Dall%26total%3D42&index=39

06. - 18. September 1905

*La Politique Colonial* Nr. 3148, Seite [3]
(dritte Spalte von links, mittleres Drittel),

https://www.retronews.fr/journal/la-politique-coloniale/18-septembre-1905/2029/3372889/3?from=%2Fsearch%23allTerms%3DLispian%26sort%3Dscore%26publishedBounds%3Dfrom%26indexedBounds%3Dfrom%26page%3D1%26searchIn%3Dall%26total%3D42&index=21

07. - 19. September 1905

*La Croix de l'Aube* Nr. 2635, Seite [3]
(zweite Spalte von rechts, in der oberen Hälfte),

https://www.retronews.fr/journal/la-croix-de-l-aube/19-septembre-1905/1089/4081453/3?from=%2Fsearch%23allTerms%3DLispian%26sort%3Dscore%26publishedBounds%3Dfrom%26indexedBounds%3Dfrom%26page%3D2%26searchIn%3Dall%26total%3D42&index=38

08. - 19. September 1905

*La Gazette de France* (ohne Nummerierung), Seite [3]
(dritte Spalte von rechts, Mitte),

https://www.retronews.fr/journal/la-gazette-de-france/19-septembre-1905/379/1980667/3?from=%2Fsearch%23allTerms%3DLispian%26sort%3Dscore%26publishedBounds%3Dfrom%26indexedBounds%3Dfrom%26page%3D2%26searchIn%3Dall%26total%3D42&index=27

09. - 19. September 1905

*Le Voltaire* Nr. 11494, Seite [3] (dritte Spalte von links, Mitte),

https://www.retronews.fr/journal/le-voltaire/19-septembre-1905/2273/3500689/3?from=%2Fsearch%23allTerms%3DLispian%26sort%3Dscore%26publishedBounds%3Dfrom%26indexedBounds%3Dfrom%26page%3D1%26searchIn%3Dall%26total%3D42&index=18

10. - 20. September 1905

*Le Phare de la Loire* Nr. 23162, Seite 1
(zweite Spalte von rechts, obere Hälfte),

https://www.retronews.fr/journal/le-phare-de-la-loire/20-septembre-1905/1761/2940375/1?from=%2Fsearch%23allTerms%3DLispian%26sort%3Dscore%26publishedBounds%3Dfrom%26indexedBounds%3Dfrom%26page%3D1%26searchIn%3Dall%26total%3D42&index=17

11. - 21. September 1905

L'Écho de Paris Nr. 7774, Seite 1 (erste Spalte von rechts, untere Hälfte),

https://www.retronews.fr/journal/l-echo-de-paris-1884-1938/21-septembre-1905/120/616109/1?from=%2Fsearch%23allTerms%3DLispian%26sort%3Dscore%26publishedBounds%3Dfrom%26indexedBounds%3Dfrom%26page%3D1%26searchIn%3Dall%26total%3D42&index=20

12. - 21. September 1905

L'Éclair Nr. 6142, Seite 1 (erste und zweite Spalte von rechts, jeweils die untere Hälfte) und Seite 2 (erste Spalte von links, obere Hälfte),

https://www.retronews.fr/journal/l-eclair/21-septembre-1905/2539/3251651/1?from=%2Fsearch%23allTerms%3DLispian%26sort%3Dscore%26publishedBounds%3Dfrom%26indexedBounds%3Dfrom%26page%3D2%26searchIn%3Dall%26total%3D42&index=26

(mit Illustrationen)

13. - 21. September 1905

Le Journal Nr. 4739, Seite 2 (dritte Spalte von rechts, Mitte),

https://www.retronews.fr/journal/le-journal/21-septembre-1905/129/111037/2?from=%2Fsearch%23allTerms%3DLispian%26sort%3Dscore%26publishedBounds%3Dfrom%26indexedBounds%3Dfrom%26page%3D1%26searchIn%3Dall%26total%3D42&index=5

14. - 21. September 1905

La Tribune de l'Aube Nr. 1662, Seite [2] (dritte Spalte von links, Mitte),

https://www.retronews.fr/journal/la-tribune-de-l-aube/21-septembre-1905/1217/2893877/2?from=%2Fsearch%23allTerms%3DLispian%26sort%3Dscore%26publishedBounds%3Dfrom%26indexedBounds%3Dfrom%26page%3D1%26searchIn%3Dall%26total%3D42&index=0

15. - 22. September 1905

L'Écho de Paris Nr. 7775, Seite 2 (dritte Spalte von rechts, mittleres Drittel),

https://www.retronews.fr/journal/l-echo-de-paris-1884-1938/22-septembre-1905/120/611597/2?from=%2Fsearch%23allTerms%3DLispian%26sort%3Dscore%26publishedBounds%3Dfrom%26indexedBounds%3Dfrom%26page%3D2%26searchIn%3Dall%26total%3D42&index=31

16. - 22. September 1905

*La Gazette de France* (ohne Nummerierung), Seite [2]
(zweite Spalte von links, Mitte)

https://www.retronews.fr/journal/la-gazette-de-france/22-septembre-
1905/379/2646233/2?from=%2Fsearch%23allTerms%3DLispian%26sort%3Ds-
core%26publishedBounds%3Dfrom%26indexedBounds%3Dfrom%26page
%3D1%26searchIn%3Dall%26total%3D42&index=2

17. - 22. September 1905

*L'Indépendant Rémois* Nr. 12333, Seite [3]
(zweite Spalte von links, unteres Drittel),

https://www.retronews.fr/journal/l-independant-remois/22-septembre-
1905/651/2334533/3?from=%2Fsearch%23allTerms%3DLispian%26sort%3Ds-
core%26publishedBounds%3Dfrom%26indexedBounds%3Dfrom%26page
%3D1%26searchIn%3Dall%26total%3D42&index=4

18. - 22. September 1905

*Le Matin* Nr. 7880, Seite 5 (erste Spalte von links, obere Hälfte),

https://www.retronews.fr/journal/le-matin/22-septembre-1905/66/176475/5?
from=%2Fsearch%23allTerms%3DLispian%26sort%3Dscore%26published-
Bounds%3Dfrom%26indexedBounds%3Dfrom%26page%3D2%26searchIn
%3Dall%26total%3D42&index=36

19. - 22. September 1905

*Le Petit Caporal* Nr. 25, Seite 3 (zweite Spalte von rechts, mittleres Drittel),

https://www.retronews.fr/journal/le-petit-caporal-1876-1923/22-septembre-
1905/669/1826435/3?from=%2Fsearch%23allTerms%3DLispian%26sort%3Ds-
core%26publishedBounds%3Dfrom%26indexedBounds%3Dfrom%26page
%3D2%26searchIn%3Dall%26total%3D42&index=30

20. - 22. September 1905

*Le Petit Parisien* Nr. 10556, Seite 4
(zweite Spalte von links, ab dem zweiten Viertel),

https://www.retronews.fr/journal/le-petit-parisien/22-septembre-
1905/2/84022/4?from=%2Fsearch%23allTerms%3DLispian%26sort%3Dscore
%26publishedBounds%3Dfrom%26indexedBounds%3Dfrom%26page
%3D2%26searchIn%3Dall%26total%3D42&index=34

21. - 22. September 1905

*Le Petit Sou* (ohne Nummerierung), Seite [3]
(zweite Spalte von rechts, oberes Drittel),

https://www.retronews.fr/journal/le-petit-sou/22-septembre-
1905/3296/5003916/3?from=%2Fsearch%23allTerms%3DLispian%26sort%3Ds-
core%26publishedBounds%3Dfrom%26indexedBounds%3Dfrom%26page
%3D2%26searchIn%3Dall%26total%3D42&index=25

22. - 22. September 1905

*La Vérité Francaise* Nr. 4358, Seite [4] (erste Spalte von links, mittleres Drittel),

https://www.retronews.fr/journal/la-verite-1893-1907/22-septembre-
1905/1227/4246867/4?from=%2Fsearch%23allTerms%3DLispian%26sort%3Ds-
core%26publishedBounds%3Dfrom%26indexedBounds%3Dfrom%26page
%3D1%26searchIn%3Dall%26total%3D42&index=14

23. - 22. September 1905

*Kölnische Zeitung* Nr. 987, Seite [1] (zweite Spalte von rechts, unteres Drittel),

https://www.deutsche-digitale-bibliothek.de/newspaper/item/XAMJLCMDMKH-
H2JRLTOJUZQFZJY5NH7U6?
query=Ritard+amort&sort=sort.publication_date+asc&hit=1&issuepage=1

24. - 23. September 1905

*Express* Nr. 222, Seite [5] (erste Spalte von rechts, Mitte),

https://www.retronews.fr/journal/express/23-septembre-1905/1303/3476081/5?
from=%2Fsearch%23allTerms%3DLispian%26sort%3Dscore%26published-
Bounds%3Dfrom%26indexedBounds%3Dfrom%26page%3D2%26searchIn
%3Dall%26total%3D42&index=35

25. - 23. September 1905

*Le Figaro* Nr. 266, Seite 1 (erste Spalte von rechts, unteres Drittel)
und Seite 2 (erste Spalte von links, obere Hälfte),

https://www.retronews.fr/journal/le-figaro-1854-/23-septembre-
1905/104/799005/1

26. - 23. September 1905

*Le Petit Bleu de Paris* Nr. 265, Seite [3]
(dritte Spalte von rechts, ab dem mittleren Drittel),

https://www.retronews.fr/journal/le-petit-bleu-de-paris/23-septembre-
1905/2201/4843774/3?from=%2Fsearch%23allTerms%3DLispian%26sort%3Ds-
core%26publishedBounds%3Dfrom%26indexedBounds%3Dfrom%26page
%3D2%26searchIn%3Dall%26total%3D42&index=24

27. - 23. September 1905

*Le Petit Moniteur* Nr. 265, Seite 3 (zweite Spalte von rechts, mittleres Drittel),

https://www.retronews.fr/journal/le-petit-moniteur-universel/23-septembre-
1905/2209/4156229/3?from=%2Fsearch%23allTerms%3DLispian%26sort%3Ds-
core%26publishedBounds%3Dfrom%26indexedBounds%3Dfrom%26page
%3D1%26searchIn%3Dall%26total%3D42&index=23

28. - 23. September 1905

*Le Peuple Français* Nr. 266, Seite 3 (dritte Spalte von links, mittleres Drittel),

https://www.retronews.fr/journal/le-peuple-francais-1893-1911/23-septembre-
1905/2221/3266821/3?from=%2Fsearch%23allTerms%3DLispian%26sort%3Ds-
core%26publishedBounds%3Dfrom%26indexedBounds%3Dfrom%26page
%3D1%26searchIn%3Dall%26total%3D42&index=16

29. - 23. September 1905

*Le Phare de la Loire* Nr. 23165, Seite 2
(erste Spalte von links, ab dem unteren Drittel),

https://www.retronews.fr/journal/le-phare-de-la-loire/23-septembre-
1905/1761/2940371/2?from=%2Fsearch%23allTerms%3DLispian%26sort%3Ds-
core%26publishedBounds%3Dfrom%26indexedBounds%3Dfrom%26page
%3D1%26searchIn%3Dall%26total%3D42&index=19

30. - 24./25. September 1905

*La Croix* Nr. 6896, Seite 3
(zweite Spalte von rechts, Mitte und erste Spalte von rechts, oben),

https://www.retronews.fr/journal/la-croix/24-septembre-1905/106/1885321/3?
from=%2Fsearch%23allTerms%3DRitar%2520Amor%26sort%3Dscore%26pu-
blishedStart%3D1905-09-22%26publishedEnd%3D1905-09-28%26published-
Bounds%3Dfrom%26indexedBounds%3Dfrom%26page%3D1%26searchIn
%3Dall%26total%3D20&index=6

(eine Doppelausgabe für zwei Tage)

31. - 25. September 1905

*Le Figaro* Nr. 268, Seite 3,

https://www.retronews.fr/journal/le-figaro-1854-/25-septembre-
1905/104/799041/3

(Illustration)

32. - 25. September 1905

*Le Petit Troyen* Nr. 9187, Seite [3]
(erste Spalte von rechts, oberes und mittleres Drittel),

https://www.retronews.fr/journal/le-petit-troyen/25-septembre-
1905/331/1356547/3?from=%2Fsearch%23allTerms%3DMoro-Giafferi%26sort
%3Dscore%26publishedStart%3D1905-09-01%26publishedEnd%3D1905-09-
30%26publishedBounds%3Dfrom%26indexedBounds%3Dfrom%26page
%3D1%26searchIn%3Dall%26total%3D45&index=11

33. - 26. September 1905

*Gil Blas* Nr. 9480, Seite [1] (dritte Spalte von links, ganz unten),

https://www.retronews.fr/journal/gil-blas/26-septembre-1905/121/271711/1?
from=%2Fsearch%23allTerms%3DMoro-Giafferi%26sort%3Dscore%26publishe-
dStart%3D1905-09-01%26publishedEnd%3D1905-09-30%26publishedBounds
%3Dfrom%26indexedBounds%3Dfrom%26page%3D1%26searchIn%3Dall
%26total%3D45&index=22

34. - 26. September 1905

*Kölnische Zeitung* Nr. 1002, Seite [1]
(zweite Spalte von links, ab dem unteren Drittel),

https://www.deutsche-digitale-bibliothek.de/newspaper/item/VZFT3TJO2LGQH-KALMV6DMD3ALE4L5NEP?lang=en&query=Rinaldo+agostini&hit=4&issuepage=5

(Die Nr. 1002 - die „Zweite Morgen-Ausgabe" - wurde hier zusammen mit der
Nr. 1001 - der „Ersten Morgen-Ausgabe" - verscannt, so daß der betreffende
Artikel im hier vorliegenden Scan auf Seite 5 zu finden ist.)

35. - 27. September 1905

*Le Temps* Nr. 16170, Seite [3] (dritte Spalte von rechts, ganz unten),

https://www.retronews.fr/journal/le-temps/27-septembre-1905/123/658615/3?
from=%2Fsearch%23allTerms%3D%2522Rinaldo%2520Agostini%2522%26sort
%3Dscore%26publishedStart%3D1900-01-01%26publishedEnd%3D1909-12-
31%26publishedBounds%3Dfrom%26indexedBounds%3Dfrom%26page
%3D1%26searchIn%3Dall%26total%3D116&index=6

36. - 29. September 1905

*L'Autorité* Nr. 272, Seite [2] (dritte Spalte von rechts, obere Hälfte),

https://www.retronews.fr/journal/l-autorite/29-septembre-
1905/1041/3696483/2?from=%2Fsearch%23allTerms%3DMoro-Giafferi%26sort
%3Dscore%26publishedStart%3D1905-09-01%26publishedEnd%3D1905-09-
30%26publishedBounds%3Dfrom%26indexedBounds%3Dfrom%26page
%3D1%26searchIn%3Dall%26total%3D45&index=0

37. - 29. September 1905

*Le Petit Parisien* Nr. 10563, Seite 2
(erste und zweite Spalte von rechts, jeweils das mittlere und untere Drittel),

https://www.retronews.fr/journal/le-petit-parisien/29-septembre-
1905/2/84010/2?from=%2Fsearch%23allTerms%3DMoro-Giafferi%26sort%3Ds-
core%26publishedStart%3D1905-09-01%26publishedEnd%3D1905-09-
30%26publishedBounds%3Dfrom%26indexedBounds%3Dfrom%26page
%3D1%26searchIn%3Dall%26total%3D45&index=8

(mit Foto)

38. - 30. September 1905

*L'Indépendant Rémois* Nr. 12341, Seite [1]
(zweite Spalte von links, untere Hälfte),

https://www.retronews.fr/journal/l-independant-remois/30-septembre-
1905/651/2335103/1?from=%2Fsearch%23allTerms%3D%2522Rinaldo
%2520Agostini%2522%26sort%3Dscore%26publishedStart%3D1900-01-
01%26publishedEnd%3D1909-12-31%26publishedBounds%3Dfrom%26indexed-
Bounds%3Dfrom%26page%3D1%26searchIn%3Dall%26total
%3D116&index=14

39. - 30. September 1905

*La République Française* Nr. 12217, Seite 1
(dritte Spalte von rechts, mittleres Drittel),

https://www.retronews.fr/journal/la-republique-francaise-1871-1924/30-septem-
bre-1905/655/1708001/1?from=%2Fsearch%23allTerms%3D%2522M.
%2520Roty%2522%26sort%3Dscore%26publishedStart%3D1905-09-29%26pu-
blishedEnd%3D1905-09-30%26publishedBounds%3Dfrom%26indexedBounds
%3Dfrom%26tfHistoPeriods%255B0%255D%3DLa%2520R%25C3%25A9publi-
que%2520radicale%2520%25281898-1914%2529%26page%3D1%26searchIn
%3Dall%26total%3D12&index=2

40. - 30. September 1905

*General-Anzeiger für Dortmund und die Provinz Westfalen* Nr. 269, Seite [7]
(linke und mittlere Spalte),

https://www.deutsche-digitale-bibliothek.de/newspaper/item/FODAMQA-
DEKKH4ENYKAZMU37NOIOR5SSX?lang=en&query=Ritard+Amort&hit=6&issue-
page=7

(Die Seite 7 ist eine Doppelseite, die irritierenderweise verkleinert und seitlich
gedruckt wurde.)

41. - 3. Oktober 1905

*Czernowitzer Allgemeine Zeitung* Nr. 526, Seite 1,

https://anno.onb.ac.at/cgi-content/anno?
aid=cer&datum=19051003&seite=1&zoom=33&query=%22Agrach%22&ref=an-
no-search

42. - 5. Oktober 1905

*Czernowitzer Allgemeine Zeitung* Nr. 528, Seite 1,

https://anno.onb.ac.at/cgi-content/anno?
aid=cer&datum=19051005&seite=1&zoom=33&query=%22Lispian%22&ref=an-
no-search

(= Fortsetzung des Berichtes aus Nr. 526, in der Nr. 527 ist kein Bericht
gewesen)

43. - 7. Oktober 1905

*Le Rire* Nr. 140, Seite [3],

https://www.retronews.fr/journal/le-rire/7-octobre-1905/219/1930539/3?from=
%2Fsearch%23allTerms%3Dagrach%26sort%3Dscore%26publishedStart
%3D1905-10-01%26publishedEnd%3D1905-10-31%26publishedBounds
%3Dfrom%26indexedBounds%3Dfrom%26page%3D1%26searchIn%3Dall
%26total%3D47&index=1

(Illustration)

44. - 12. Oktober 1905

*Haaner Volks-Zeitung* Nr. 120, Seite [3]
(zweite Spalte von rechts, ab dem mittleren Drittel),

https://www.deutsche-digitale-bibliothek.de/newspaper/item/6DEJC5CKPUCH7P-
WGE35MZIUDIV7HVEAH?tx_dlf[highlight_word]=Rinaldo
%2Bagostini&issuepage=3&lang=en&query=Rinaldo+agostini&hit=1

45. - 6. November 1905

*Illustrierte Kronen Zeitung* Nr. 2102, Seite 13 (linke Spalte, ganz unten),

https://anno.onb.ac.at/cgi-content/anno?
aid=krz&datum=19051106&seite=13&zoom=33&query=%22Illustrierte%22%2B
%22Kronen-Zeitung%22&ref=anno-search

(mit Illustration)

46. - 6. Dezember 1906

*L'Éclair* Nr. 6583, Seite 3 (erste Spalte von links, im oberen Drittel),

https://www.retronews.fr/journal/l-eclair/6-decembre-1906/2539/3252567/3?
from=%2Fsearch%23allTerms%3DRamursurir%26sort%3Dscore%26publishe-
dStart%3D1900-1-1%26publishedEnd%3D1909-12-31%26publishedBounds
%3Dfrom%26indexedBounds%3Dfrom%26page%3D1%26searchIn%3Dall
%26total%3D24&index=23

47. - 6. Dezember 1906

*L'Humanité* Nr. 963, Seite 3 (dritte Spalte von links, Mitte),

https://www.retronews.fr/journal/l-humanite/6-decembre-1906/40/281691/3?
from=%2Fsearch%23allTerms%3DAgostini%2520Rinaldo%26sort%3Dscore
%26publishedStart%3D1906-01-01%26publishedEnd%3D1906-12-31%26publis-
hedBounds%3Dfrom%26indexedBounds%3Dfrom%26page%3D1%26searchIn
%3Dall%26total%3D23&index=8

48. - 6. Dezember 1906

*Le Petit Journal* Nr. 16050, Seite 1
(dritte und vierte Spalte von links, jeweils das unterste Viertel),

https://www.retronews.fr/journal/le-petit-journal/6-decembre-
1906/100/429221/1?from=%2Fsearch%23allTerms%3D%2522Rinaldo
%2520Agostini%2522%26sort%3Dscore%26publishedStart%3D1906-01-
01%26publishedEnd%3D1906-12-31%26publishedBounds%3Dfrom%26indexed-
Bounds%3Dfrom%26page%3D1%26searchIn%3Dall%26total%3D9&index=0

(mit Foto)

49. - 6. Dezember 1906

*La République Française* Nr. 12670, Seite 2
(erste Spalte von rechts, mittleres Drittel),

https://www.retronews.fr/journal/la-republique-francaise-1871-1924/6-decem-
bre-1906/655/1708281/2?from=%2Fsearch%23allTerms%3D%2522Rinaldo
%2520Agostini%2522%26sort%3Dscore%26publishedStart%3D1906-01-
01%26publishedEnd%3D1906-12-31%26publishedBounds%3Dfrom%26indexed-
Bounds%3Dfrom%26page%3D1%26searchIn%3Dall%26total%3D9&index=8

50. - 7. Dezember 1906

*Le Rappel* Nr. 13419, Seite [4] (dritte Spalte von rechts, Mitte),

https://www.retronews.fr/journal/le-rappel/7-decembre-1906/144/303897/4?
from=%2Fsearch%23allTerms%3DRamursurir%26sort%3Dscore%26publishe-
dStart%3D1900-1-1%26publishedEnd%3D1909-12-31%26publishedBounds
%3Dfrom%26indexedBounds%3Dfrom%26page%3D1%26searchIn%3Dall
%26total%3D24&index=10

51. - 8. Dezember 1906

*Le Siècle* Nr. 25917, Seite [1]
(erste Spalte von rechts, oberes und mittleres Drittel),

https://www.retronews.fr/journal/le-siecle/8-decembre-1906/93/444573/1?from=
%2Fsearch%23allTerms%3D%2522Rinaldo%2520Agostini%2522%26sort%3Ds-
core%26publishedStart%3D1906-01-01%26publishedEnd%3D1906-12-
31%26publishedBounds%3Dfrom%26indexedBounds%3Dfrom%26page
%3D1%26searchIn%3Dall%26total%3D9&index=1

52. - 10. Dezember 1906

*Le Petit Moniteur* Nr. 343, Seite [1]
(zweite Spalte von links, in der unteren Hälfte),

https://www.retronews.fr/journal/le-petit-moniteur-universel/10-decembre-
1906/2209/4155291/1?from=%2Fsearch%23allTerms%3D%2522Rinaldo
%2520Agostini%2522%26sort%3Dscore%26publishedStart%3D1906-01-
01%26publishedEnd%3D1906-12-31%26publishedBounds%3Dfrom%26indexed-
Bounds%3Dfrom%26page%3D1%26searchIn%3Dall%26total%3D9&index=2

# Quellen

## Teil 1 - Der Mann aus Laxaria

1    Google Books Ngram Viewer:

https://books.google.com/ngrams/graph?
content=Laxaria&year_start=1800&year_end=2022&corpus=en&smoothing=3

2    *The Year-Book of Facts in Science and Art* von 1852, von John Timbs,
Seite 194-195, Großbritannien,

https://archive.org/details/yearbookoffactsi1852londuoft/page/194/mode/2up?
q=Jophar+Vorin

3    Internet:

http://strangeco.blogspot.co.id/2014/07/newspaper-clipping-of-day.html

4    *Lloyd's Weekly London Newspaper*, 13. April 1851, Großbritannien,
Seite 10 (zweite Spalte von links, unteres Drittel),

https://www.newspapers.com/clip/32011572/jophar-vorin/

(Bitte auf den Ausschnitt klicken um die ganze Seite und damit auch den
vollständigen Artikel zur markierten Überschrift einsehen zu können.)

5    *The Athenaeum* Nr. 1223, 5. April 1851, Großbritannien,
Seite 384 (linke Spalte, mittleres und unteres Drittel),

https://babel.hathitrust.org/cgi/pt?
id=uc1.c3470615&view=1up&seq=268&skin=2021&q1=Jophar%20Vorin

6    *The Manchester Guardian*, 5. April 1851, Großbritannien,
Seite 7 (zweite Spalte von links, im oberen Drittel),

https://www.newspapers.com/clip/13066694/jophar/

(Bitte auf den Ausschnitt klicken um die ganze Seite einsehen zu können.)

7    Zeitschriftendatenbank (ZDB):

https://zdb-katalog.de/title.xhtml?idn=1024557995&view=full&direct=true#DE-
30

(unten rechts auf „Alle Bestände anzeigen" klicken, sofern nicht geöffnet)

8    Goethe-Universität Frankfurt am Main, Universitätsbibliothek (UB):

https://ubffm.hds.hebis.de/Record/HEB305948970

9    *Bothe für Tirol und Vorarlberg* Nr. 77, 4. April 1851,
Seite 392 (rechte Spalte, ganz unten) und Seite 393 (linke Spalte, oberes Drittel),

https://www.europeana.eu/de/item/9200333/
BibliographicResource_3000059026040

10   Anomalies (Garth Haslam):

http://anomalyinfo.com/Patreon/1850-september-30-man-laxaria-patrons-only

11   *Magdeburgische Zeitung* Nr. 77, 1. April 1851,
Seite [6] (linke Spalte, unteres Drittel),

https://www.digitale-sammlungen.de/de/view/bsb10487662_00005_u001?
page=6

(= Seite 2 der „Ersten Beylage" zu der o.g. Ausgabe der Zeitung)

12   Anomalies (Garth Haslam), „Yellow Journalism":

http://anomalyinfo.com/Topics/yellow-journalism

13   *Abendblatt der Wiener Zeitung* Nr. 74, 31. März 1851,
Seite 295 (linke Spalte, unten),

https://anno.onb.ac.at/cgi-content/anno?
aid=wrz&datum=18510331&seite=3&zoom=33&query="Jophar"%2B"Vorin"&ref
=anno-search

14   Internet:

http://www.thate.info/lexikon/gloss01/cond.html

15   Internet:

http://www.thate.info/lexikon/gloss01/ewku.html

16   *Illustrirte Zeitung* Nr. 406, 12. April 1851,
Seite 231 (linke Spalte, Mitte, Absatz 6 der Rubrik „Rechtspflege"),

https://anno.onb.ac.at/cgi-content/anno?
aid=izl&datum=18510412&seite=3&zoom=33&query=%22Jophar%22%2B
%22Vorin%22&ref=anno-search

17  *Republik der Arbeiter* (ohne Nummerierung), 3. Mai 1851, USA,
Seite 23 bzw. 71 aufgrund doppelter Zählung
(linke Spalte, zweites Viertel von oben),

https://babel.hathitrust.org/cgi/pt?
id=mdp.39015046399716&view=1up&seq=339&q1

(Zeitung der deutschsprachigen Minderheit in den USA)

18  *Bohemia* Nr. 52, 1. April 1851, Prag, Seite [2] (linke Spalte, unten),

https://www.google.de/books/edition/Bohemia/_JCAsxLtUfcC?hl=de&gbpv=1

(Aufruf Seite mit Suchbegriff „Jophar Vorin", direkter Seitenzugriff nicht möglich)

19  *Eidgenössische Zeitung* Nr. 97, 7. April 1851,
Seite 386 (rechte Spalte, unten) und 387 (linke Spalte, oberes Drittel),

https://www.e-newspaperarchives.ch/?a=d&d=EIZE18510407-
01.2.4&srpos=1&e=-------de-20--1--txt-txIN-%22Jophar+Vorin%22-------0-----

20  *Dresdner Journal und Anzeiger* Nr. 107, 17. April 1851,
Seite 856 (rechte Spalte, ganz unten) und 857 (linke Spalte, oben),

https://digital.slub-dresden.de/werkansicht/dlf/547195/4?tx_dlf[highlight_word]=
%22Jophar%20Vorin%22

21  *Lloyd's Weekly London Newspaper*, 13. April 1851, Großbritannien,
Seite 10 (zweite Spalte von links, unteres Drittel),

https://www.newspapers.com/clip/32011572/jophar-vorin/

(Bitte auf den Ausschnitt klicken um die ganze Seite und damit auch den vollständigen Artikel zur markierten Überschrift einsehen zu können.)

22  *The New York Herald* Nr. 6758, 24. April 1851, USA,
Seite [3] (erste Spalte von links, unterstes Viertel),

https://www.loc.gov/resource/sn83030313/1851-04-24/ed-1/?sp=3&q=%22Jo-
phar+Vorin%22

23  *The Primitive Republican*
Volume 9 Nr. 26 (alte Serie) bzw. Volume 2 Nr. 9 (neue Serie), 29. Mai 1851,
USA, Seite [1] (zweite Spalte von rechts, oberes Drittel),

https://chroniclingamerica.loc.gov/lccn/sn87065038/1851-05-29/ed-1/seq-1/
#date1=1851&index=2&rows=20&words=Jophar+Vorin&searchType=basic&se-
quence=0&state=&date2=1851&proxtext=%22Jophar+Vorin
%22&y=0&x=0&dateFilterType=yearRange&page=1

24    *The Planters' Banner* Nr. 21, 7. Juni 1851, USA,
Seite [3] (dritte Spalte von links, Mitte),

https://chroniclingamerica.loc.gov/lccn/sn86053688/1851-06-07/ed-1/seq-3/
#date1=1851&index=0&rows=20&words=Laxaria&searchType=basic&sequence
=0&state=&date2=1851&proxtext=Laxaria&y=0&x=0&dateFilterType=yearRan-
ge&page=1

25    *Le Constitutionnel, Journal Politique, Littéraire, Universel* Nr. 279;
6. Oktober 1851, Frankreich,
Seite [2] (dritte Spalte von rechts, ab dem zweiten Drittel),

https://www.retronews.fr/journal/le-constitutionnel/6-octobre-
1851/22/741803/2?from=%2Fsearch%23allTerms%3DEuplar%26sort%3Dscore
%26publishedStart%3D1851-01-01%26publishedEnd%3D1851-12-31%26publis-
hedBounds%3Dfrom%26indexedBounds%3Dfrom%26page%3D1%26searchIn
%3Dall%26total%3D6&index=1

26    *Ruhr- und Duisburger Zeitung* Nr. 78, 1. April 1851,
Seite [3] (rechte Spalte, Mitte),

https://zeitpunkt.nrw/ulbbn/periodical/zoom/4853881?query=Laxarien

27    *Der Wächter* Nr. 45, 20. Juni 1851, Seite [2] bis [4],

https://digital.staatsbibliothek-berlin.de/werkansicht?PPN=PPN747097062&PHY-
SID=PHYS_0197&view=overview-toc&DMDID=DMDLOG_0001

28    *Königlich privilegirte Berlinische Zeitung von Staats- und gelehrten
Sachen* (alternativ auch: *Vossische Zeitung*) Nr. 228, 30. September 1851,
Seite 6 (rechte Spalte, unteres Drittel) und Seite 7 (linke Spalte, oberstes Viertel),

https://dfgviewer.de/show?tx_dlf[double]=0&tx_dlf[id]=https%3A%2F%2Fcon-
tent.staatsbibliothek-berlin.de%2Fzefys%2FSNP24353991-18510930-0-0-0-
0.xml&tx_dlf[page]=6&cHash=0430e08a0bd38ed3133973d8f90d580b

29    *Allgemeine Gerichts-Zeitung* Nr. 80, 1. Oktober 1851, Seite 641 und 642,

https://digital.staatsbibliothek-berlin.de/werkansicht?PPN=PPN74624133X&PHY-
SID=PHYS_0637&DMDID=DMDLOG_0001&view=picture-download

30    *Plauderstübchen. Beiblatt zum Boten für Stadt und Land.* Nr. 79,
4. Oktober 1851, Seite 316 (rechte Spalte),

https://reader.digitale-sammlungen.de/de/fs1/object/display/
bsb10532034_00316.html?contextSort=score
%2Cdescending&contextType=scan&contextRows=10&context=Jophar+Vorin

31 *Westfälischer Merkur* Nr. 237, 5. Oktober 1851,
Seite [1] (linke Spalte, obere Hälfte),

https://zeitpunkt.nrw/ulbms/periodical/zoom/8365128?query=%22Iwan%20Forrin%22

32 *Eidgenössische Zeitung* Nr. 285, 15. Oktober 1851,
Seite 1142 (rechte Spalte) und Seite 1143 (linke Spalte),

https://www.e-newspaperarchives.ch/?a=d&d=EIZE18511015-
01.2.3.1&srpos=2&e=------185-de-20--1--img-txIN-aslar-------0-----

33 *Dresdner Journal* Nr. 274, 18. Oktober 1851,
Seite 2131 (rechte Spalte, untere Hälfte) und Seite 2132 (oben quer),

https://digital.slub-dresden.de/werkansicht/dlf/460760/3?tx_dlf
%5Bhighlight_word%5D=%22Ivar%20Forien
%22&cHash=486c7d97212461a6e7ce96d0a6af91c8

34 *Wochenblatt für Pulsnitz, Radeberg, Königsbrück, Radeburg,
Moritzburg und deren Umgegend* Nr. 46; 14. November 1851;
Seite 363 (rechte Spalte, ganz unten) und Seite 364 (ab der linken Spalte, oben),

https://www.deutsche-digitale-bibliothek.de/newspaper/item/XTA4LAZNGWTT-
F7PAYNYFBWACMMNTKYPJ?
fromDay=1&toYear=1852&fromYear=1851&toDay=1&toMonth=8&fromMonth=1
&query=Ivar+Forien&hit=2&issuepage=4

35 *Wiener Zeitung* Nr. 240, 8. Oktober 1851,
Seite 2919 (mittlere Spalte, Mitte),

https://anno.onb.ac.at/cgi-content/anno?
aid=wrz&datum=18511008&seite=5&zoom=33&query="Wüste-
Kunersdorf"&ref=anno-search

36 *Illustrirte Zeitung* Nr. 432, 11. Oktober 1851,
Seite 314 (rechte Spalte, vierter Absatz der Rubrik „Rechtsleben"),

https://anno.onb.ac.at/cgi-content/anno?
aid=izl&datum=18511011&seite=10&zoom=33&query=%22ispathischen
%22&ref=anno-search

37    Dies bezieht sich auf:

*Staats- und Gelehrte Zeitung des Hamburgischen unpartheiischen Correspondenten* Nr. 10, 12. Januar 1852,
Seite [4] (erste Spalte von links, Mitte),

https://www.deutsche-digitale-bibliothek.de/newspaper/item/SNS2CG2XOZYUK-KLQU7ZIERBC5MYYVRHH?query=Laxarien&fromDay=1&fromMonth=1&fromYear=1852&toDay=1&toMonth=5&toYear=1852&hit=1&issuepage=4

und

*Donau-Zeitung* Nr. 15, 15. Januar 1852,
Seite [2] (rechte Spalte, ganz unten) und Seite [3] (linke Spalte, ganz unten),

https://www.digitalesammlungen.de/de/view/bsb10502605?page=66,67&q=Lararien

und

*Echo der Gegenwart* Nr. 18, 21. Januar 1852,
Seite [2] (linke Spalte, mittleres Drittel),

https://www.deutsche-digitale-bibliothek.de/newspaper/item/UAXLPJ7CFQLD7L-JTLRWUSP6AIF5G4U4Z?query=Lararien&hit=3&issuepage=2

38    *Didaskalia* Nr. 245, 14. Oktober 1851,
Seite [3] (rechte Spalte, untere Hälfte),

https://www.digitale-sammlungen.de/de/view/bsb10531070_00049_u001?q=%28Jophar+forien%29&page=2,3

39    *Magdeburgische Zeitung* Nr. 156, 7. Juli 1852,
Seite [6] (linke Spalte, Mitte),

https://digipress.digitale-sammlungen.de/view/bsb10487666_00055_u001/6?cq=Laxarien

40    *Bonner Zeitung* Nr. 158, 9. Juli 1852, Seite [2], (linke Spalte, Mitte),

https://zeitpunkt.nrw/ulbbn/periodical/zoom/2711795?query=Laxarien

41    *Schwäbischer Merkur*, 10. Juli 1852, Nr. 162,
Seite 782 (mittlere Spalte, unteres Drittel),

https://www.deutsche-digitale-bibliothek.de/newspaper/item/A4YIINRCM-WJUP4EIUVYM4IQNAWZNX6HE?query=Lararien&page=1&sort=sort.publication_date+asc&hit=7&issuepage=2

42   *Aachener Zeitung* Nr. 273, 1. Oktober 1851, zweite Ausgabe
(dieses Tages), Seite [2] (mittlere Spalte, ab dem zweiten Drittel),

https://zeitpunkt.nrw/ulbbn/periodical/zoom/6354235?query=Laxarien

43   *Würzburger Abendblatt* Nr. 240, 8. Oktober 1851,
Seite 1008 (linke Spalte, unten),

https://www.google.de/books/edition/W%C3%BCrzburger_Abendblatt/bJ1-
MAAAAcAAJ?hl=de&gbpv=1&dq=%22ledernes+Geld
%22&pg=PA1008&printsec=frontcover

44   *LO!*, von Charles Fort, 1931 (spätere Auflage), Seite 133,

https://archive.org/details/locharlesforttheprimordialufologistvampiris-
min1874blodlesskilledanimalsin1874/page/n133/mode/2up?q=Laxaria

45   Dark & Gothic Lolita Forum vom 20. November 2017,
zuletzt geändert am 6. Dezember 2022 (übersetzt aus dem Italienischen),

https://darkgothiclolita.forumcommunity.net/?t=60376499

46   *Journal de Toulouse - Politique et Littéraire* Nr. 106, 17. April 1851,
Frankreich, Seite [2] (erste Spalte von rechts, oberes Drittel),

https://gallica.bnf.fr/ark:/12148/bpt6k5366455k/f2.item.r=Vorin.zoom

47   Conspiracy Theories Archives vom 23. November 2020,
zuletzt geändert am 28. März 2021,

https://web.archive.org/web/20210328084611/https://conspiracytheoriesarchive-
s.com/blog/post/jophar-vorin-man-laxaria

(Bitte ggf. die Internetadresse direkt eingeben, da der Aufruf über den Link von
archive.org leider nicht immer einwandfrei funktioniert.)

48   Dark-Stories.com von 2004, zuletzt geändert am 10. November 2007,

http://www.dark-stories.com/eng/the_man_who_fell_to_earth.htm

49   *Strange But True: Mysterious and Bizarre People*, von Thomas Slemen,
1998, hier in Form der inhaltsgleichen 2005er Neuauflage unter dem neuen Titel:
*The Giant Book of Mysterious and Bizarre People*, Seite 64-67,

https://archive.org/details/giantbookofmyste0000slem/mode/2up?
q=The+giant+book+of+mysterious+and+bizarre+people

(Bitte das Kapitel nacheinander getrennt mit den Suchbegriffen „Alencon" und
„Liabeuf" aufrufen, da es ansonsten leider von archive.org nicht vollständig
angezeigt wird.)

50  *Clypeus* Nr. 3, 1966, Italien, Seite 13-14,

https://www.marianotomatis.it/biblioteca/repository/CLYP010.pdf

51  *Wonders In The Sky - Unexplained Aerial Objects From Antiquity To Modern Times*, von Jacques Vallee und Chris Aubeck, 2009,

https://archive.org/details/JacquesValleeChrisAubeckWondersInTheSkyUnexplainedAerialObjectsFromAntiquityToModernTimes/page/n513/mode/2up?q=liabeuf

52  Internet:

https://de.wikipedia.org/wiki/
Liste_der_Bürgermeister_von_Frankfurt_(Oder)#19._Jahrhundert

53  Internet:

https://de.wikipedia.org/wiki/Julius_Eduard_Ludwig_Gensichen

54  *Kölnische Zeitung* Nr. 236, 2. Oktober 1851,
Seite[1] (rechte Spalte, unteres Drittel),

https://zeitpunkt.nrw/ulbbn/periodical/zoom/8640869?query=Laxarien

55  *Das Berliner Arbeitshaus* von Max Ring, aus *Die Gartenlaube* Nr. 34 von 1857 (eingesehen über Wikisource), Seite 464 bis 467,

https://de.wikisource.org/wiki/Das_Berliner_Arbeitshaus

56  *Donau-Zeitung* Nr. 15, 15. Januar 1852,
Seite [2] (rechte Spalte, ganz unten) und Seite [3] (linke Spalte, ganz unten),

https://www.digitalesammlungen.de/de/view/bsb10502605?page=66,67&q=Lararien

57  *Staats- und Gelehrte Zeitung des Hamburgischen unpartheiischen Correspondenten* Nr. 10, 12. Januar 1852,
Seite [4] (erste Spalte von links, Mitte),

https://www.deutsche-digitale-bibliothek.de/newspaper/item/SNS2CG2XOZYUKKLQU7ZIERBC5MYYVRHH?query=Laxarien&fromDay=1&fromMonth=1&fromYear=1852&toDay=1&toMonth=5&toYear=1852&hit=1&issuepage=4

58  *Echo der Gegenwart* Nr. 18, 21. Januar 1852,
Seite [2] (linke Spalte, mittleres Drittel),

https://www.deutsche-digitale-bibliothek.de/newspaper/item/UAXLPJ7CFQLD7LJTLRWUSP6AIF5G4U4Z?query=Lararien&hit=3&issuepage=2

59    *Deutsche Allgemeine Zeitung* Nr. 308, 8. Juli 1852,
Seite 1298 (linke Spalte, oberes Drittel),

https://anno.onb.ac.at/cgi-content/anno?
aid=dea&datum=18520708&seite=2&zoom=33

60    *Leipziger Zeitung* Nr. 164, 9. Juli 1852,
Seite 3267 (rechte Spalte, obere Hälfte),

https://anno.onb.ac.at/cgi-content/anno?
aid=lzg&datum=18520709&seite=7&zoom=33&query=%22Jovan%22%2B
%22Forin%22&ref=anno-search

61    *Oesterreichisch-Kaiserliche Wiener Zeitung* Nr. 164, 10. Juli 1852,
Seite 1902 (rechte Spalte, mittleres Drittel),

https://anno.onb.ac.at/cgi-content/anno?
aid=wrz&datum=18520710&seite=6&zoom=33&query=%22Laxarier
%22&ref=anno-search

62    *Täglicher Anzeiger für Berg und Mark* Nr. 183, 4. August 1852,
Seite [2] (rechte Spalte, zweites Viertel von oben)

https://zeitpunkt.nrw/ulbbn/periodical/zoom/3087880?query=Laxarien

63    Raymond S. Wright III, *Die deutschen Häfen: Das Tor zu Amerika*,
Abschnitt „Einschiffen nach Amerika",

https://support.ancestry.de/s/article/Die-deutschen-Hafen-Das-Tor-zu-Amerika

64    Deutsche Auswanderer-Datenbank (DAD)
am Historischen Museum Bremerhaven,

https://www.deutsche-auswanderer-datenbank.de/ueber-uns/online/

(Suche mit dem Namen „Jova Forrin" und dem Auswanderungsjahr 1852)

65   The National Archives NARA (USA),

https://aad.archives.gov/aad/display-partial-records.jsp?
f=4435&q=Forrin&dt=2102&rpp=10&bc=,sl,fd&tf=F&sc=25902,25903,25904,25
908,25910,25912&pg=1

(= Suche mit dem Namen „Jova Forrin")

und anschließend

https://aad.archives.gov/aad/display-partial-records.jsp?
dt=2122&sc=25490%2C25491%2C25492%2C25493&cat=GP44&tf=F&bc=
%2Csl
%2Cfd&q=&btnSearch=Search&as_alq=&as_anq=&as_epq=&as_woq=&nfo_254
90=N
%2C8%2C1900&op_25490=3&txt_25490=15060&txt_25490=&nfo_25491=V
%2C50%2C1900&op_25491=0&txt_25491=&nfo_25492=V
%2C3%2C1900&cl_25492=&nfo_25493=D
%2C18%2C1834&op_25493=3&txt_25493=&txt_25493

(= Suche des Schiffes mit der „Manifest Identification Number" „15060" aus dem
vorherigen Suchergebnis)

66   DIE MAUS - Gesellschaft für Familienforschung e.V. Bremen,

https://www.public-juling.de/auswanderung/abfahrtsdaten/passagen.php?
s=z&v=Baltimore&lang=de

(= Passagen mit Zielort „Baltimore"),

https://www.public-juling.de/auswanderung/abfahrtsdaten/passagen.php?
s=s&v=Orion&lang=de

(= Passagen des Schiffes „Orion"),

https://www.public-juling.de/auswanderung/abfahrtsdaten/passagen.php?
s=k&v=Schwartje%2C+F&lang=de

(= Passagen mit Kapitän „Schwartje, F")

67   *Augsburger Postzeitung* Nr. 186, 9. Juli 1852,
Seite 738 (linke Spalte, Mitte),

https://www.digitale-sammlungen.de/de/view/bsb10505248_00077_u001?q=La-
rarien&page=2,3

68    *Der Deutsche Pionier* 9. Jahrgang (1877/1878),
Monatsschrift des Deutschen Pionier-Verein von Cincinnati (Ohio),

https://babel.hathitrust.org/cgi/pt?id=coo.31924093252611&view=1up&seq=5

(Ausgaben vom Juni bis November 1877, suche im Text nach „Orion")

69    Passagierlisten von der Ankunft in Baltimore (USA) von 1852-1853,
Seite (271 und) 272, siehe Name Nr. 8,

https://archive.org/details/acpl_baltimorepassengerlists_09_reel09rs/page/n271/
mode/2up?q=August+25%2C+1852

(Bitte Seite 272 ggf. eigenständig heraussuchen, wenn der Aufruf über den Link
von archive.org nicht gleich zur richtigen Seite führt. Hier gibt es leider ab und an
technische Probleme.)

70    ancestry.de,

https://www.ancestry.de/search/collections/8679/?arrival=1852-8-25_baltimore-
maryland-usa_6193&arrival_x=0-0-0_1-2-
a&gender=m&gender_x=1&keyword=Orion&keyword_x=1&geo_a=t&geo_s=us
&geo_t=de&geo_v=2.0.0&o_iid=41023&o_lid=41023&o_sch=Web+Property

## Teil 2 - Der Mann aus Lizbia

1   Dark-Stories.com, *The Man who feel to Earth - Tom Slemen's Investigation*, 2004 (letzte Aktualisierung am 10. November 2007), dritter Absatz,

http://www.dark-stories.com/eng/the_man_who_fell_to_earth.htm

2   Brent Swancer, *Mysterious Universe MU, Mysterious People Who Appeared from Nowhere*, 6. Februar 2016, vorletzter Absatz,

https://web.archive.org/web/20230129213314/https://mysteriousuniverse.org/2016/02/mysterious-people-who-appeared-from-nowhere/

3   *Époque Times* Nr. 13, 20. Juni bis 3. Juli 2016, Seite 8 (Artikel oben, zweite Spalte von links, unten),

https://issuu.com/epoquetimesmontreal/docs/et_montreal_20160620

4   *Flying Saucers Uncensored*, von Harold T. Wilkins, 1955 (2. Auflage von 1974), Seite 101,

https://archive.org/details/flying-saucers-uncensored/page/101/mode/2up?q=Lisbian

5   *Amazing Stories* Vol. 23 Nr. 1, Januar 1949, Seite 133 (rechte Spalte, oberes Viertel),

https://archive.org/details/Amazing_Stories_v23n01_1949-01_cape1736/page/n133/mode/2up?q=Lisbian

6   *Astounding Stories* Vol. 13 Nr. 6, August 1934, Seite 144 (linke Spalte unten),

https://archive.org/details/Astounding_v13n06_1934-08/page/n145/mode/2up?q=Lisbian

7   *LO!*, von Charles Fort, 1931 (spätere Auflage), Seite 133,

https://archive.org/details/locharlesforttheprimordialufologistvampirismin1874blodlesskilledanimalsin1874/page/n133/mode/2up?q=Lisbian

8   *Le Phare de la Loire* Nr. 23165, 23. September 1905, Seite 2 (erste Spalte von links, ab dem unteren Drittel),

https://www.retronews.fr/journal/le-phare-de-la-loire/23-septembre-1905/1761/2940371/2?from=%2Fsearch%23allTerms%3DLispian%26sort%3Dscore%26publishedBounds%3Dfrom%26indexedBounds%3Dfrom%26page%3D1%26searchIn%3Dall%26total%3D42&index=19

9    *La Politique Colonial* Nr. 3148, 18. September 1905,
Seite [3] (dritte Spalte von links, mittleres Drittel),

https://www.retronews.fr/journal/la-politique-coloniale/18-septembre-
1905/2029/3372889/3?from=%2Fsearch%23allTerms%3DLispian%26sort%3Ds-
core%26publishedBounds%3Dfrom%26indexedBounds%3Dfrom%26page
%3D1%26searchIn%3Dall%26total%3D42&index=21

10    *La Politique Colonial* Nr. 3148, 18. September 1905,
Seite [3] (dritte Spalte von links, mittleres Drittel),

https://www.retronews.fr/journal/la-politique-coloniale/18-septembre-
1905/2029/3372889/3?from=%2Fsearch%23allTerms%3DLispian%26sort%3Ds-
core%26publishedBounds%3Dfrom%26indexedBounds%3Dfrom%26page
%3D1%26searchIn%3Dall%26total%3D42&index=21

11    *La Gazette de France* (ohne Nummerierung), 19. September 1905,
Seite [3] (dritte Spalte von rechts, Mitte),

https://www.retronews.fr/journal/la-gazette-de-france/19-septembre-
1905/379/1980667/3?from=%2Fsearch%23allTerms%3DLispian%26sort%3Ds-
core%26publishedBounds%3Dfrom%26indexedBounds%3Dfrom%26page
%3D2%26searchIn%3Dall%26total%3D42&index=27

12    *La Croix de l'Aube* Nr. 2635, 19. September 1905,
Seite [3] (zweite Spalte von rechts, in der oberen Hälfte),

https://www.retronews.fr/journal/la-croix-de-l-aube/19-septembre-
1905/1089/4081453/3?from=%2Fsearch%23allTerms%3DLispian%26sort%3Ds-
core%26publishedBounds%3Dfrom%26indexedBounds%3Dfrom%26page
%3D2%26searchIn%3Dall%26total%3D42&index=38

13    *Le Phare de la Loire* Nr. 23162, 20. September 1905,
Seite 1 (zweite Spalte von rechts, obere Hälfte),

https://www.retronews.fr/journal/le-phare-de-la-loire/20-septembre-
1905/1761/2940375/1?from=%2Fsearch%23allTerms%3DLispian%26sort%3Ds-
core%26publishedBounds%3Dfrom%26indexedBounds%3Dfrom%26page
%3D1%26searchIn%3Dall%26total%3D42&index=17

14    *L'Éclair* Nr. 6139, 18. September 1905,
Seite 3 (zweite Spalte von links, Mitte),

https://www.retronews.fr/journal/l-eclair/18-septembre-1905/2539/3251671/3?
from=%2Fsearch%23allTerms%3DLispian%26sort%3Dscore%26published-
Bounds%3Dfrom%26indexedBounds%3Dfrom%26page%3D2%26searchIn
%3Dall%26total%3D42&index=41

(mit Foto)

15    *La Dépêche* Nr. 13601, 18. September 1905,
Seite 3 (zweite Spalte von links, zweites Viertel von oben),

https://www.retronews.fr/journal/la-depeche-toulouse/18-septembre-
1905/2549/3982291/3?from=%2Fsearch%23allTerms%3DLispian%26sort%3Ds-
core%26publishedBounds%3Dfrom%26indexedBounds%3Dfrom%26page
%3D2%26searchIn%3Dall%26total%3D42&index=28

16    *Le Phare de la Loire* Nr. 23162, 20. September 1905,
Seite 1 (zweite Spalte von rechts, obere Hälfte),

https://www.retronews.fr/journal/le-phare-de-la-loire/20-septembre-
1905/1761/2940375/1?from=%2Fsearch%23allTerms%3DLispian%26sort%3Ds-
core%26publishedBounds%3Dfrom%26indexedBounds%3Dfrom%26page
%3D1%26searchIn%3Dall%26total%3D42&index=17

17    *Le Phare de la Loire* Nr. 23162, 20. September 1905,
Seite 1 (zweite Spalte von rechts, obere Hälfte),

https://www.retronews.fr/journal/le-phare-de-la-loire/20-septembre-
1905/1761/2940375/1?from=%2Fsearch%23allTerms%3DLispian%26sort%3Ds-
core%26publishedBounds%3Dfrom%26indexedBounds%3Dfrom%26page
%3D1%26searchIn%3Dall%26total%3D42&index=17

18    *La Croix de l'Aube* Nr. 2635, 19. September 1905,
Seite [3] (zweite Spalte von rechts, in der oberen Hälfte),

https://www.retronews.fr/journal/la-croix-de-l-aube/19-septembre-
1905/1089/4081453/3?from=%2Fsearch%23allTerms%3DLispian%26sort%3Ds-
core%26publishedBounds%3Dfrom%26indexedBounds%3Dfrom%26page
%3D2%26searchIn%3Dall%26total%3D42&index=38

19    *La Gazette de France* (ohne Nummerierung), 19. September 1905,
Seite [3] (dritte Spalte von rechts, Mitte),

https://www.retronews.fr/journal/la-gazette-de-france/19-septembre-
1905/379/1980667/3?from=%2Fsearch%23allTerms%3DLispian%26sort%3Ds-
core%26publishedBounds%3Dfrom%26indexedBounds%3Dfrom%26page
%3D2%26searchIn%3Dall%26total%3D42&index=27

20    *La Dépêche* Nr. 13601, 18. September 1905,
Seite 3 (zweite Spalte von links, zweites Viertel von oben),

https://www.retronews.fr/journal/la-depeche-toulouse/18-septembre-
1905/2549/3982291/3?from=%2Fsearch%23allTerms%3DLispian%26sort%3Ds-
core%26publishedBounds%3Dfrom%26indexedBounds%3Dfrom%26page
%3D2%26searchIn%3Dall%26total%3D42&index=28

21    *L'Éclair* Nr. 6139, 18. September 1905,
Seite 3 (zweite Spalte von links, Mitte),

https://www.retronews.fr/journal/l-eclair/18-septembre-1905/2539/3251671/3?
from=%2Fsearch%23allTerms%3DLispian%26sort%3Dscore%26published-
Bounds%3Dfrom%26indexedBounds%3Dfrom%26page%3D2%26searchIn
%3Dall%26total%3D42&index=41

(mit Foto)

22    *L'Éclair* Nr. 6142, 21. September 1905,
Seite 1 (erste und zweite Spalte von rechts, jeweils die untere Hälfte) und
Seite 2 (erste Spalte von links, obere Hälfte),

https://www.retronews.fr/journal/l-eclair/21-septembre-1905/2539/3251651/1?
from=%2Fsearch%23allTerms%3DLispian%26sort%3Dscore%26published-
Bounds%3Dfrom%26indexedBounds%3Dfrom%26page%3D2%26searchIn
%3Dall%26total%3D42&index=26

(mit Illustrationen)

23    *L'Indépendant Rémois* Nr. 12333, 22. September 1905,
Seite [3] (zweite Spalte von links, unteres Drittel),

https://www.retronews.fr/journal/l-independant-remois/22-septembre-
1905/651/2334533/3?from=%2Fsearch%23allTerms%3DLispian%26sort%3Ds-
core%26publishedBounds%3Dfrom%26indexedBounds%3Dfrom%26page
%3D1%26searchIn%3Dall%26total%3D42&index=4

24  *L'Écho de Paris* Nr. 7775, 22. September 1905,
Seite 2 (dritte Spalte von rechts, mittleres Drittel),

https://www.retronews.fr/journal/l-echo-de-paris-1884-1938/22-septembre-1905/120/611597/2?from=%2Fsearch%23allTerms%3DLispian%26sort%3Dscore%26publishedBounds%3Dfrom%26indexedBounds%3Dfrom%26page%3D2%26searchIn%3Dall%26total%3D42&index=31

25  *Le Petit Bleu de Paris* Nr. 265, 23. September 1905,
Seite [3] (dritte Spalte von rechts, ab dem mittleren Drittel),

https://www.retronews.fr/journal/le-petit-bleu-de-paris/23-septembre-1905/2201/4843774/3?from=%2Fsearch%23allTerms%3DLispian%26sort%3Dscore%26publishedBounds%3Dfrom%26indexedBounds%3Dfrom%26page%3D2%26searchIn%3Dall%26total%3D42&index=24

26  *L'Écho de Paris* Nr. 7774, 21. September 1905,
Seite 1 (erste Spalte von rechts, untere Hälfte),

https://www.retronews.fr/journal/l-echo-de-paris-1884-1938/21-septembre-1905/120/616109/1?from=%2Fsearch%23allTerms%3DLispian%26sort%3Dscore%26publishedBounds%3Dfrom%26indexedBounds%3Dfrom%26page%3D1%26searchIn%3Dall%26total%3D42&index=20

27  *L'Écho de Paris* Nr. 7774, 21. September 1905,
Seite 1 (erste Spalte von rechts, untere Hälfte),

https://www.retronews.fr/journal/l-echo-de-paris-1884-1938/21-septembre-1905/120/616109/1?from=%2Fsearch%23allTerms%3DLispian%26sort%3Dscore%26publishedBounds%3Dfrom%26indexedBounds%3Dfrom%26page%3D1%26searchIn%3Dall%26total%3D42&index=20

28  *L'Indépendant Rémois* Nr. 12333, 22. September 1905,
Seite [3] (zweite Spalte von links, unteres Drittel),

https://www.retronews.fr/journal/l-independant-remois/22-septembre-1905/651/2334533/3?from=%2Fsearch%23allTerms%3DLispian%26sort%3Dscore%26publishedBounds%3Dfrom%26indexedBounds%3Dfrom%26page%3D1%26searchIn%3Dall%26total%3D42&index=4

29  *L'Écho de Paris* Nr. 7774, 21. September 1905,
Seite 1 (erste Spalte von rechts, untere Hälfte),

https://www.retronews.fr/journal/l-echo-de-paris-1884-1938/21-septembre-1905/120/616109/1?from=%2Fsearch%23allTerms%3DLispian%26sort%3Dscore%26publishedBounds%3Dfrom%26indexedBounds%3Dfrom%26page%3D1%26searchIn%3Dall%26total%3D42&index=20

30  L'Écho de Paris Nr. 7775, 22. September 1905,
Seite 2 (dritte Spalte von rechts, mittleres Drittel),

https://www.retronews.fr/journal/l-echo-de-paris-1884-1938/22-septembre-
1905/120/611597/2?from=%2Fsearch%23allTerms%3DLispian%26sort%3Dsco-
re%26publishedBounds%3Dfrom%26indexedBounds%3Dfrom%26page
%3D2%26searchIn%3Dall%26total%3D42&index=31

31  Le Matin Nr. 7880, 22. September 1905,
Seite 5 (erste Spalte von links, obere Hälfte),

https://www.retronews.fr/journal/le-matin/22-septembre-1905/66/176475/5?
from=%2Fsearch%23allTerms%3DLispian%26sort%3Dscore%26published-
Bounds%3Dfrom%26indexedBounds%3Dfrom%26page%3D2%26searchIn
%3Dall%26total%3D42&index=36

32  L'Indépendant Rémois Nr. 12333, 22. September 1905,
Seite [3] (zweite Spalte von links, unteres Drittel),

https://www.retronews.fr/journal/l-independant-remois/22-septembre-
1905/651/2334533/3?from=%2Fsearch%23allTerms%3DLispian%26sort%3Ds-
core%26publishedBounds%3Dfrom%26indexedBounds%3Dfrom%26page
%3D1%26searchIn%3Dall%26total%3D42&index=4

33  L'Écho de Paris Nr. 7774, 21. September 1905,
Seite 1 (erste Spalte von rechts, untere Hälfte),

https://www.retronews.fr/journal/l-echo-de-paris-1884-1938/21-septembre-
1905/120/616109/1?from=%2Fsearch%23allTerms%3DLispian%26sort%3Dsco-
re%26publishedBounds%3Dfrom%26indexedBounds%3Dfrom%26page
%3D1%26searchIn%3Dall%26total%3D42&index=20

34  L'Éclair Nr. 6142, 21. September 1905,
Seite 1 (erste und zweite Spalte von rechts, jeweils die untere Hälfte) und
Seite 2 (erste Spalte von links, obere Hälfte),

https://www.retronews.fr/journal/l-eclair/21-septembre-1905/2539/3251651/1?
from=%2Fsearch%23allTerms%3DLispian%26sort%3Dscore%26published-
Bounds%3Dfrom%26indexedBounds%3Dfrom%26page%3D2%26searchIn
%3Dall%26total%3D42&index=26

(mit Illustrationen)

35   *L'Indépendant Rémois* Nr. 12333, 22. September 1905,
Seite [3] (zweite Spalte von links, unteres Drittel),

https://www.retronews.fr/journal/l-independant-remois/22-septembre-1905/651/2334533/3?from=%2Fsearch%23allTerms%3DLispian%26sort%3Dscore%26publishedBounds%3Dfrom%26indexedBounds%3Dfrom%26page%3D1%26searchIn%3Dall%26total%3D42&index=4

36   *L'Écho de Paris* Nr. 7775, 22. September 1905,
Seite 2 (dritte Spalte von rechts, mittleres Drittel),

https://www.retronews.fr/journal/l-echo-de-paris-1884-1938/22-septembre-1905/120/611597/2?from=%2Fsearch%23allTerms%3DLispian%26sort%3Dscore%26publishedBounds%3Dfrom%26indexedBounds%3Dfrom%26page%3D2%26searchIn%3Dall%26total%3D42&index=31

37   *L'Indépendant Rémois* Nr. 12333, 22. September 1905,
Seite [3] (zweite Spalte von links, unteres Drittel),

https://www.retronews.fr/journal/l-independant-remois/22-septembre-1905/651/2334533/3?from=%2Fsearch%23allTerms%3DLispian%26sort%3Dscore%26publishedBounds%3Dfrom%26indexedBounds%3Dfrom%26page%3D1%26searchIn%3Dall%26total%3D42&index=4

38   *L'Écho de Paris* Nr. 7775, 22. September 1905,
Seite 2 (dritte Spalte von rechts, mittleres Drittel),

https://www.retronews.fr/journal/l-echo-de-paris-1884-1938/22-septembre-1905/120/611597/2?from=%2Fsearch%23allTerms%3DLispian%26sort%3Dscore%26publishedBounds%3Dfrom%26indexedBounds%3Dfrom%26page%3D2%26searchIn%3Dall%26total%3D42&index=31

39   *L'Indépendant Rémois* Nr. 12333, 22. September 1905,
Seite [3] (zweite Spalte von links, unteres Drittel),

https://www.retronews.fr/journal/l-independant-remois/22-septembre-1905/651/2334533/3?from=%2Fsearch%23allTerms%3DLispian%26sort%3Dscore%26publishedBounds%3Dfrom%26indexedBounds%3Dfrom%26page%3D1%26searchIn%3Dall%26total%3D42&index=4

40   *L'Écho de Paris* Nr. 7774, 21. September 1905,
Seite 1 (erste Spalte von rechts, untere Hälfte),

https://www.retronews.fr/journal/l-echo-de-paris-1884-1938/21-septembre-1905/120/616109/1?from=%2Fsearch%23allTerms%3DLispian%26sort%3Dscore%26publishedBounds%3Dfrom%26indexedBounds%3Dfrom%26page%3D1%26searchIn%3Dall%26total%3D42&index=20

41    *La Vérité Francaise* Nr. 4358, 22. September 1905,
Seite [4] (erste Spalte von links, mittleres Drittel),

https://www.retronews.fr/journal/la-verite-1893-1907/22-septembre-
1905/1227/4246867/4?from=%2Fsearch%23allTerms%3DLispian%26sort%3Ds-
core%26publishedBounds%3Dfrom%26indexedBounds%3Dfrom%26page
%3D1%26searchIn%3Dall%26total%3D42&index=14

42    *L'Écho de Paris* Nr. 7774, 21. September 1905,
Seite 1 (erste Spalte von rechts, untere Hälfte),

https://www.retronews.fr/journal/l-echo-de-paris-1884-1938/21-septembre-
1905/120/616109/1?from=%2Fsearch%23allTerms%3DLispian%26sort%3Dsco-
re%26publishedBounds%3Dfrom%26indexedBounds%3Dfrom%26page
%3D1%26searchIn%3Dall%26total%3D42&index=20

43    *L'Écho de Paris* Nr. 7774, 21. September 1905,
Seite 1 (erste Spalte von rechts, untere Hälfte),

https://www.retronews.fr/journal/l-echo-de-paris-1884-1938/21-septembre-
1905/120/616109/1?from=%2Fsearch%23allTerms%3DLispian%26sort%3Dsco-
re%26publishedBounds%3Dfrom%26indexedBounds%3Dfrom%26page
%3D1%26searchIn%3Dall%26total%3D42&index=20

44    *L'Éclair* Nr. 6142, 21. September 1905,
Seite 1 (erste und zweite Spalte von rechts, jeweils die untere Hälfte) und
Seite 2 (erste Spalte von links, obere Hälfte),

https://www.retronews.fr/journal/l-eclair/21-septembre-1905/2539/3251651/1?
from=%2Fsearch%23allTerms%3DLispian%26sort%3Dscore%26published-
Bounds%3Dfrom%26indexedBounds%3Dfrom%26page%3D2%26searchIn
%3Dall%26total%3D42&index=26

(mit Illustrationen)

45    *Le Matin* Nr. 7880, 22. September 1905,
Seite 5 (erste Spalte von links, obere Hälfte),

https://www.retronews.fr/journal/le-matin/22-septembre-1905/66/176475/5?
from=%2Fsearch%23allTerms%3DLispian%26sort%3Dscore%26published-
Bounds%3Dfrom%26indexedBounds%3Dfrom%26page%3D2%26searchIn
%3Dall%26total%3D42&index=36

46   *La Gazette de France* (ohne Nummerierung), 22. September 1905,
Seite [2] (zweite Spalte von links, Mitte)

https://www.retronews.fr/journal/la-gazette-de-france/22-septembre-
1905/379/2646233/2?from=%2Fsearch%23allTerms%3DLispian%26sort%3Ds-
core%26publishedBounds%3Dfrom%26indexedBounds%3Dfrom%26page
%3D1%26searchIn%3Dall%26total%3D42&index=2

47   *La Gazette de France* (ohne Nummerierung), 22. September 1905,
Seite [2] (zweite Spalte von links, Mitte)

https://www.retronews.fr/journal/la-gazette-de-france/22-septembre-
1905/379/2646233/2?from=%2Fsearch%23allTerms%3DLispian%26sort%3Ds-
core%26publishedBounds%3Dfrom%26indexedBounds%3Dfrom%26page
%3D1%26searchIn%3Dall%26total%3D42&index=2

48   Internet:

https://www.linternaute.fr/dictionnaire/fr/definition/macache/

49   *L'Indépendant Rémois* Nr. 12333, 22. September 1905,
Seite [3] (zweite Spalte von links, unteres Drittel),

https://www.retronews.fr/journal/l-independant-remois/22-septembre-
1905/651/2334533/3?from=%2Fsearch%23allTerms%3DLispian%26sort%3Ds-
core%26publishedBounds%3Dfrom%26indexedBounds%3Dfrom%26page
%3D1%26searchIn%3Dall%26total%3D42&index=4

50   *Le Phare de la Loire* Nr. 23165, 23. September 1905,
Seite 2 (erste Spalte von links, ab dem unteren Drittel),

https://www.retronews.fr/journal/le-phare-de-la-loire/23-septembre-
1905/1761/2940371/2?from=%2Fsearch%23allTerms%3DLispian%26sort%3Ds-
core%26publishedBounds%3Dfrom%26indexedBounds%3Dfrom%26page
%3D1%26searchIn%3Dall%26total%3D42&index=19

51   *Le Phare de la Loire* Nr. 23165, 23. September 1905,
Seite 2 (erste Spalte von links, ab dem unteren Drittel),

https://www.retronews.fr/journal/le-phare-de-la-loire/23-septembre-
1905/1761/2940371/2?from=%2Fsearch%23allTerms%3DLispian%26sort%3Ds-
core%26publishedBounds%3Dfrom%26indexedBounds%3Dfrom%26page
%3D1%26searchIn%3Dall%26total%3D42&index=19

52   *Le Journal* Nr. 4739, 21. September 1905,
Seite 2 (dritte Spalte von rechts, Mitte),

https://www.retronews.fr/journal/le-journal/21-septembre-1905/129/111037/2?
from=%2Fsearch%23allTerms%3DLispian%26sort%3Dscore%26published-
Bounds%3Dfrom%26indexedBounds%3Dfrom%26page%3D1%26searchIn
%3Dall%26total%3D42&index=5

53   *L'Écho de Paris* Nr. 7775, 22. September 1905,
Seite 2 (dritte Spalte von rechts, mittleres Drittel),

https://www.retronews.fr/journal/l-echo-de-paris-1884-1938/22-septembre-
1905/120/611597/2?from=%2Fsearch%23allTerms%3DLispian%26sort%3Dsco-
re%26publishedBounds%3Dfrom%26indexedBounds%3Dfrom%26page
%3D2%26searchIn%3Dall%26total%3D42&index=31

54   *Le Journal* Nr. 4739, 21. September 1905,
Seite 2 (dritte Spalte von rechts, Mitte),

https://www.retronews.fr/journal/le-journal/21-septembre-1905/129/111037/2?
from=%2Fsearch%23allTerms%3DLispian%26sort%3Dscore%26published-
Bounds%3Dfrom%26indexedBounds%3Dfrom%26page%3D1%26searchIn
%3Dall%26total%3D42&index=5

55   *La Vérité Francaise* Nr. 4358, 22. September 1905,
Seite [4] (erste Spalte von links, mittleres Drittel),

https://www.retronews.fr/journal/la-verite-1893-1907/22-septembre-
1905/1227/4246867/4?from=%2Fsearch%23allTerms%3DLispian%26sort%3Ds-
core%26publishedBounds%3Dfrom%26indexedBounds%3Dfrom%26page
%3D1%26searchIn%3Dall%26total%3D42&index=14

56   *Le Matin* Nr. 7880, 22. September 1905,
Seite 5 (erste Spalte von links, obere Hälfte),

https://www.retronews.fr/journal/le-matin/22-septembre-1905/66/176475/5?
from=%2Fsearch%23allTerms%3DLispian%26sort%3Dscore%26published-
Bounds%3Dfrom%26indexedBounds%3Dfrom%26page%3D2%26searchIn
%3Dall%26total%3D42&index=36

57   *L'Écho de Paris* Nr. 7775, 22. September 1905,
Seite 2 (dritte Spalte von rechts, mittleres Drittel),

https://www.retronews.fr/journal/l-echo-de-paris-1884-1938/22-septembre-
1905/120/611597/2?from=%2Fsearch%23allTerms%3DLispian%26sort%3Dsco-
re%26publishedBounds%3Dfrom%26indexedBounds%3Dfrom%26page
%3D2%26searchIn%3Dall%26total%3D42&index=31

58   *L'Écho de Paris* Nr. 7775, 22. September 1905,
Seite 2 (dritte Spalte von rechts, mittleres Drittel),

https://www.retronews.fr/journal/l-echo-de-paris-1884-1938/22-septembre-1905/120/611597/2?from=%2Fsearch%23allTerms%3DLispian%26sort%3Dscore%26publishedBounds%3Dfrom%26indexedBounds%3Dfrom%26page%3D2%26searchIn%3Dall%26total%3D42&index=31

59   *Le Matin* Nr. 7880, 22. September 1905,
Seite 5 (erste Spalte von links, obere Hälfte),

https://www.retronews.fr/journal/le-matin/22-septembre-1905/66/176475/5?from=%2Fsearch%23allTerms%3DLispian%26sort%3Dscore%26published-Bounds%3Dfrom%26indexedBounds%3Dfrom%26page%3D2%26searchIn%3Dall%26total%3D42&index=36

60   *L'Écho de Paris* Nr. 7775, 22. September 1905,
Seite 2 (dritte Spalte von rechts, mittleres Drittel),

https://www.retronews.fr/journal/l-echo-de-paris-1884-1938/22-septembre-1905/120/611597/2?from=%2Fsearch%23allTerms%3DLispian%26sort%3Dscore%26publishedBounds%3Dfrom%26indexedBounds%3Dfrom%26page%3D2%26searchIn%3Dall%26total%3D42&index=31

61   *Le Matin* Nr. 7880, 22. September 1905,
Seite 5 (erste Spalte von links, obere Hälfte),

https://www.retronews.fr/journal/le-matin/22-septembre-1905/66/176475/5?from=%2Fsearch%23allTerms%3DLispian%26sort%3Dscore%26published-Bounds%3Dfrom%26indexedBounds%3Dfrom%26page%3D2%26searchIn%3Dall%26total%3D42&index=36

62   *Le Matin* Nr. 7880, 22. September 1905,
Seite 5 (erste Spalte von links, obere Hälfte),

https://www.retronews.fr/journal/le-matin/22-septembre-1905/66/176475/5?from=%2Fsearch%23allTerms%3DLispian%26sort%3Dscore%26published-Bounds%3Dfrom%26indexedBounds%3Dfrom%26page%3D2%26searchIn%3Dall%26total%3D42&index=36

63   *Le Phare de la Loire* Nr. 23165, 23. September 1905,
Seite 2 (erste Spalte von links, ab dem unteren Drittel),

https://www.retronews.fr/journal/le-phare-de-la-loire/23-septembre-1905/1761/2940371/2?from=%2Fsearch%23allTerms%3DLispian%26sort%3Dscore%26publishedBounds%3Dfrom%26indexedBounds%3Dfrom%26page%3D1%26searchIn%3Dall%26total%3D42&index=19

64   *L'Écho de Paris* Nr. 7775, 22. September 1905,
Seite 2 (dritte Spalte von rechts, mittleres Drittel),

https://www.retronews.fr/journal/l-echo-de-paris-1884-1938/22-septembre-1905/120/611597/2?from=%2Fsearch%23allTerms%3DLispian%26sort%3Dscore%26publishedBounds%3Dfrom%26indexedBounds%3Dfrom%26page%3D2%26searchIn%3Dall%26total%3D42&index=31

65   *Le Matin* Nr. 7880, 22. September 1905,
Seite 5 (erste Spalte von links, obere Hälfte),

https://www.retronews.fr/journal/le-matin/22-septembre-1905/66/176475/5?from=%2Fsearch%23allTerms%3DLispian%26sort%3Dscore%26publishedBounds%3Dfrom%26indexedBounds%3Dfrom%26page%3D2%26searchIn%3Dall%26total%3D42&index=36

66   *Le Petit Parisien* Nr. 10556, 22. September 1905,
Seite 4 (zweite Spalte von links, ab dem zweiten Viertel),

https://www.retronews.fr/journal/le-petit-parisien/22-septembre-1905/2/84022/4?from=%2Fsearch%23allTerms%3DLispian%26sort%3Dscore%26publishedBounds%3Dfrom%26indexedBounds%3Dfrom%26page%3D2%26searchIn%3Dall%26total%3D42&index=34

67   *La Gazette de France* (ohne Nummerierung), 22. September 1905,
Seite [2] (zweite Spalte von links, Mitte)

https://www.retronews.fr/journal/la-gazette-de-france/22-septembre-1905/379/2646233/2?from=%2Fsearch%23allTerms%3DLispian%26sort%3Dscore%26publishedBounds%3Dfrom%26indexedBounds%3Dfrom%26page%3D1%26searchIn%3Dall%26total%3D42&index=2

68   *Le Journal* Nr. 4739, 21. September 1905,
Seite 2 (dritte Spalte von rechts, Mitte),

https://www.retronews.fr/journal/le-journal/21-septembre-1905/129/111037/2?from=%2Fsearch%23allTerms%3DLispian%26sort%3Dscore%26publishedBounds%3Dfrom%26indexedBounds%3Dfrom%26page%3D1%26searchIn%3Dall%26total%3D42&index=5

69   *L'Écho de Paris* Nr. 7774, 21. September 1905,
Seite 1 (erste Spalte von rechts, untere Hälfte),

https://www.retronews.fr/journal/l-echo-de-paris-1884-1938/21-septembre-1905/120/616109/1?from=%2Fsearch%23allTerms%3DLispian%26sort%3Dscore%26publishedBounds%3Dfrom%26indexedBounds%3Dfrom%26page%3D1%26searchIn%3Dall%26total%3D42&index=20

70   *L'Éclair* Nr. 6142, 21. September 1905,
Seite 1 (erste und zweite Spalte von rechts, jeweils die untere Hälfte) und
Seite 2 (erste Spalte von links, obere Hälfte),

https://www.retronews.fr/journal/l-eclair/21-septembre-1905/2539/3251651/1?
from=%2Fsearch%23allTerms%3DLispian%26sort%3Dscore%26published-
Bounds%3Dfrom%26indexedBounds%3Dfrom%26page%3D2%26searchIn
%3Dall%26total%3D42&index=26

(mit Illustrationen)

71   *Le Petit Parisien* Nr. 10556, 22. September 1905,
Seite 4 (zweite Spalte von links, ab dem zweiten Viertel),

https://www.retronews.fr/journal/le-petit-parisien/22-septembre-
1905/2/84022/4?from=%2Fsearch%23allTerms%3DLispian%26sort%3Dscore
%26publishedBounds%3Dfrom%26indexedBounds%3Dfrom%26page
%3D2%26searchIn%3Dall%26total%3D42&index=34

72   *Le Journal* Nr. 4739, 21. September 1905,
Seite 2 (dritte Spalte von rechts, Mitte),

https://www.retronews.fr/journal/le-journal/21-septembre-1905/129/111037/2?
from=%2Fsearch%23allTerms%3DLispian%26sort%3Dscore%26published-
Bounds%3Dfrom%26indexedBounds%3Dfrom%26page%3D1%26searchIn
%3Dall%26total%3D42&index=5

73   *La Tribune de l'Aube* Nr. 1662, 21. September 1905,
Seite [2] (dritte Spalte von links, Mitte),

https://www.retronews.fr/journal/la-tribune-de-l-aube/21-septembre-
1905/1217/2893877/2?from=%2Fsearch%23allTerms%3DLispian%26sort%3Ds-
core%26publishedBounds%3Dfrom%26indexedBounds%3Dfrom%26page
%3D1%26searchIn%3Dall%26total%3D42&index=0

74   *Le Matin* Nr. 7880, 22. September 1905,
Seite 5 (erste Spalte von links, obere Hälfte),

https://www.retronews.fr/journal/le-matin/22-septembre-1905/66/176475/5?
from=%2Fsearch%23allTerms%3DLispian%26sort%3Dscore%26published-
Bounds%3Dfrom%26indexedBounds%3Dfrom%26page%3D2%26searchIn
%3Dall%26total%3D42&index=36

75   *Le Petit Parisien* Nr. 10556, 22. September 1905,
Seite 4 (zweite Spalte von links, ab dem zweiten Viertel),

https://www.retronews.fr/journal/le-petit-parisien/22-septembre-
1905/2/84022/4?from=%2Fsearch%23allTerms%3DLispian%26sort%3Dscore
%26publishedBounds%3Dfrom%26indexedBounds%3Dfrom%26page
%3D2%26searchIn%3Dall%26total%3D42&index=34

76   *Le Matin* Nr. 7880, 22. September 1905,
Seite 5 (erste Spalte von links, obere Hälfte),

https://www.retronews.fr/journal/le-matin/22-septembre-1905/66/176475/5?
from=%2Fsearch%23allTerms%3DLispian%26sort%3Dscore%26published-
Bounds%3Dfrom%26indexedBounds%3Dfrom%26page%3D2%26searchIn
%3Dall%26total%3D42&index=36

77   *L'Éclair* Nr. 6142, 21. September 1905,
Seite 1 (erste und zweite Spalte von rechts, jeweils die untere Hälfte) und
Seite 2 (erste Spalte von links, obere Hälfte),

https://www.retronews.fr/journal/l-eclair/21-septembre-1905/2539/3251651/1?
from=%2Fsearch%23allTerms%3DLispian%26sort%3Dscore%26published-
Bounds%3Dfrom%26indexedBounds%3Dfrom%26page%3D2%26searchIn
%3Dall%26total%3D42&index=26

(mit Illustrationen)

78   *La Gazette de France* (ohne Nummerierung), 22. September 1905,
Seite [2] (zweite Spalte von links, Mitte)

https://www.retronews.fr/journal/la-gazette-de-france/22-septembre-
1905/379/2646233/2?from=%2Fsearch%23allTerms%3DLispian%26sort%3Ds-
core%26publishedBounds%3Dfrom%26indexedBounds%3Dfrom%26page
%3D1%26searchIn%3Dall%26total%3D42&index=2

79   *L'Écho de Paris* Nr. 7775, 22. September 1905,
Seite 2 (dritte Spalte von rechts, mittleres Drittel),

https://www.retronews.fr/journal/l-echo-de-paris-1884-1938/22-septembre-
1905/120/611597/2?from=%2Fsearch%23allTerms%3DLispian%26sort%3Dsco-
re%26publishedBounds%3Dfrom%26indexedBounds%3Dfrom%26page
%3D2%26searchIn%3Dall%26total%3D42&index=31

80   *La Vérité Francaise* Nr. 4358, 22. September 1905,
Seite [4] (erste Spalte von links, mittleres Drittel),

https://www.retronews.fr/journal/la-verite-1893-1907/22-septembre-
1905/1227/4246867/4?from=%2Fsearch%23allTerms%3DLispian%26sort%3Ds
core%26publishedBounds%3Dfrom%26indexedBounds%3Dfrom%26page
%3D1%26searchIn%3Dall%26total%3D42&index=14

81   *L'Écho de Paris* Nr. 7775, 22. September 1905,
Seite 2 (dritte Spalte von rechts, mittleres Drittel),

https://www.retronews.fr/journal/l-echo-de-paris-1884-1938/22-septembre-
1905/120/611597/2?from=%2Fsearch%23allTerms%3DLispian%26sort%3Dsco-
re%26publishedBounds%3Dfrom%26indexedBounds%3Dfrom%26page
%3D2%26searchIn%3Dall%26total%3D42&index=31

82   *L'Éclair* Nr. 6142, 21. September 1905,
Seite 1 (erste und zweite Spalte von rechts, jeweils die untere Hälfte) und
Seite 2 (erste Spalte von links, obere Hälfte),

https://www.retronews.fr/journal/l-eclair/21-septembre-1905/2539/3251651/1?
from=%2Fsearch%23allTerms%3DLispian%26sort%3Dscore%26published-
Bounds%3Dfrom%26indexedBounds%3Dfrom%26page%3D2%26searchIn
%3Dall%26total%3D42&index=26

(mit Illustrationen)

83   *Le Petit Bleu de Paris* Nr. 265, 23. September 1905,
Seite [3] (dritte Spalte von rechts, ab dem mittleren Drittel),

https://www.retronews.fr/journal/le-petit-bleu-de-paris/23-septembre-
1905/2201/4843774/3?from=%2Fsearch%23allTerms%3DLispian%26sort%3Ds
core%26publishedBounds%3Dfrom%26indexedBounds%3Dfrom%26page
%3D2%26searchIn%3Dall%26total%3D42&index=24

84   *L'Éclair* Nr. 6139, 18. September 1905,
Seite 3 (zweite Spalte von links, Mitte),

https://www.retronews.fr/journal/l-eclair/18-septembre-1905/2539/3251671/3?
from=%2Fsearch%23allTerms%3DLispian%26sort%3Dscore%26published-
Bounds%3Dfrom%26indexedBounds%3Dfrom%26page%3D2%26searchIn
%3Dall%26total%3D42&index=41

(mit Foto)

85  *Le Journal* Nr. 4736, 18. September 1905,
Seite 3 (erste Spalte von rechts, untere Hälfte),

https://www.retronews.fr/journal/le-journal/18-septembre-1905/129/247725/3?
from=%2Fsearch%23allTerms%3DLispian%26sort%3Dscore%26published-
Bounds%3Dfrom%26indexedBounds%3Dfrom%26page%3D2%26searchIn
%3Dall%26total%3D42&index=29

(mit Foto)

86  *Le Petit Parisien* Nr. 10563, 29. September 1905, Seite 2
(erste und zweite Spalte von rechts, jeweils das mittlere und untere Drittel),

https://www.retronews.fr/journal/le-petit-parisien/29-septembre-
1905/2/84010/2?from=%2Fsearch%23allTerms%3DMoro-Giafferi%26sort%3Ds-
core%26publishedStart%3D1905-09-01%26publishedEnd%3D1905-09-
30%26publishedBounds%3Dfrom%26indexedBounds%3Dfrom%26page
%3D1%26searchIn%3Dall%26total%3D45&index=8

(mit Foto)

87  *Le Petit Journal* Nr. 16050, 6. Dezember 1906,
Seite 1 (dritte und vierte Spalte von links, jeweils das unterste Viertel),

https://www.retronews.fr/journal/le-petit-journal/6-decembre-
1906/100/429221/1?from=%2Fsearch%23allTerms%3D%2522Rinaldo
%2520Agostini%2522%26sort%3Dscore%26publishedStart%3D1906-01-
01%26publishedEnd%3D1906-12-31%26publishedBounds%3Dfrom%26indexed-
Bounds%3Dfrom%26page%3D1%26searchIn%3Dall%26total%3D9&index=0

(mit Foto)

88  *Illustrierte Kronen Zeitung* Nr. 2102, 6. November 1905,
Seite 13 (linke Spalte, ganz unten),

https://anno.onb.ac.at/cgi-content/anno?
aid=krz&datum=19051106&seite=13&zoom=33&query=%22Illustrierte%22%2B
%22Kronen-Zeitung%22&ref=anno-search

(mit Illustration)

89  *L'Autorité* Nr. 272, 29. September 1905,
Seite [2] (dritte Spalte von rechts, obere Hälfte),

https://www.retronews.fr/journal/l-autorite/29-septembre-
1905/1041/3696483/2?from=%2Fsearch%23allTerms%3DMoro-Giafferi%26sort
%3Dscore%26publishedStart%3D1905-09-01%26publishedEnd%3D1905-09-
30%26publishedBounds%3Dfrom%26indexedBounds%3Dfrom%26page
%3D1%26searchIn%3Dall%26total%3D45&index=0

90  *Le Petit Parisien* Nr. 10563, 29. September 1905, Seite 2
(erste und zweite Spalte von rechts, jeweils das mittlere und untere Drittel),

https://www.retronews.fr/journal/le-petit-parisien/29-septembre-
1905/2/84010/2?from=%2Fsearch%23allTerms%3DMoro-Giafferi%26sort%3Ds-
core%26publishedStart%3D1905-09-01%26publishedEnd%3D1905-09-
30%26publishedBounds%3Dfrom%26indexedBounds%3Dfrom%26page
%3D1%26searchIn%3Dall%26total%3D45&index=8

(mit Foto)

91  *Le Petit Troyen* Nr. 9187, 25. September 1905,
Seite [3] (erste Spalte von rechts, oberes und mittleres Drittel),

https://www.retronews.fr/journal/le-petit-troyen/25-septembre-
1905/331/1356547/3?from=%2Fsearch%23allTerms%3DMoro-Giafferi%26sort
%3Dscore%26publishedStart%3D1905-09-01%26publishedEnd%3D1905-09-
30%26publishedBounds%3Dfrom%26indexedBounds%3Dfrom%26page
%3D1%26searchIn%3Dall%26total%3D45&index=11

92  *Le Figaro* Nr. 268, 25. September 1905, Seite 3,

https://www.retronews.fr/journal/le-figaro-1854-/25-septembre-
1905/104/799041/3

(Illustration)

93  *Le Rire* Nr. 140, 7. Oktober 1905, Seite [3],

https://www.retronews.fr/journal/le-rire/7-octobre-1905/219/1930539/3?from=
%2Fsearch%23allTerms%3Dagrach%26sort%3Dscore%26publishedStart
%3D1905-10-01%26publishedEnd%3D1905-10-31%26publishedBounds
%3Dfrom%26indexedBounds%3Dfrom%26page%3D1%26searchIn%3Dall
%26total%3D47&index=1

(Illustration)

94   *La Lampiro* Nr. 142, 2016, Seite 14-16,

https://easp.org.br/lampiro/lampiro_142.pdf

(in Esperanto, mit Illustrationen)

95   *Gil Blas* Nr. 9480, 26. September 1905,
Seite [1] (dritte Spalte von links, ganz unten),

https://www.retronews.fr/journal/gil-blas/26-septembre-1905/121/271711/1?
from=%2Fsearch%23allTerms%3DMoro-Giafferi%26sort%3Dscore%26publishe-
dStart%3D1905-09-01%26publishedEnd%3D1905-09-30%26publishedBounds
%3Dfrom%26indexedBounds%3Dfrom%26page%3D1%26searchIn%3Dall
%26total%3D45&index=22

96   *La Croix* Nr. 6896, 24./25. September 1905,
Seite 3 (zweite Spalte von rechts, Mitte und erste Spalte von rechts, oben),

https://www.retronews.fr/journal/la-croix/24-septembre-1905/106/1885321/3?
from=%2Fsearch%23allTerms%3DRitar%2520Amor%26sort%3Dscore%26pu-
blishedStart%3D1905-09-22%26publishedEnd%3D1905-09-28%26published-
Bounds%3Dfrom%26indexedBounds%3Dfrom%26page%3D1%26searchIn
%3Dall%26total%3D20&index=6

(eine Doppelausgabe für zwei Tage)

97   *Le Figaro* Nr. 266, 23. September 1905,
Seite 1 (erste Spalte von rechts, unteres Drittel) und
Seite 2 (erste Spalte von links, obere Hälfte),

https://www.retronews.fr/journal/le-figaro-1854-/23-septembre-
1905/104/799005/1

98   *La Croix* Nr. 6896, 24./25. September 1905,
Seite 3 (zweite Spalte von rechts, Mitte und erste Spalte von rechts, oben),

https://www.retronews.fr/journal/la-croix/24-septembre-1905/106/1885321/3?
from=%2Fsearch%23allTerms%3DRitar%2520Amor%26sort%3Dscore%26pu-
blishedStart%3D1905-09-22%26publishedEnd%3D1905-09-28%26published-
Bounds%3Dfrom%26indexedBounds%3Dfrom%26page%3D1%26searchIn
%3Dall%26total%3D20&index=6

(eine Doppelausgabe für zwei Tage)

99  *L'Autorité* Nr. 272, 29. September 1905,
Seite [2] (dritte Spalte von rechts, obere Hälfte),

https://www.retronews.fr/journal/l-autorite/29-septembre-
1905/1041/3696483/2?from=%2Fsearch%23allTerms%3DMoro-Giafferi%26sort
%3Dscore%26publishedStart%3D1905-09-01%26publishedEnd%3D1905-09-
30%26publishedBounds%3Dfrom%26indexedBounds%3Dfrom%26page
%3D1%26searchIn%3Dall%26total%3D45&index=0

100  *L'Indépendant Rémois* Nr. 12341, 30. September 1905,
Seite [1] (zweite Spalte von links, untere Hälfte),

https://www.retronews.fr/journal/l-independant-remois/30-septembre-
1905/651/2335103/1?from=%2Fsearch%23allTerms%3D%2522Rinaldo
%2520Agostini%2522%26sort%3Dscore%26publishedStart%3D1900-01-
01%26publishedEnd%3D1909-12-31%26publishedBounds%3Dfrom%26indexed-
Bounds%3Dfrom%26page%3D1%26searchIn%3Dall%26total
%3D116&index=14

101  *Le Temps* Nr. 16170, 27. September 1905,
Seite [3] (dritte Spalte von rechts, ganz unten),

https://www.retronews.fr/journal/le-temps/27-septembre-1905/123/658615/3?
from=%2Fsearch%23allTerms%3D%2522Rinaldo%2520Agostini%2522%26sort
%3Dscore%26publishedStart%3D1900-01-01%26publishedEnd%3D1909-12-
31%26publishedBounds%3Dfrom%26indexedBounds%3Dfrom%26page
%3D1%26searchIn%3Dall%26total%3D116&index=6

102  *Le Temps* Nr. 16170, 27. September 1905,
Seite [3] (dritte Spalte von rechts, ganz unten),

https://www.retronews.fr/journal/le-temps/27-septembre-1905/123/658615/3?
from=%2Fsearch%23allTerms%3D%2522Rinaldo%2520Agostini%2522%26sort
%3Dscore%26publishedStart%3D1900-01-01%26publishedEnd%3D1909-12-
31%26publishedBounds%3Dfrom%26indexedBounds%3Dfrom%26page
%3D1%26searchIn%3Dall%26total%3D116&index=6

103  *Le Petit Parisien* Nr. 10563, 29. September 1905, Seite 2
(erste und zweite Spalte von rechts, jeweils das mittlere und untere Drittel),

https://www.retronews.fr/journal/le-petit-parisien/29-septembre-
1905/2/84010/2?from=%2Fsearch%23allTerms%3DMoro-Giafferi%26sort%3Ds-
core%26publishedStart%3D1905-09-01%26publishedEnd%3D1905-09-
30%26publishedBounds%3Dfrom%26indexedBounds%3Dfrom%26page
%3D1%26searchIn%3Dall%26total%3D45&index=8

(mit Foto)

104 *L'Indépendant Rémois* Nr. 12341, 30. September 1905,
Seite [1] (zweite Spalte von links, untere Hälfte),

https://www.retronews.fr/journal/l-independant-remois/30-septembre-
1905/651/2335103/1?from=%2Fsearch%23allTerms%3D%2522Rinaldo
%2520Agostini%2522%26sort%3Dscore%26publishedStart%3D1900-01-
01%26publishedEnd%3D1909-12-31%26publishedBounds%3Dfrom%26indexed-
Bounds%3Dfrom%26page%3D1%26searchIn%3Dall%26total
%3D116&index=14

105 *Le Temps* Nr. 16170, 27. September 1905,
Seite [3] (dritte Spalte von rechts, ganz unten),

https://www.retronews.fr/journal/le-temps/27-septembre-1905/123/658615/3?
from=%2Fsearch%23allTerms%3D%2522Rinaldo%2520Agostini%2522%26sort
%3Dscore%26publishedStart%3D1900-01-01%26publishedEnd%3D1909-12-
31%26publishedBounds%3Dfrom%26indexedBounds%3Dfrom%26page
%3D1%26searchIn%3Dall%26total%3D116&index=6

106 *Le Petit Troyen* Nr. 9187, 25. September 1905,
Seite [3] (erste Spalte von rechts, oberes und mittleres Drittel),

https://www.retronews.fr/journal/le-petit-troyen/25-septembre-
1905/331/1356547/3?from=%2Fsearch%23allTerms%3DMoro-Giafferi%26sort
%3Dscore%26publishedStart%3D1905-09-01%26publishedEnd%3D1905-09-
30%26publishedBounds%3Dfrom%26indexedBounds%3Dfrom%26page
%3D1%26searchIn%3Dall%26total%3D45&index=11

107 *Le Petit Troyen* Nr. 9187, 25. September 1905,
Seite [3] (erste Spalte von rechts, oberes und mittleres Drittel),

https://www.retronews.fr/journal/le-petit-troyen/25-septembre-
1905/331/1356547/3?from=%2Fsearch%23allTerms%3DMoro-Giafferi%26sort
%3Dscore%26publishedStart%3D1905-09-01%26publishedEnd%3D1905-09-
30%26publishedBounds%3Dfrom%26indexedBounds%3Dfrom%26page
%3D1%26searchIn%3Dall%26total%3D45&index=11

108 *Le Figaro* Nr. 266, 23. September 1905,
Seite 1 (erste Spalte von rechts, unteres Drittel) und
Seite 2 (erste Spalte von links, obere Hälfte),

https://www.retronews.fr/journal/le-figaro-1854-/23-septembre-
1905/104/799005/1

109 *Le Petit Troyen* Nr. 9187, 25. September 1905,
Seite [3] (erste Spalte von rechts, oberes und mittleres Drittel),

https://www.retronews.fr/journal/le-petit-troyen/25-septembre-
1905/331/1356547/3?from=%2Fsearch%23allTerms%3DMoro-Giafferi%26sort
%3Dscore%26publishedStart%3D1905-09-01%26publishedEnd%3D1905-09-
30%26publishedBounds%3Dfrom%26indexedBounds%3Dfrom%26page
%3D1%26searchIn%3Dall%26total%3D45&index=11

110 *Le Figaro* Nr. 266, 23. September 1905,
Seite 1 (erste Spalte von rechts, unteres Drittel) und
Seite 2 (erste Spalte von links, obere Hälfte),

https://www.retronews.fr/journal/le-figaro-1854-/23-septembre-
1905/104/799005/1

111 *Le Petit Troyen* Nr. 9187, 25. September 1905,
Seite [3] (erste Spalte von rechts, oberes und mittleres Drittel),

https://www.retronews.fr/journal/le-petit-troyen/25-septembre-
1905/331/1356547/3?from=%2Fsearch%23allTerms%3DMoro-Giafferi%26sort
%3Dscore%26publishedStart%3D1905-09-01%26publishedEnd%3D1905-09-
30%26publishedBounds%3Dfrom%26indexedBounds%3Dfrom%26page
%3D1%26searchIn%3Dall%26total%3D45&index=11

112 *Le Temps* Nr. 16170, 27. September 1905,
Seite [3] (dritte Spalte von rechts, ganz unten),

https://www.retronews.fr/journal/le-temps/27-septembre-1905/123/658615/3?
from=%2Fsearch%23allTerms%3D%2522Rinaldo%2520Agostini%2522%26sort
%3Dscore%26publishedStart%3D1900-01-01%26publishedEnd%3D1909-12-
31%26publishedBounds%3Dfrom%26indexedBounds%3Dfrom%26page
%3D1%26searchIn%3Dall%26total%3D116&index=6

113 *L'Autorité* Nr. 272, 29. September 1905,
Seite [2] (dritte Spalte von rechts, obere Hälfte),

https://www.retronews.fr/journal/l-autorite/29-septembre-
1905/1041/3696483/2?from=%2Fsearch%23allTerms%3DMoro-Giafferi%26sort
%3Dscore%26publishedStart%3D1905-09-01%26publishedEnd%3D1905-09-
30%26publishedBounds%3Dfrom%26indexedBounds%3Dfrom%26page
%3D1%26searchIn%3Dall%26total%3D45&index=0

114 *Le Petit Parisien* Nr. 10563, 29. September 1905, Seite 2
(erste und zweite Spalte von rechts, jeweils das mittlere und untere Drittel),

https://www.retronews.fr/journal/le-petit-parisien/29-septembre-
1905/2/84010/2?from=%2Fsearch%23allTerms%3DMoro-Giafferi%26sort%3Ds-
core%26publishedStart%3D1905-09-01%26publishedEnd%3D1905-09-
30%26publishedBounds%3Dfrom%26indexedBounds%3Dfrom%26page
%3D1%26searchIn%3Dall%26total%3D45&index=8

(mit Foto)

115 *Le Petit Parisien* Nr. 10563, 29. September 1905, Seite 2
(erste und zweite Spalte von rechts, jeweils das mittlere und untere Drittel),

https://www.retronews.fr/journal/le-petit-parisien/29-septembre-
1905/2/84010/2?from=%2Fsearch%23allTerms%3DMoro-Giafferi%26sort%3Ds-
core%26publishedStart%3D1905-09-01%26publishedEnd%3D1905-09-
30%26publishedBounds%3Dfrom%26indexedBounds%3Dfrom%26page
%3D1%26searchIn%3Dall%26total%3D45&index=8

(mit Foto)

116 *Le Petit Parisien* Nr. 10563, 29. September 1905, Seite 2
(erste und zweite Spalte von rechts, jeweils das mittlere und untere Drittel),

https://www.retronews.fr/journal/le-petit-parisien/29-septembre-
1905/2/84010/2?from=%2Fsearch%23allTerms%3DMoro-Giafferi%26sort%3Ds-
core%26publishedStart%3D1905-09-01%26publishedEnd%3D1905-09-
30%26publishedBounds%3Dfrom%26indexedBounds%3Dfrom%26page
%3D1%26searchIn%3Dall%26total%3D45&index=8

(mit Foto)

117 *L'Indépendant Rémois* Nr. 12341, 30. September 1905,
Seite [1] (zweite Spalte von links, untere Hälfte),

https://www.retronews.fr/journal/l-independant-remois/30-septembre-
1905/651/2335103/1?from=%2Fsearch%23allTerms%3D%2522Rinaldo
%2520Agostini%2522%26sort%3Dscore%26publishedStart%3D1900-01-
01%26publishedEnd%3D1909-12-31%26publishedBounds%3Dfrom%26indexed-
Bounds%3Dfrom%26page%3D1%26searchIn%3Dall%26total
%3D116&index=14

118 *L'Autorité* Nr. 272, 29. September 1905,
Seite [2] (dritte Spalte von rechts, obere Hälfte),

https://www.retronews.fr/journal/l-autorite/29-septembre-
1905/1041/3696483/2?from=%2Fsearch%23allTerms%3DMoro-Giafferi%26sort
%3Dscore%26publishedStart%3D1905-09-01%26publishedEnd%3D1905-09-
30%26publishedBounds%3Dfrom%26indexedBounds%3Dfrom%26page
%3D1%26searchIn%3Dall%26total%3D45&index=0

119 *Le Petit Parisien* Nr. 10563, 29. September 1905, Seite 2
(erste und zweite Spalte von rechts, jeweils das mittlere und untere Drittel),

https://www.retronews.fr/journal/le-petit-parisien/29-septembre-
1905/2/84010/2?from=%2Fsearch%23allTerms%3DMoro-Giafferi%26sort%3Ds-
core%26publishedStart%3D1905-09-01%26publishedEnd%3D1905-09-
30%26publishedBounds%3Dfrom%26indexedBounds%3Dfrom%26page
%3D1%26searchIn%3Dall%26total%3D45&index=8

(mit Foto)

120 *Le Petit Parisien* Nr. 10563, 29. September 1905, Seite 2
(erste und zweite Spalte von rechts, jeweils das mittlere und untere Drittel),

https://www.retronews.fr/journal/le-petit-parisien/29-septembre-
1905/2/84010/2?from=%2Fsearch%23allTerms%3DMoro-Giafferi%26sort%3Ds-
core%26publishedStart%3D1905-09-01%26publishedEnd%3D1905-09-
30%26publishedBounds%3Dfrom%26indexedBounds%3Dfrom%26page
%3D1%26searchIn%3Dall%26total%3D45&index=8

(mit Foto)

121 *La République Française* Nr. 12217, 30. September 1905,
Seite 1 (dritte Spalte von rechts, mittleres Drittel),

https://www.retronews.fr/journal/la-republique-francaise-1871-1924/30-septem-
bre-1905/655/1708001/1?from=%2Fsearch%23allTerms%3D%2522M.
%2520Roty%2522%26sort%3Dscore%26publishedStart%3D1905-09-29%26pu-
blishedEnd%3D1905-09-30%26publishedBounds%3Dfrom%26indexedBounds
%3Dfrom%26tfHistoPeriods%255B0%255D%3DLa%2520R%25C3%25A9publi-
que%2520radicale%2520%25281898-1914%2529%26page%3D1%26searchIn
%3Dall%26total%3D12&index=2

122 *Le Siècle* Nr. 25917, 8. Dezember 1906,
Seite [1] (erste Spalte von rechts, oberes und mittleres Drittel),

https://www.retronews.fr/journal/le-siecle/8-decembre-1906/93/444573/1?from=
%2Fsearch%23allTerms%3D%2522Rinaldo%2520Agostini%2522%26sort%3Ds
core%26publishedStart%3D1906-01-01%26publishedEnd%3D1906-12-
31%26publishedBounds%3Dfrom%26indexedBounds%3Dfrom%26page
%3D1%26searchIn%3Dall%26total%3D9&index=1

123 *L'Indépendant Rémois* Nr. 12341, 30. September 1905,
Seite [1] (zweite Spalte von links, untere Hälfte),

https://www.retronews.fr/journal/l-independant-remois/30-septembre-
1905/651/2335103/1?from=%2Fsearch%23allTerms%3D%2522Rinaldo
%2520Agostini%2522%26sort%3Dscore%26publishedStart%3D1900-01-
01%26publishedEnd%3D1909-12-31%26publishedBounds%3Dfrom%26indexed-
Bounds%3Dfrom%26page%3D1%26searchIn%3Dall%26total
%3D116&index=14

124 *Le Petit Parisien* Nr. 10563, 29. September 1905, Seite 2
(erste und zweite Spalte von rechts, jeweils das mittlere und untere Drittel),

https://www.retronews.fr/journal/le-petit-parisien/29-septembre-
1905/2/84010/2?from=%2Fsearch%23allTerms%3DMoro-Giafferi%26sort%3Ds
core%26publishedStart%3D1905-09-01%26publishedEnd%3D1905-09-
30%26publishedBounds%3Dfrom%26indexedBounds%3Dfrom%26page
%3D1%26searchIn%3Dall%26total%3D45&index=8

(mit Foto)

125 *L'Indépendant Rémois* Nr. 12341, 30. September 1905,
Seite [1] (zweite Spalte von links, untere Hälfte),

https://www.retronews.fr/journal/l-independant-remois/30-septembre-
1905/651/2335103/1?from=%2Fsearch%23allTerms%3D%2522Rinaldo
%2520Agostini%2522%26sort%3Dscore%26publishedStart%3D1900-01-
01%26publishedEnd%3D1909-12-31%26publishedBounds%3Dfrom%26indexed-
Bounds%3Dfrom%26page%3D1%26searchIn%3Dall%26total
%3D116&index=14

126  *Le Petit Journal* Nr. 16050, 6. Dezember 1906,
Seite 1 (dritte und vierte Spalte von links, jeweils das unterste Viertel),

https://www.retronews.fr/journal/le-petit-journal/6-decembre-
1906/100/429221/1?from=%2Fsearch%23allTerms%3D%2522Rinaldo
%2520Agostini%2522%26sort%3Dscore%26publishedStart%3D1906-01-
01%26publishedEnd%3D1906-12-31%26publishedBounds%3Dfrom%26indexed-
Bounds%3Dfrom%26page%3D1%26searchIn%3Dall%26total%3D9&index=0

(mit Foto)

127  *L'Humanité* Nr. 963, 6. Dezember 1906,
Seite 3 (dritte Spalte von links, Mitte),

https://www.retronews.fr/journal/l-humanite/6-decembre-1906/40/281691/3?
from=%2Fsearch%23allTerms%3DAgostini%2520Rinaldo%26sort%3Dscore
%26publishedStart%3D1906-01-01%26publishedEnd%3D1906-12-31%26publis-
hedBounds%3Dfrom%26indexedBounds%3Dfrom%26page%3D1%26searchIn
%3Dall%26total%3D23&index=8

128  *Le Rappel* Nr. 13419, 7. Dezember 1906,
Seite [4] (dritte Spalte von rechts, Mitte),

https://www.retronews.fr/journal/le-rappel/7-decembre-1906/144/303897/4?
from=%2Fsearch%23allTerms%3DRamursurir%26sort%3Dscore%26publishe-
dStart%3D1900-1-1%26publishedEnd%3D1909-12-31%26publishedBounds
%3Dfrom%26indexedBounds%3Dfrom%26page%3D1%26searchIn%3Dall
%26total%3D24&index=10

129  *Le Petit Journal* Nr. 16050, 6. Dezember 1906,
Seite 1 (dritte und vierte Spalte von links, jeweils das unterste Viertel),

https://www.retronews.fr/journal/le-petit-journal/6-decembre-
1906/100/429221/1?from=%2Fsearch%23allTerms%3D%2522Rinaldo
%2520Agostini%2522%26sort%3Dscore%26publishedStart%3D1906-01-
01%26publishedEnd%3D1906-12-31%26publishedBounds%3Dfrom%26indexed-
Bounds%3Dfrom%26page%3D1%26searchIn%3Dall%26total%3D9&index=0

(mit Foto)

130  *L'Humanité* Nr. 963, 6. Dezember 1906,
Seite 3 (dritte Spalte von links, Mitte),

https://www.retronews.fr/journal/l-humanite/6-decembre-1906/40/281691/3?
from=%2Fsearch%23allTerms%3DAgostini%2520Rinaldo%26sort%3Dscore
%26publishedStart%3D1906-01-01%26publishedEnd%3D1906-12-31%26publis-
hedBounds%3Dfrom%26indexedBounds%3Dfrom%26page%3D1%26searchIn
%3Dall%26total%3D23&index=8

131 *La République Française* Nr. 12670, 6. Dezember 1906,
Seite 2 (erste Spalte von rechts, mittleres Drittel),

https://www.retronews.fr/journal/la-republique-francaise-1871-1924/6-decem-
bre-1906/655/1708281/2?from=%2Fsearch%23allTerms%3D%2522Rinaldo
%2520Agostini%2522%26sort%3Dscore%26publishedStart%3D1906-01-
01%26publishedEnd%3D1906-12-31%26publishedBounds%3Dfrom%26indexed-
Bounds%3Dfrom%26page%3D1%26searchIn%3Dall%26total%3D9&index=8

132 *L'Humanité* Nr. 963, 6. Dezember 1906,
Seite 3 (dritte Spalte von links, Mitte),

https://www.retronews.fr/journal/l-humanite/6-decembre-1906/40/281691/3?
from=%2Fsearch%23allTerms%3DAgostini%2520Rinaldo%26sort%3Dscore
%26publishedStart%3D1906-01-01%26publishedEnd%3D1906-12-31%26publis-
hedBounds%3Dfrom%26indexedBounds%3Dfrom%26page%3D1%26searchIn
%3Dall%26total%3D23&index=8

133 *L'Humanité* Nr. 963, 6. Dezember 1906,
Seite 3 (dritte Spalte von links, Mitte),

https://www.retronews.fr/journal/l-humanite/6-decembre-1906/40/281691/3?
from=%2Fsearch%23allTerms%3DAgostini%2520Rinaldo%26sort%3Dscore
%26publishedStart%3D1906-01-01%26publishedEnd%3D1906-12-31%26publis-
hedBounds%3Dfrom%26indexedBounds%3Dfrom%26page%3D1%26searchIn
%3Dall%26total%3D23&index=8

134 *L'Éclair* Nr. 6583, 6. Dezember 1906,
Seite 3 (erste Spalte von links, im oberen Drittel),

https://www.retronews.fr/journal/l-eclair/6-decembre-1906/2539/3252567/3?
from=%2Fsearch%23allTerms%3DRamursurir%26sort%3Dscore%26publishe-
dStart%3D1900-1-1%26publishedEnd%3D1909-12-31%26publishedBounds
%3Dfrom%26indexedBounds%3Dfrom%26page%3D1%26searchIn%3Dall
%26total%3D24&index=23

135 *L'Humanité* Nr. 963, 6. Dezember 1906,
Seite 3 (dritte Spalte von links, Mitte),

https://www.retronews.fr/journal/l-humanite/6-decembre-1906/40/281691/3?
from=%2Fsearch%23allTerms%3DAgostini%2520Rinaldo%26sort%3Dscore
%26publishedStart%3D1906-01-01%26publishedEnd%3D1906-12-31%26publis-
hedBounds%3Dfrom%26indexedBounds%3Dfrom%26page%3D1%26searchIn
%3Dall%26total%3D23&index=8

136  *L'Autorité* Nr. 272, 29. September 1905,
Seite [2] (dritte Spalte von rechts, obere Hälfte),

https://www.retronews.fr/journal/l-autorite/29-septembre-
1905/1041/3696483/2?from=%2Fsearch%23allTerms%3DMoro-Giafferi%26sort
%3Dscore%26publishedStart%3D1905-09-01%26publishedEnd%3D1905-09-
30%26publishedBounds%3Dfrom%26indexedBounds%3Dfrom%26page
%3D1%26searchIn%3Dall%26total%3D45&index=0

137  Internet:

https://books.google.com/ngrams/graph?
content=Agrach&year_start=1800&year_end=2022&corpus=en&smoothing=3

138  Dark-Stories.com, *The Man who feel to Earth - Tom Slemen's
Investigation*, 2004 (letzte Aktualisierung am 10. November 2007),
dritter  Absatz,

http://www.dark-stories.com/eng/the_man_who_fell_to_earth.htm